日本中世政治文化論の射程

山本隆志 編

思文閣出版

はしがき

日本史研究は、一九七〇年代後半~八〇年代前半を境に、大きく転換した。社会経済史的研究視角は主役を降りて、社会史的な叙述物が多くなり、実体的・実証的研究では国家史の分野が多くの成果をあげた。中世史研究では提案的論考が続いたが、寺院・都市・流通の分野で具体的研究が進んだ。一九九〇~二〇〇〇年代に入ってもこの傾向は続いているが、全体史との関係に苦闘する個別的研究が増加している。

一九八八年四月、私は筑波大学に移り、大学院博士課程歴史・人類学研究科（改組後は人文社会科学研究科歴史・人類学専攻）で日本中世史のゼミを開設し、多くの院生と勉学を重ね、議論してきた。二四年間に亘るこの経験は、私の研究に大きく寄与した。このことは本当に幸福なことであり、退職にあたりゼミに参加してくれた院生に感謝したい。

一九九〇年代は若狭国などの畿内・近国荘園を取り上げ、東寺文書・東大寺文書を写真帳で読み、かつ多くの論者の荘園制論を議論した。夏には院生・学生とともに、大部荘《おおべのしょう》の現地である兵庫県小野市で地域調査を実施した（およそ一〇年間）。今回の論文集には大部荘を直接に扱った論文はないが、あの時の調査経験が参加者のその後の研究に生きている。

二〇〇〇年頃からは、南北朝~戦国期の東国史を扱った。足利持氏発給文書を蒐集し分析・考察することや、日光輪王寺文書の系統的考察、さらに『満済准后日記』の読解などと続いた。この時期には鹿沼市史編纂事業に参加したこともあって、文書調査に院生を同伴した。いわゆる文書のほかにも、寺院で記された記録・編纂物も調査した。高野山の宿坊に供養帳があることは高崎市史以来承知していたが、下野・常陸・越後・陸奥関係のものを調査した。院生とともに史料の初《うぶ》な状態から調査しながら、高野山信仰にも関心が出てきたが、具体的には東国領主と高野山との関係を考え始めた。そのなかで武士の政治支配は宗教・文化と一体であり、政治・経済に純化して論じることは、中世社会の実態にそぐわないのではないか、との思いを強くした。

本書は三部で構成されている。第一部「政治制度と実効支配」には政治権力がどのように動かされているか、政治権力を支える社会勢力との関係で政治制度が取り上げられている。関周一「武家政権と「唐船」――寺社造営料唐船から遣明船へ――」は鎌倉～室町時代の対外交易船を警固役する負担する武士や在地階層を扱い、山田雄司「初期足利政権と北野社――御師職を中心に――」は足利尊氏・直義期に確立する幕府御師職北野社松梅院を扱っている。鎌倉幕府・室町幕府が武家政権として運営されていくに、武士以外の社会層との関係に依存していることが分かる。浜口誠至「戦国期における足利将軍家元服儀礼の政治的背景」は武士の儀礼習俗との関連で室町将軍権力論を広げている。阿部能久「観音寺所蔵「那須継図次第」について」は栃木県矢板市沢の観音寺に所蔵され、現存のなかで最も古態を示す那須氏系図が初めて紹介される。井上智勝「前田家御寶塔――上野国七日市藩の藩祖顕彰と幕藩領主の「大祖廟」――」は江戸末期の上野国七日市藩における藩祖前田利孝顕彰の塔建立とその背景を、新井敦史「下野国黒羽藩主大関家における「御朱印箱」の保存措置について」は江戸時代の画期に応じて大関家の文書が整理され御朱印箱に収められ、管理・保存されてきたことの政治的意味を考察し、山澤学「新田源氏言説の構造――もう一人の猫絵の殿様・新田由良家を中心に――」は江戸末期の開国状況のなかで、新田氏の由良家では猫絵や書の頒布などで展開した新田氏言説が社会的支持に支えられたことを述べている。江戸時代の幕府・藩の政治体制とその展開が中世段階の歴史を整理・管理しながら進められていることが分かる。いわゆる中世文書もこのような江戸期の存在形態を経て現在に伝えられてきたのである。

第二部「政治権力と地域社会」は政治支配を地域社会との関連で取り上げるか、または地域社会を支える武士や村落の存立構造関係が考察されている。苅米一志「荘園年中行事論ノート」が荘園制成立期の在地における年中行事は荘園制度とともに国衙系本寺（本社）―末寺（末社）制に編成されて存立していると述べる。山野龍太郎「鎌倉期武士社会における烏帽子親子関係」は武士（御家人）社会にて次世代が武士集団として育成されてゆくことを、民俗社会との連想のもとに述べる。佐々木倫朗「中近世転換期における地方修験の存在形態――八槻別当を事例として――」は常陸・陸奥国境地帯の八溝山における神職別当八槻家が白川氏・佐竹氏の世俗領主と接触する世界で近世的に転換してゆく過程を整理する。須賀忠芳「会津田島にみる戦国期城下町の形成と市・宗教」は数少ない戦国期史料を、田島城下に伝承された近世絵図・伝聞と関連させ、現地調査を進めて考察する。平野哲也「沼の生業の多様性と持続性――江戸時代の下野国越名沼を対象に――」は越名沼の多様な生業は小規模需要のもとに展開し、それだけに抑制された用益となり、領主の開発命令には反対する村もあったことを述べる。政治権力や都市的需要の要請を調整するなかで在地の生活世界が存続していることが、中世・近世の時期を越えて問題となっている。

第三部「民俗と宗教」は波長の長い変化として現れる生活習俗・民俗を歴史学が考察する際に考慮すべき問題点や、生活習俗に規定されながらも超越性を示す信仰の問題を扱っている。薗部寿樹「宮座儀礼の歴史民俗学的比較研究の課題――歩射儀礼を中心に――」は村落宮座儀礼の比較研究について、鎌倉～江戸期の武射事例を吟味しつつ論じる。小山聡子「親鸞の来迎観と呪術観――覚信尼における親鸞の信仰の受容を通して――」は親鸞家族の来迎観を検討して奇瑞・呪術を否定してはいなかったと述べる。佐藤喜久一郎「『神道集』の歴史民俗――「民俗的歴史」の世界――」は『神道集』のなかに在地土着化した本地垂迹のあり方を探ろうとする。門口実代「選択され、継承される生活用具の資料性――離村時における当主の対応から――」は江戸期から続く新潟県山村農家の当主が昭和期の離村時に選択・継承した生活用具に籠められた心意を考察する。いずれも歴史の深いところに継続し、あるいは再生産される民俗・生活感情を問題にする。こうした問題と関連するが、私はこの一年間、村落・地域社会は社会的実態として存立するだけでなく、固有の生活感情をもつものとしてとらえるべきものと痛感している。

この論文集に参加してくれた人たちは皆院ゼミの参加者である。時代は中世・近世から近代に及び、地域・民俗世界との関わりを意識するものが多い。政治制度・政治支配が在地に受け入れられる際には、在地（地域）に続く習俗的世界を媒介にしていると考えられる（いわゆる「生ける法」を媒介にして）。その習俗的・民俗的世界も波長は長いが変化しつつ政治と接触している。「中世」の時期の問題は近世や近代に明瞭に姿を現すこともある（変容しつつ）。中世史研究は中世の時期をまずは対象とするが、中世の時期を越えて、問題を考察することが求められる（勿論、古代にも無関心ではいられない）。本書を『日本中世政治文化論の射程』とした理由でもある。

列島の歴史が考えられ直す時期に、わたし達はいる。初心にかえり、しっかりとした歩みをしたい。その議論に踏み出したい。

二〇一二年三月一二日

山本隆志

第一部　政治制度と実効支配

武家政権と「唐船」——寺社造営料唐船から遣明船へ——

関　周一

はじめに——対外関係史研究の現在と課題——

日本中世の対外関係史研究は、倭寇などの日本人の海外雄飛を強調し、戦前のアジア侵略を支えたという反省から、戦後は極端に研究者が減少した。社会経済史の分野の研究が主流になる一方、日本中世は他の時代と異なり、アジアとの関係を最初から捨象して論じることが、研究者の間で常識になっていた。

上記のような研究状況は、一九八〇年代に入り、国家の相対化をめざした地域論が相次いで提起された中、「国家の枠を超える地域」の具体像を示した村井章介氏の研究により、大きく転換する。(2) 一九九〇年代に入ると、多様な研究テーマが次々に提示されるようになり、若手研究者が輩出して発表論文が急激に増加した。(3)

こうした動向を進める原動力となったのは、各地で長年続けられている研究会の存在がある。(4) さらに研究を後押しするものとして、二〇世紀末より、文部科学省の科学研究費による研究プロジェクトが相次いで組織された。(5) 日本史と東洋史の協業はもとより、歴史学と考古学・民俗学・文学・美術史・地質学などの異なる学問分野との間の共同研究が活発になり、日本を含む海域アジアや内陸アジアの交流史の具体像が急速に明らかになり、短期間に膨大な情報が蓄積されてきた。近年は『史学雑誌』五月号の「回顧と展望」の「日本中世」において、対外関係史で一節を設ける年が増えている。それを支えているのは、筆者よりも若い一九七〇年代生まれの世代であり、中堅・若手の対外関係史・海域アジア史研究者が集う「倭寇の会」に参加するメンバーが数多く含まれている。

右に述べたような研究環境の変化は、とりわけ中世前期の対外関係史研究を一段と飛躍させた[(6)]。中国史料の断片的な記事や、僧侶に関する史料などを博捜した榎本渉氏の研究が、中世前期の対外関係史（海域アジア史）研究の到達点を示している[(7)]。

海域アジアのなかで中世日本の対外関係を理解しようとすれば、その本来的な姿は海商や僧侶が主体となる中世前期、または後期倭寇の活動する中世後期の一六世紀にあるものと考えられる。明朝の成立にともない展開する国家や地域権力の交渉は、海商や僧侶たちの活動を抑制し、人・物・情報の動きを統制するというもので、その典型である一五世紀は前後の時期に比べて異質といえる[(8)]。今日残された研究課題の一つとして、中世前期から中世後期への変化をどのように描いていくのかという点があげられる。中世後期の日明関係については、長い間、戦前の小葉田淳氏の研究や、明代史研究の側からの佐久間重男氏の研究が基本となり、全般的に不振であったが、近年急速に研究が進展し、寧波プロジェクトがそれを後押ししている[(9)]。したがって右の課題に取り組むための研究が蓄積されつつあるといえる。

本稿では、鎌倉幕府と北朝・室町幕府が、中国（元・明）への貿易船や使船の派遣にどのように関与したのかという点を考察することで、中世前期から後期へ連続する側面と変化した側面とを明らかにしたい。検証するのは、①貿易船・使船を実質的に経営していたのは誰か、②貿易船や使船（異国の使船を含む）を警固する仕組み、③博多におかれた武家政権の出先機関（鎮西探題、鎮西管領・九州探題）の機能という三点である。

一　鎌倉末期の寺社造営料唐船とその警固

中世前期における活発な交流の到達点といえるのが、一四世紀前半の寺社造営料唐船である。その貿易の規模の大きさは新安沈没船が示しており、この船は元の慶元から博多をめざしていた東福寺造営料唐船と考えられる。

従来の研究では、寺社造営料唐船は鎌倉幕府や朝廷によって公許されたものと考えられ[10]、貿易船は寺社または鎌倉幕府・朝廷により、そのつど仕立てられてきたとみなされた。そして「倭寇的事績が多くなってくる中での公許貿易船で、のちの勘合貿易への先駆的なものである」と評価された[11]。

こうした見解に対して、村井章介氏は、海商が日中間を往復させていた貿易船に、日本からの一往復に限って「造営料唐船」の看板を掲げさせて領海内の安全を保障し、そのみかえりに海商は利潤の一部を寺社の造営費用に拠出するというものだったという見解を示している。新安沈没船については、東福寺が最大かつ「公的」な荷主ではあったが、あくまで多数の荷主の一人にすぎず、この船は多数の荷主の荷を混載した「寄合船」とみている[12]。高級品に偏さず、多様な階層の需要に応える商品を搭載していたのが、寺社造営料唐船の実像であったと考えることができる[13]。寺社造営料唐船は、博多に拠点を持つ海商らが経営し、博多～慶元（現在の寧波）を主要な航路とし、船は中国で造られたジャンク船（新安沈没船の船材は、中国南部に生育する巨木）であったと想定できる。

このように想定すると、寺社造営料唐船と遣明船・遣朝鮮船との間には、かなりの乖離がある。竹内理三氏が指摘したように、遣明船や遣朝鮮船は、寺社の修造や大蔵経の獲得が派遣の目的の一つであり、寺院勧進船であるという点は寺社造営料唐船と同様である[14]。足利義教期以降の遣明船は、このような寺院勧進船を含む船団であった。その一方、国書や書契などの外交文書や、禅僧らの外交使節を必要とし、遣明船の場合、派遣の決定は室町幕府（日本国王）が行っていたように、公権力による上からの派遣船の編成という側面が大きい。

遣明船の船体について、石井謙治氏は、瀬戸内海運就航の大型商船を改装した、千石積から二千石積前後の大型の和船であると説明している。船体は幅広い棚板と太い梁とで構成され、屋形などの上部構造や莚帆の帆装などはすべて伝統的な技術の延長上にあって、そこには中国的技術の影響は全くみられず、室町時代は日本的大型船技術の確立という日本造船史上の画期にあたるという[15]。また遣朝鮮船については、一五世紀前半（世宗朝期）の朝鮮王朝では、大護軍李芸の言として、江南、琉球、南蛮、日本諸国の船は、みな鉄釘を用い、堅緻軽快であるとしており、朝鮮船と日本船（倭船、遣朝鮮船）は明確に区別されている（朝鮮『世宗実録』巻四八、一二年〈一四三〇〉五月戊午〈一九日〉条[16]）。

それでは寺社造営料唐船の運営に、鎌倉幕府はどのように関わっていたのだろうか[17]。貿易船の警固を御家人に命じることと、博多の管轄という二点が考えられる。

相田二郎氏が指摘しているように、建長寺船の往来については、地頭御家人に警固が命じられている（御家人役[18]）。（正中二＝一三二五年）七月一八日付の恵雲奉書（広瀬家中村文書、『鎌倉遺文』第三七巻二九一五五号）によれば、筑前国御家人の中村孫四郎（栄永）が、「建長寺造営料唐船」の警固を一四日間命じられている。この「唐船」は、博多から慶元へ向かうジャンク船であり、博多湾から五島列島あたりまでの警固を命じられたものと推測される。帰路については、（嘉暦元＝一三二六年）九月四日付の薩摩守護代本性奉書（比志島文書、『鎌倉遺文』第三八巻二九五九九号）によれば、「造勝長寿院幷建長寺唐船勝載物」を京都に運送する「兵士」役は、薩摩国地頭御家人が勤めることが仰せ下されているとして、同国御家人比志島入道殿（仏念、俗名は忠範）代官に対して早く用意をして参勤することを命じている。「造勝長寿院幷建長寺唐船勝載物」を「唐船」から和船に積み替えて、京都まで護送させたのではなかろうか。

一方、鎌倉末期は、元との貿易や禅僧らの往来は活発であったもの、異国警固番役が九州の御家人らに課されていたように[19]、幕府は蒙古襲来後も防衛体制を解いてはいなかった。博多を管轄する鎮西探題の職務は、異国を往来する船にも拡大された。正安元年（一二九九）、元の使僧一山一寧が、西澗子曇らとともに博多に到着し、鎌倉を訪れ、幕府に元の国書を献じた。翌正安二年七月、執権の北条貞時と連署の北条宣時は、鎮西探題北条実政に対し、牒使が来着した時の在所と問答の法について、先例に任せて斟酌するよう命じている（追加法七〇一条、「新編追加」正安二年七月一〇日付、関東御教書、『鎌倉遺文』第二七巻二〇四八四号）。従来は大宰少弐であった武藤（少弐）氏が担っていた外交機能、例えば異国使節への対応や鎌倉への報告などは、鎮西探題に接収されたものといえる[20]。

二　天竜寺と療病院の造営料唐船

次に、南北朝時代の室町幕府（将軍は足利尊氏・義詮）・北朝と貿易船との関係や、博多の状況について検討していくことにしよう。

南北朝時代の天竜寺船（天竜寺造営料唐船）は、寺社造営料唐船の一例として位置づけられるが、『天竜寺造営記録』暦応四年（一三四一）一二月の記事によれば、「造天竜寺宋船」には次の二つの要素をみてとることができる。

第一は、寺社と接点のある海商が、実質的に経営を請け負っていることである。天竜寺から推薦された、博多商人とみられる綱司の至本が、「商売の好悪」にかかわらず、帰朝の時に現銭五千貫文を天竜寺に納入することを誓約する請文を提出している。鎌倉末期の寺社造営料唐船と共通した点であろう。

第二は、室町幕府が派遣を決定し、寺社や海商に指示をしていることである。幕府ではたびたび評定が行われたが、さまざまな意見が出され、群議は「一揆」しなかった。だが夢窓疎石の意見によって、派遣が「免許」された。それを受けて、暦応四年一二月二三日、足利直義は、「宋船二船」（実際は一艘になる）の派遣が「免許」されたこと、明年秋に「放洋」（出帆）すべきこと、綱司を任じることを「天竜寺方丈」の夢窓疎石に命じている。また同年一二月二五日、直義は、「至本御房」に対し、天竜寺の「吹挙」に任せて、「造天竜寺宋船一艘」の綱司に任じている。

また三浦周行氏は、熊野海賊が天竜寺船を警固したものと想定している。根拠は、暦応三年（一三四〇）三月一四日付の足利尊氏御教書写（奉者は高師直、『史料纂集古文書編　米良文書』第三、一〇四八号）である。(21)同文書によると、尊氏は、泰地《たいじ》（太地）・塩崎両一族に周防国竈門関から摂津国尼崎にいたる間の、西国運送船ならびに廻船等についての警固を命じ、櫓別銭賃百文を兵粮料足として兵庫島において宛て取ることを許している。三浦氏が想定するように、この命令が天竜寺船にも適用されたのだとすれば、鎌倉幕府が地頭御家人に警固を命じたのとは異なり、瀬戸内海に勢力をもつ海賊に警固を委ねるというもう一つの方法がとられたことになる。護送船をつけたのか、あるいは後述する上乗を行ったのであろうか。

この後、京都の医師が、造営料唐船の依頼を北朝に要請した事例がある。(22)明法官人中原師守の『師守記』貞治六年（一三六七）四月二一日条には、次のような記述がみえる。

　今日六角面在家取㆓棟別㆒宛〈十文〉、是但馬入道々仙〈俗名、道直〉、為㆑立㆓療病院㆒、可㆑渡㆓唐船㆒之間、造㆓立彼船㆒之料云々、相㆓副武家使者小舎人㆒云々、被㆑成㆓綸旨㆒云々、家君不㆑被㆑出㆑之、不㆑及㆓相触㆒也、先々如㆑此在家役不㆑及㆓沙汰㆒也、

医師の但馬入道道仙（俗名は道直）は、療病院設立の資金を得るために「唐船」の派遣を計画した。「唐船」

を仕立てる費用を得るため、北朝は武家の使者小舎人を相副えて、綸旨を成して、六角面在家に対して棟別銭を課している。だが「家君」の中原師茂（師守の兄）は、先々にこのような在家役は沙汰に及ばなかったとして、その支出を拒否し、相触れなかった。同年五月一六日条によれば、但馬入道道仙は、中原師茂のもとを訪れ、療病院について、洛中に棟別一万疋ばかりを課せば、柱を立てるのには足りると思うが、山門（延暦寺）の嗷訴を憚っているという趣旨を話している。病院の在所は、高辻子高倉と東洞院の間の北頬の地であり、近衛殿が管理し、元は斎藤左衛門入道の屋敷だという。尚、この時期は、倭寇禁圧を求めて来日した高麗使金竜らが、在京していた。

翌年の応安元年（一三六八）一〇月二九日、次のように、左少弁勘解由小路仲光を奉者とする後光厳天皇綸旨が作成された（『柳原家記録』七十七、勅裁口宣、仲光卿記、応安元年、『大日本史料』第六編之三十、一一一頁）。

宋船造営要脚山城国以下棟別事、道仙(但馬道直)申状副二具書一如レ此、子細見レ状候歟、可レ為二如何様一哉之由、可レ被レ仰二遣
武家一之旨、天気所レ候(也脱)、以二此旨一可下令二洩申一給上、仍言上如レ件、仲光(勘解由小路)誠恐頓首謹言、

十月廿九日　左少弁仲光奉

進上　民部大輔殿

具書を副えた但馬入道道仙の申状にもとづいて、北朝が、「宋船」造営の要脚のため、山城国以下に棟別銭を課すことを、幕府に諮っていることがわかる。医師但馬入道道仙の要請を受けて、朝廷が主導して貿易船を仕立てようとし、その費用捻出のため、広く棟別銭を課そうとしていたのである。従来の寺社造営料唐船が博多商人に委託していたこととは、一線を画するものである。ただし、以降の経緯については、史料上の明証がない。

博多については、鎮西管領（のちの九州探題）が管轄していた。天竜寺船の渡航にさいして、博多の「公府」

「官司」は乗船者の選定に一定の関与をし、中巌円月は、乗船を禁じる「官司」の文書が下ったため、再度の中国渡航ができなかった（「中巌月和尚自歴譜」）[23]。この「官司」は、鎮西管領の一色範氏にあたるのではなかろうか。貞和二年（一三四六）、範氏の子息直氏が九州に下向し、同年一二月、幕府から「鎮西沙汰条々」を与えられて鎮西の政務をゆだねられ（追加法二一～二四条、貞和二年一二月七日付　鎮西沙汰幷足利直義御教書案、入来院文書、『南北朝遺文』九州編第二巻、二二七六号）、探題は範氏から直氏へと交替した。その中に「異賊防御構」、すなわち石築地の修築を先例に任せて行うことを命じる規定（追加法二四条）があるが、南北朝時代に石築地を実際に修築した史料はないため、名目的なものであった[24]。

佐伯弘次氏や村井章介氏が紹介した次の貞和六年（一三五〇）三月一七日付の一色直氏書状（注進状）写（『園太暦』観応元年四月一四日条、『南北朝遺文』九州編、第三巻二七一六号）をとりあげてみよう[25]。

今月十五日宋船一艘着二岸于筑前国息浜津一之由、当津代官幸在馳二中軍陣一之間、彼注進状一通副二乗人交名注文一、謹進二上之一、大元兜率竜山和尚以下禅僧十八人日本人幷船主十一人宋人来着云々、巨細差二遣使者一、致二其沙汰一候、追レ令二注進一候也、以二此旨一可レ有二御披露一候、恐惶謹言、

貞和六年（一三五〇）三月十七日　宮内（少輔）□□（一色直氏）

進上　御奉行所

「宋船」が博多息浜《おきのはま》津に着岸すると、一色氏の息浜津代官幸在が軍陣にあった一色直氏にこれを報告した。直氏は幸在の注進状一通に、「宋船」の乗人交名注文を副え、室町幕府に進上した。船には、「大元兜率竜山和尚以下禅僧十八人」の「日本人」と「船主十一人」の「宋人」が乗船していた。「大元兜率竜山和尚」とは、嘉元三年（一三〇五）に入元し、古林清茂《くりんせいむ》に参禅し、元の兜率寺の住持となった竜山徳見のことであり[26]、「宋人」の船員と「日本人」の禅僧が同乗している日元貿易船の姿を示している。

『園太暦』に引用されていることから、一色直氏の注進状は、京都に届いていたことがわかる。『祇園執行日記』二、観応元年（一三五〇）四月一〇日条にも、「一、宋船一艘著二岸筑前国奥浜津一、日本人僧十八人、舟主十一人唐人、委細追可二注進一之由」という「一色入道注進」が到来したことがみえる。引用された注進状の趣旨は、『園太暦』に引用された一色直氏書状をほぼ正確に伝えている。また『嘉元記』観応元年三月条では、僧一八人は日本にとどまり、船人十人《ママ》は筑紫（博多）において「ヨクアキナヒシテ」帰国したことを記している。

三　遣明船・異国使船とその警固

中国（明）との関係は、足利義満が室町殿であった時期に大きく転換する。応安五年（建徳三＝一三七二）懐良親王を冊封するために洪武帝が派遣した明使仲猷祖闡と無逸克勤は、征西府を追いやって博多を制圧した九州探題今川了俊によって、博多の聖福寺に拘留された。九州探題が、異国の使節への対応や拘留を行っている。明使一行は、翌年六月に京都に上洛し、嵯峨向陽庵に入り、義満側と交渉した。義満は、明使一行に帰国に命じ、彼らを博多に下向させ、あわせて聞渓円宣・子建浄業を使者（遣明使）として、明使の帰国に同行させ、被虜人一五〇人を送還した。明へ向かった船は、博多に係留していた明使の船などが使われたのだろうか。また遣明使一行は、洪武帝への進上品として、薩摩の島津氏に用意させた硫黄を船に搭載した(27)。だが、洪武帝は、国書は「国臣の書」であり、国王が臣下として皇帝に奉る公式な文書である「表文」ではなかったため、接待を拒絶した。

一五世紀初期、足利義満による明との国交が成立したのは、建文帝の時であり、博多商人肥富が明から帰国したことが契機であった（『善隣国宝記』巻中、跋文）。橋本雄氏が指摘するように、肥富は、明朝からみて密貿易を行っていた(28)。応永八年（一四〇一）、足利義満は、正使祖阿、副使肥富とする遣明船を派遣する。翌年八月、祖阿ら一行は、明使（冊封使）天倫道彝・一庵一如を伴って兵庫に帰還した。足利義満は兵庫に出迎えて唐船を見物し[29]、ついで明使一行を京都北山第で引見している。これ以降、足利義満の時期は、遣明使と明使とが同行して日明間を往来することになるが、ともに兵庫を基点としている。遣明船は、従来の海商の請負とは異なり、幕府主導によって運営された、直営形式のものであったと推測される。

また応永九年（一四〇二）七月初めには、祖阿ら「遣唐使」が、「無為」に「渡唐」「帰朝」し、「筑紫」（博多）に到着したという注進状が、斯波義将のもとに届いている（『吉田家日次記』応永九年七月四日条）。応永一三年五月、明から帰還した遣明船（源通賢を正使とする）や明使とみられる「唐船」が、九州に着岸したという注進が京都に届いている（山科教言『教言卿記』応永一三年五月一九日条）。この注進の主体は、九州探題渋川満頼であろう。足利義持期のことになるが、応永二七年に来日した回礼使宋希璟の『老松堂日本行録』一一〇節（村井章介校注、岩波文庫）によれば、日本の法では、他国の使が博多に到着した後、博多では九州探題が、赤間関・兵庫では「代官」が、使節を拘留して国王（足利将軍）に報告し、入送を許可する国王の文が到着した後、京都に向けて出発させていたことが記されている[30]。博多において、九州探題（渋川氏）は、異国使節の応対や、幕府への報告の任を担っていたのである。

ここまで遣明船の派遣主体や、博多の九州探題の外交に関する職務について検討してきた。次に、遣明船の警固について考えたいが、明や高麗・朝鮮王朝、琉球の使節が兵庫に来航していることから、このような異国の使船の警固とあわせて考察することにしたい。まず須田牧子氏が明らかにした、高麗使に関する播磨国矢野荘の事例を検討してみよう[31]。

永和元年（一三七五）、日本に派遣された高麗の「通信使」羅興儒は、牒者と疑われて捕らえられたが、高麗出身の僧良柔の請願によって釈放された。幕府は、徳叟周佐の書状を送って、倭寇の禁圧を約束した（『高麗史』

巻一一四、羅興儒伝、巻一三三、辛禑伝、辛禑元年二月条、同二年一〇月条。『高麗史節要』巻三〇、辛禑元年二月条、同二年一〇月条)。羅興儒の上洛については、次に掲げる播磨守護赤松義則施行状案(『大日本古文書』東寺文書之一一、よ六九(七)号、『相生市史』第八巻上、三八〇—7号)と、播磨守護代宇野祐頼遵行状案(『大日本古文書』東寺文書之一一、よ六九(六)号、『相生市史』第八巻上、三八〇—6号)とがある(なお『相生市史』は二通とも「羅興儒」を「羅興僧」と誤読している)。

　高麗使之羅興儒以下、同進物等、被二召上一由事、今月六日所レ被レ成二御教書一也、早任下被二仰下一旨上、用二意人夫・伝馬一、可レ被レ致二分郡警固一状如レ件、

　　永和元年(一三七五)十一月十九日　　右〔左〕近将監(赤松義則)　判

　宇野備前権守(祐頼)殿

　高麗使者羅興儒以下、同進物等、被二召上一候由事、去月六日御教書幷同月十九日施行状案如レ此、早任下被二仰□(下)一之旨上、用二意人夫・伝馬・雑事以下一、致二警固一、可レ致二勘過一之由候也、仍執達如レ件、

　　永和元年(一三七五)十二月九日　　備前守(宇野祐頼)　判

　　赤穂郡寺社本所地頭御家人御中

前者では、「高麗使之羅興儒以下」と「同進物」を京都に召し上げるようにという一一月六日付の足利義満の御教書が発せられ、播磨守護赤松義則は、守護代宇野祐頼に対して、人夫・伝馬を用意して分郡に警固を致すことを命じている。後者によれば、赤松義則の命令を受けた宇野祐頼は、「赤穂郡寺社本所地頭御家人」に対して、「人夫・伝馬・雑事以下」を用意して警固することを命じている。

播磨国矢野荘には、守護代から催促使を遣わされて警固や人夫の徴発が行われ、それにともなう経費(引出物・雑事や粮物)が国下用(基本的に代銭納)として賦課されている。

永和二年（一三七六）二月日付の学衆方年貢散用状（永和元年分、『東寺百合文書』ヲ函一二一号、『相生市史』第八巻上、三八三―2号）には、「国下用」として、次のような記載がある。

六斗四升　代四百文　高麗人警固幷人夫催促郡使両度引出物・雑事十二月九日

二斗四升　代百五十文　同人夫幷警固粮物

この支出は、羅興儒の上洛にともなうものである。

永和五年三月日付の学衆方年貢散用状（永和四年分、『教王護国寺文書』巻二、五六三号、『相生市史』第八巻上、四〇三号）の「国下用」として「弐斗七升六合　代二百三十文　永和四年六月二日、自二守護代一高麗人送夫催促使雑事三ケ度分」の記述がある。守護代は宇野祐頼、高麗使は判典客寺事の安吉常（祥）である（『高麗史』巻一三三、辛禑伝、辛禑三年六月条、『高麗史節要』巻三〇、辛禑三年六月条）。

康暦二年（一三八〇）四月日付の学衆方年貢散用状（永和三年分、『教王護国寺文書』巻二、五七七号、『相生市史』第八巻上、四一五号）には「国下用」として「一斗五升　代百廿五文　高麗人上洛人夫催促使雑事」「三斗六升　同人夫六人・馬二疋粮物」「一斗五升　代百廿五文　高麗人下向時、送夫催促使雑事」があげられている。須田氏は、永和二年の羅興儒に関する支出で、経費の計上は永和三年分として行われたものと解している。

このように高麗使の警固や、進物の運送などは守護役として、臨時に在地に賦課されていたことがわかる。荘園制に立脚した賦課の仕組みであったといえる(32)。

須田氏は、前述した『老松堂日本行録』や、嘉吉三年（一四四三）来日の通信使卞孝文（朝鮮『世宗実録』巻一〇二、二五年一〇月甲午〈一三日〉条）の事例も踏まえて、「室町政権下における朝鮮使節護送は、『使節来日の報告→受け入れの決定と報告地点および赤間関・兵庫への「入送之文」発給→各国守護に対する護送命令（「護送文」「国王教書」）発給→守護・守護代による遵行』というシステムのもとに行なわれていた」と述べている(33)。

矢野荘においては、応永一一年（一四〇四）に来日した明使と帰還した遣明船、琉球船に関しても、守護役が賦課されている。翌応永一二年二月一三日付の、応永一一年分の供僧方年貢等散用状（「東寺百合文書」れ函一二、『相生市史』第八巻上、六三一号。他に『教王護国寺文書』巻三、八五六号、『相生市史』第八巻上、六三〇号）には、次のように記載されている。(34)

百七十六文　四月廿六日、衣笠方ヨリ唐ノ進物之夫二人、室ノ津まて十二日役食　半分定
百六十文　五月十二日、衣笠方兵庫唐ノ進物ノ奉行ニ出時、夫一人食　半分定
九升八合　六月廿九日、唐ヱノ牛ノ皮持之夫二人、衣笠方ヨリ明石まて十四日役　半分定
（中略）
九十九文　七月十日、衣笠方ヨリ唐船之送夫一人十二日役食　半分定
（中略）
百九十二文　八月十七日、衣笠方□（ヨ）リをきなう（沖縄）船上時、□（室）まて向夫二人十二日役　半分定
（下略）

だが応永一三年以降も、明使や朝鮮使の兵庫への往来は継続しているにもかかわらず、これ以降、矢野荘の年貢散用状には、明使や朝鮮使の「進物」や「唐船」の送夫に関する負担は見えなくなる。須田氏の指摘する「守護・守護代による遵行」や守護役による人夫役（荘園制に基づく仕組み）というシステムは、変更されたのではなかろうか。

室町幕府・守護体制とは別個に、瀬戸内海の海賊による護送、すなわち上乗があったことはよく知られている。『老松堂日本行録』一六二節によれば、瀬戸内海には東西の海賊があり、東より西に向かう船が東賊一人を乗せていれば、西賊はこれを襲わず、また西から東に向かう船が西賊一人を乗せていれば、東賊を襲わないとい

うルールがあった。帰路にあった宋希璟一行は、東賊一人を乗せることとし、宋希璟に同行していた博多商人の宗金は銭七貫を海賊に渡した。このように「王令」のおよばぬ海域には、海賊による自力のルールがあった(35)。

このような海賊による使船の警固が一つの方法であり、もう一つは、守護役に代わる警固の方法が生まれたと考えられる。そのことは、永享年間以降の遣明船警固に現れている。佐伯弘次氏の研究に基づき、確認しておこう(36)。

永享四年(一四三二)度の遣明船は同六年に帰国したが、この年、九州では大内氏と少弐・大友両氏による激しい戦闘が繰り広げられていた。こうした状況に危機感を持った将軍足利義教の指示のもと、肥前の上松浦一揆・下松浦一揆(肥田但馬)、肥前国人の千葉氏、周防・長門・豊前国守護の大内氏、薩摩国守護島津氏と同国国人の伊集院氏、肥後国人の菊池氏に対して、帰朝する遣明船の警固を命じることになった。ただし、「鹿苑院殿御代」(足利義満の時代)に警固の先例がないことから、島津氏および伊集院氏は御教書の充所から外された(『満済准后日記』永享六年正月二三・二六日条)。また義教は、管領細川持之と山名常熙に対し、四国海賊と備後海賊を肥前の小豆島(的山《あずち》大島)付近に派遣し、壱岐・対馬者どもが狼藉を致さぬように警固し、船を着岸することを命じている(『満済准后日記』永享六年正月三〇日条)。佐伯氏は、守護と国人が併行して警固を命じられている点や、海賊による警固に、室町幕府の警固命令の特色を見出している。警固の実効性を考慮して、海賊への警固命令とあわせて、遣明船の航路に位置して警固が可能な領主を幕府が選んで、直接命令を発したものだという評価もできるのではなかろうか。

応仁二年(一四六八)度については、『戊子入明記』(京都国立博物館寄託の天竜寺妙智院所蔵史料(37))に、「一、御奉書」として、対馬守護宗成職宛の室町幕府奉行人連署奉書(『室町幕府文書集成』奉行人奉書篇上、六八七号)が収められている。

渡唐荷物船事、対馬国津々浦々致二警固一、無二其煩一可二運送一之旨、可レ被レ加二下知一之由、所レ被二仰下一也、仍執達如レ件、

寛正六年（一四六五）六月廿日

大和守（飯尾元連）判

散位（飯尾之種）判

宗刑部少輔（成職）殿

この奉書の他の宛所として、上松浦一族中、松浦壱岐守〈呼子〉、下松浦〈同前〉、奈留《なる》方（松浦党。五島列島の奈留島を拠点とする）、佐志〈志佐同前〉（松浦党。佐志氏と志佐氏は別の一族。壱岐の領主）、大島方（松浦党。的山大島を拠点とする）、大友方（親繁）、宇久大和方、大内方（教弘）、平戸松浦肥前守方をあげ、さらに芸州守護方〈山名殿〉（是豊）、備後国守護方〈同〉（山名是豊）、播磨国守護方（山名持豊）、備前国守護方、備中守護方（細川勝久）、諸国所々海賊中、摂津国守護方（細川勝元）が列挙されている。このように、遣明船の航路に位置する守護や国人、諸国の海賊に対して、幕府が奉行人連署奉書を発して警固を命じるようになった。文正元年（一四六六）六月一九日付で、大島氏に対して、「渡唐御船」が小豆島（的山大島）滞在のさいに警固に奔走をしたことについて、室町幕府奉行人奉書の様式で、内容としては将軍足利義政の感状が発給されている。正使天与清啓や一号船居座《こざ》の紹本から幕府への注進に基づくものであった（来島文書、『室町幕府文書集成』奉行人奉書篇上、七一一号）[38]。

おわりに

本稿では、中世前期の日中間の貿易船（寺社造営料唐船）から、中世後期の遣明船や遣朝鮮船という使船への転換を、①渡航船の編成の主体、②異国使節の船を含む警固役、③博多を管轄する武家組織の機能という三点か

ら主に論じてきた。①については、寺社造営料唐船のような海商の請負から、寺社側からの要請に応じて北朝や室町幕府が許可して貿易船を派遣するもの、そして足利義満による直営形式の遣明船の派遣というように変化してきた。②については鎌倉幕府では御家人役であったものから、室町幕府では、荘園制に基づいた守護役から、幕府が直接沿岸の領主に命令を下す方式に変化していった。その一方、幕府の命令が直接およばない海域では、海賊による上乗が行われていた。③については、鎌倉幕府の鎮西探題から室町幕府の鎮西管領・九州探題に、貿易船や使船の管轄が継承され、京都の幕府への報告が行われていたことを指摘した。

①については、この後、遣明船の経営方式に変化がみられる。橋本雄氏によれば、一五世紀後半の宝徳船以降の後期遣明船は、船のチャーター費用や船具・食料等の必要経費、「日本国王」名義の朝貢品調達費、幕府から勘合を分与されるさいの礼銭にいたるまで、すべて便乗する客商（貿易商人）たちの乗船賃・荷駄費で賄う方式をとるようになる。[39] この点は、中世前期の貿易船の経営と通じるところがあり、これにいたるまでの経緯を考察する必要がある。さらに、中世前期から中世後期への転換については、禅僧の役割も論じる必要がある。

また宝徳度の遣明船の記録である笑雲瑞訢の『笑雲入明記』（村井章介・須田牧子編、東洋文庫、平凡社、二〇一〇年）などの入明記の分析も今後の課題としたい。

（1） 村井章介『アジアのなかの中世日本』（校倉書房、一九八八年）。
（2） 関周一「中世『対外関係史』研究の動向と課題」（『史境』第二八号、一九九四年）・同「対外関係史研究と歴史教育・覚書」（『日本史学集録』第二四号、二〇〇一年）。
（3） 詳細は、桃木至朗編『海域アジア史研究入門』（岩波書店、二〇〇八年）を参照のこと。同書は、海域アジア史研究会が編集の母体になり、筆者も分担執筆した。

（4）東京では前近代対外関係史研究会（対外史研）や『朝鮮王朝実録』講読会（講読は『宣祖実録』）、大阪では海域アジア史研究会、福岡では『世宗実録』講読会、韓国では韓日関係史学会が活動している。

（5）大型の科研としては、重点領域研究「沖縄の歴史情報研究」（領域代表者　岩崎宏之、一九九四～九七年度）、特定領域研究「中世考古学の総合的研究――学融合を目指した新領域創生――」（領域代表者　前川要、二〇〇三～〇六年度）、特定領域研究「東アジアの海域交流と日本伝統文化の形成――寧波を焦点とする学際的創生」（「寧波プロジェクト」「にんぷろ」、領域代表者　小島毅、二〇〇五～〇九年度）の三つがある。筆者は、これらのいずれにも加わってはいないものの、その成果を享受している。

筆者は、基盤研究（A）（1）「八―一七世紀の東アジア地域における人・物・情報の交流――海域と港市の形成、民族・地域間の相互認識を中心に――」（研究代表者　村井章介、二〇〇〇～〇三年度）、基盤研究（B）（2）「東アジアにおける水田形成および水稲文化の研究（日本を中心として）」（研究代表者　海老澤衷、二〇〇二～〇三年度）、基盤研究（A）（2）「前近代の東アジア海域における唐物と南蛮物の交易とその意義」（研究代表者　小野正敏、二〇〇二～〇五年度、小野第一科研）、基盤研究（A）「中世東アジアにおける技術の交流と移転――モデル、人、技術」（研究代表者　小野正敏、二〇〇六～〇九年度、小野第二科研）に、研究協力者として加わった。また佐々木稔編『火縄銃の伝来と技術』（吉川弘文館、二〇〇三年）において、材料工学・銃砲史との共同研究を試みた。

（6）中世前期の対外関係史の研究動向は、榎本渉「日宋交流史研究」（遠藤隆俊・平田茂樹・浅見洋二編『日本宋史研究の現状と課題――一九八〇年代以降を中心に――』、汲古書院、二〇一〇年）に詳しい。

（7）榎本渉『東アジア海域と日中交流』（吉川弘文館、二〇〇七年）、同『選書日本中世史4　僧侶と海商たちの東シナ海』（講談社〔選書メチエ〕、二〇一〇年）。

（8）筆者と同様の見解は、榎本渉『僧侶と海商たちの東シナ海』（前掲註7）二二五～二二七・二三二～二三五頁に明瞭に示されている。

本稿の前提となる事項については、対外関係史総合年表編集委員会編『対外関係史総合年表』（吉川弘文館、一九九九年）、関周一「明帝国と日本」（榎原雅治編『日本の時代史第一一巻　一揆の時代』、吉川弘文館、二〇〇三年）、荒野泰典・石井正敏・村井章介編『日本の対外関係第四巻　倭寇と「日本国王」』（吉川弘文館、二〇一〇年）などを参照されたい。

（9）小葉田淳『中世日支通交貿易史の研究』（刀江書院、一九四一年。同社より一九六九年復刊）、佐久間重男『日明関係史の研究』（吉川弘文館、一九九二年）。近年の全般的な研究状況については、伊藤幸司「日明の外交と貿易」（前掲註3『海域アジア史研究入門』）や、中島楽章・沈玉慧・白井康太編『日明関係史研究文献目録（稿）』（前掲註5「東アジアの海域交流と日本伝統文化の形成――寧波を焦点とする学際的創生――」計画研究（C）01「一一～一六世紀の東アジアと寧波―博多関係」、研究代表者　中島楽章）を参照されたい。『考古学ジャーナル』第五七九号（二〇〇八年）では、「中世の海外交流①　日明貿易とその周辺」という特集が組まれている。

（10）森克己『新訂日宋貿易の研究』（新編森克己著作集編集委員会編『新編森克己著作集』第一巻、勉誠出版、二〇〇八年）三七二～三七三頁。同書は、一九四八年に国立書院から刊行され、一九七五年に『森克己著作選集』（国書刊行会）の第一巻に新訂版が収められた（一九八六年に再刊）。

（11）「じしゃぞうえいりょうとうせん【寺社造営料唐船】」（川添昭二執筆、『国史大辞典』第六巻、吉川弘文館、一九八五年）。田中健夫・石井正敏編『対外関係史辞典』（吉川弘文館、二〇〇九年）の同項目では、この文章は削除されている。

（12）村井章介「寺社造営料唐船を見直す――貿易・文化交流・沈船――」（歴史学研究会編『港町の世界史第一巻　港町と海域世界』、青木書店、二〇〇五年）。

（13）関周一「香料の道　再考」（前掲註5『前近代の東アジア海域における唐物と南蛮物の交易とその意義』報告書、二〇〇六年）。

（14）竹内理三「中世寺院と外国貿易（上・下）」（『歴史地理』第七二編一・二号、一九三八年、のちに『竹内理三著作集第八巻　古代中世の課題』収録、角川書店、二〇〇〇年）。

（15）「けんみんせん【遣明船】」（石井謙治執筆分、『国史大辞典』第五巻、一九八五年、前掲註11『対外関係史辞典』）。

（16）田中健夫「室町初期における日本の技術の朝鮮への影響」（『対外関係と文化交流』、思文閣出版、一九八二年、初出は一九六一年）、関周一「『朝鮮王朝実録』にみる国家と境界の技術交流」（前掲註5『中世東アジアにおける技術の交流と移転――モデル、人、技術』報告書、二〇一〇年）。

(17) 一三世紀第3四半期までの鎌倉幕府の貿易への関与については、中村翼「鎌倉幕府の『唐船』関係法令の検討――『博多における権門貿易』説の批判的継承のために――」(『鎌倉遺文研究』第二五号、二〇一〇年)・同「鎌倉中期における日宋貿易の展開と幕府」(『史学雑誌』第一一九編第一〇号、二〇一〇年)がある。

(18) 相田二郎「中世に於ける海上物資の護送と海賊衆」(『中世の関所』、畝傍書房、一九四三年)。御家人役という点については、七海雅人『鎌倉幕府御家人制の展開』(吉川弘文館、二〇〇一年)二三一頁に造営料船関係の警固役として言及されている。村井章介、前掲注(12)論文において、「寺社造営料唐船と俗権力との関係でたしかなのは、建長寺船のケースで、船の往来の警固や輸入貨物の運搬を御家人に命じるというかたちで、幕府が保護を与えているという事実のみである」と指摘されている(一一六頁)。永井晋「金沢文庫古文書に見る唐船派遣資料」(『金沢文庫研究』第三二四号、二〇一〇年)は、建長寺船の警固について言及した上で、御分唐船について、「博多や平戸に海商の集住地区が形成されていた日宋・日元貿易の時代の御分唐船とは、鎌倉幕府が公認した公的な貿易船で、鎌倉幕府の影響力が及ぶ地域については護衛を付けるという意味なのではないだろうか」という見解を示している(一九頁、註5)。

(19) 相田二郎『蒙古襲来の研究』(吉川弘文館、一九五八年、増補版は一九八二年)。

(20) 佐伯弘次『日本の中世9 モンゴル襲来の衝撃』(中央公論新社、二〇〇三年)一六九〜一七〇頁、関周一「鎌倉時代の外交と朝幕関係」(阿部猛編『中世政治史の研究』、日本史史料研究会、二〇一〇年)三六三頁。

(21) 三浦周行「天竜寺船」(『日本史の研究』第一輯、岩波書店、一九二二年。分冊は下巻、一九八一年)六七八頁。日置川町誌編さん委員会編『日置川町史』第一巻・中世編(日置川町、二〇〇五年)四五頁(高橋修執筆。当該史料は一七二頁に掲載)に、熊野の水軍領主の活動の一例として紹介されている。

(22) 三浦周行「天竜寺船」(前掲註22書)六八一〜六八二頁。ただし、後述する『柳原家記録』についての言及はない。森克己、前掲註10書、三七三頁、「じしゃぞうえいりょうとうせん【寺社造営料唐船】」(前掲註11)にも簡単に言及されている。早島大祐『室町幕府論』(講談社〔選書メチエ〕、二〇一〇年)は、天竜寺造営までの経緯(二五〜三七頁)に触れ、また療病院設立のための唐船の派遣計画は、当該期の民間交易の停滞によるものだとする(三五〜三六頁)。

(23) 村井章介「蒙古襲来と異文化接触」(前掲註8『日本の対外関係』第四巻)七七頁。

(24) 佐伯弘次「南北朝時代の博多警固番役」(『史淵』第一四六輯、二〇〇九年)二三〜二四頁。「鎮西探題・鎮西管領と

東アジア」（東アジア地域間交流研究会編『から船往来――日本を育てたひと・ふね・まち・こころ』、中国書店、二〇〇九年）二五～二六頁。佐伯氏は、前者の論考で、南朝から鎮西管領を警備する番役が、博多警固番役であったという見解を示している。

（25）佐伯弘次「鎮西探題・鎮西管領と東アジア」（前掲註24論文）二七～二八頁。村井章介、前掲註（23）論文、七七頁。

（26）竜山徳見については、榎本渉前掲註（7）『東アジア海域と日中交流』一一七～一二五、一八三～一八五頁など、および前掲註（7）『僧侶と海商たちの東シナ海』一六五～二〇一頁。

（27）伊藤幸司「硫黄使節考――日明貿易と硫黄――」（『アジア遊学』第一三二号、東アジアを結ぶモノ・場、二〇一〇年）。

（28）橋本雄「室町幕府外交の成立と中世王権」（『歴史評論』第五八三号、一九九八年）。

（29）室町殿の兵庫下向については、新修神戸市史編集委員会編『新修神戸市史歴史編Ⅱ　古代・中世』（神戸市、二〇一〇年）六〇九～六一一頁（大村拓生執筆）。

（30）関周一「朝鮮王朝官人の日本観察」（『歴史評論』第五九二号、一九九九年）、橋本雄「朝鮮国王使と室町幕府」（日韓歴史共同研究委員会編集・発行『日韓歴史共同研究報告書』第二分科篇、二〇〇五年、のち橋本『中華幻想――唐物と外交の室町時代史』収録、勉誠出版、二〇一一年）一六〇～一六四頁、伊川健二『大航海時代の東アジア――日欧通交の歴史的前提――』（吉川弘文館、二〇〇七年）七二～七三頁、須田牧子『中世日朝関係と大内氏』（東京大学出版会、二〇一一年）九四～九五頁。

（31）須田牧子、前掲註（30）書、九四～一〇二頁。以下の須田氏の所説は、すべて同じ箇所に拠る。また関周一「アジアの変動と国家・地域権力」（佐藤和彦・榎原雅治・西岡芳文・海津一朗・稲葉継陽編『日本中世史研究事典』、東京堂出版、一九九五年）三頁に簡単に言及している。

（32）守護役については、清水三男「建武中興と村落」（『清水三男著作集』第二巻、校倉書房、一九七四年）、黒川直則「守護領国制と荘園体制――国人領主制の確立過程――」（『日本史研究』第五七号、一九六一年）、福田以久夫「守護役考」（宝月圭吾先生還暦記念会編『日本社会経済史研究　中世編』、吉川弘文館、一九七二年）、辰田芳雄『中世東寺領荘園の支配と在地』（校倉書房、二〇〇三年）、田沼睦『中世後期社会と公田体制』（岩田書院、二〇〇七年）、伊藤俊一

『室町期荘園制の研究』（塙書房、二〇一〇年）を参照のこと。

(33) 須田牧子、前掲註(30)書、九九・一〇一頁。

(34) 小葉田淳、前掲註(9)書、二六頁。尚、応永一三年三月二一日付の、応永一二年分の供僧方年貢等散用状幷畠成田散用状によれば、応永一二年七月、「唐船警固」のため、人夫役を負担している（「東寺百合文書」ら函六、『相生市史』第八巻上、六三九号）。

(35) 橋本雄、前掲註(30)論文、一五九頁、関周一「渡航記からみた交通史研究の課題」（『交通史研究』第五六号、二〇〇五年）。橋本論文の一六〇頁では、「護送船」が伴走する形式を指摘している。

(36) 佐伯弘次「室町時代の遣明船警固について」（九州大学国史学研究室編『古代中世史論集』、吉川弘文館、一九九〇年）。

(37) 同書の史料論については、伊川健二「『戊子入明記』に描かれた遣明船」（伊川、前掲註30書）がある。

(38) 川添昭二「来島文書と肥前大島氏」（『中世九州地域史料の研究』、法政大学出版局、一九九六年）一二八～一二九頁。

(39) 橋本雄「遣明船と遣朝鮮船の経営構造」（『遙かなる中世』第一七号、一九九八年）、同「対明・対朝鮮貿易と室町幕府―守護体制」（前掲註8『日本の対外関係』第四巻）、同「大蔵経の値段――室町時代の輸入大蔵経を中心に――」（『北大史学』第五〇号、二〇一〇年）。

【付記】　本稿は、基盤研究（B）「前近代東アジアの外交と異文化接触――日明関係を軸とした比較史的考察――」（研究代表者　村井章介、二〇一〇～一三年度）による成果の一部である。筆者は、研究協力者として参加を許された。

初期足利政権と北野社——御師職を中心に——

山田雄司

はじめに

近年室町幕府の宗教政策についての研究が深められ、初期足利政権においては鎌倉幕府のそれを踏襲して、顕密の護持僧が武家祈禱体制を支えていたが、次第に独自性を強め、醍醐三宝院を中心とした諸門跡寺院を武家祈禱に組み込んで祈禱体系がかたちづくられたことが明らかにされた(1)。そして、これまでは室町幕府における仏教政策に関する研究が中心であったが、神祇政策に関する研究も俎上に載せられ、研究が深められてきている(2)。

足利将軍は、数ある神社の中で、伊勢神宮・石清水八幡宮および北野社をとりわけ崇敬した。伊勢神宮は国家の宗廟であり、源頼朝以来、将軍は国家神として崇めた。石清水八幡宮も同様の宗廟であるのとともに、源氏の氏神でもあることから重要視された。また、尊氏は篠村八幡宮で後醍醐天皇に反旗を翻して朝敵退治の祈願を行ったこともあり、八幡神にはひとかたならぬ崇敬心を抱いていた。足利将軍は伊勢参宮を行う前にしばしば石清水八幡宮に参詣していることから、宗廟に参詣することは日本の統治権を手中に収めることと同じ意味を持っていたものと思われる(3)。

一方、北野社は宗廟でもなければ、平安京成立以前から存在する京都の地主神であるわけでもなく、菅原道真の怨霊鎮魂のために建立された神社である。そうした北野社がなぜどのような経緯で足利将軍と関わりを持ち、崇敬されていったのだろうか。本稿ではこうした問題関心から、初期足利政権がなぜ北野社と結びついていったのか、そしてそのことで神社内部の組織がどのように変化したのか解明しようとするものであり、特に将軍の祈禱を担った御師職に注目して考察していく。

一　足利尊氏と北野社との関わり

関東時代の足利尊氏が天神信仰を抱いていたことは史料的に確認することができない。尊氏と北野社との関係を初めて確認できるのは、建武元年（一三三四）二月一二日の足利尊氏寄進状においてである。(4)

奉寄北野社
播磨国松井荘内田地弐《（マヽ）》事
右為㆓毎月燈油料所㆒、奉㆑寄如㆑件、
建武元年二月十二日　左兵衛督源朝臣（花押）

尊氏が播磨国松井荘内の田地二町を毎月燈油料所として北野社に寄進するというものである。松井荘は建久二年（一一九一）一〇月日の長講堂領目録に見え、その後、後深草天皇に譲られて、持明院統に伝領された所領であった。(5)しかし、なぜ尊氏が所領を北野社に寄進したのかは、他に史料がないことからよくわからない。

その後、尊氏は後醍醐天皇に反旗を翻えして入京するものの、新田義貞軍に大敗して九州に敗走し、体勢を立て直して再び東上した後の建武三年（一三三六）五月二五日に丹波国船井荘地頭職を北野社に寄進している。(6)

寄進　北野天満大自在天神
丹波国船井庄地頭職

右、為二天下泰平所願成就家門繁栄一、令二寄進一之状如レ件、

建武三年五月廿五日　　源朝臣御判

本文書は『北野社家日記』延徳三年（一四九一）一一月一八日条に「船中御判」と記され、『目安申状』(7)には「神威厳重之御奇瑞在レ之時、兵庫船中ニテ御鼻紙ニ被二遊置一、禅陽法印ニ被レ下畢」と記される、船中でしたためた「鼻紙の御判」であって、北野社においては尊氏との関係を語る根本史料として重要視されていた。『楠木合戦注文』(8)によれば、正慶二年（一三三三）に鎌倉幕府は楠木正成に誅戮を加えた者に「丹後国船井荘」を宛行うという懸賞をかけているが、これは「丹後国」ではなく「丹波国」船井荘だと解されている(9)。五月二五日は、尊氏が兵庫湊川において新田義貞・楠木正成と戦って打ち破った日であり、そうした日に北野天満大自在天神に対してのみ所領を寄進していることから、尊氏は北野社を非常に重要視していたことがわかる(10)。ただし、そうした船中にあって寄進状を発給することがあるのだろうかという点について、若干の疑問がないわけではない。

なぜ船井荘を寄進して勤行を命じたのかという点については、建武三年（一三三六）八月一八日足利直義御教書に以下のように記されている(11)。

抑当社天満宮者、得二自在於天地一、施二利生於都鄙一、然間貴賤預二彼益一、道俗蒙二其徳一、爰幕府左兵衛督尊氏幷左馬頭直義、依レ被二　院宣一、所レ令レ誅二伐逆悪之奸臣義貞之党類一也、就レ之今度合戦勝利偏任二天神之擁護一、仰二御霊之効験一処、毎度之真応、相二催感涙一畢、然間令レ寄二進丹州船井庄一、所レ定二置毎日勤行之次第一也、夫世之得レ治者、有レ撰二賢哲一、人之長運者、依レ行二仁義一、仰願天神添レ力、御霊加レ威、若朝有二奸濫之輩一、不レ討而自代二于忠臣一、若家有二讒佞之仁一者、不レ退而早帰二于善人一、将亦答二此懇丹一、義貞及残党等、速加二誅伐一之後、忠良成レ群輔佐守レ義、上下之政化扇二舜風一、文武之徳沢均二周年一、然者寿福持二長久之運一、本枝可

レ誇二百世之栄一者也、

尊氏・直義は光厳上皇から新田義貞追討の院宣を受けて挙兵し、今度の合戦に勝利することができたのは、ひとえに天神の擁護にまかせて、御霊の効験を仰いだところ、毎度の冥応があり、感涙にむせぶところであるとしている。そしてさらに、船井荘を寄進して毎日勤行することにより、天神が力を添え、御霊が威を加えてくれ、義貞や残党等に誅伐を加えた後、忠良な臣下が群れをなし、徳政が行われて、文武の徳が長きにわたって広まることを望み、そうなれば寿福長久を得ることができ、足利氏は長きにわたって栄えることができるだろうと述べている。

尊氏・直義が天神に帰依するきっかけとなったのは、九州への敗走と大きく関係していると考えられる。『梅松論』(12)には博多櫛田宮の託宣とともに天神の奇瑞を記している。

此外天神ノ仕者、御霊其上ニ光ヲカ、ヤカシ給事、合戦ノタビゴトニアリ。（中略）又上ヨリ諸軍勢ニイタルマデ、甲ノマツカウニ南无三宝観世音菩薩ト書付テ、毎月十八日観音懺法ヲ読セラル。

右の記事によれば、尊氏が合戦をするたびごとに天神の御霊が光を輝かしたという。筑紫国へ降った尊氏にとって、同様に筑紫国へ配流された菅原道真のことが頭をよぎり、その地で神として祀られている道真を守護神としていただくことにより、擁護を願ったのであろう。また、足利軍勢は観音信仰を抱いていたことが述べられている。そして『観音経』に以下のように記されていることが、戦乱の際に観音信仰を抱く根拠となっている。

或被悪人逐　堕落金剛山　念彼観音力　不能損一毛
或値怨賊繞　各執刀加害　念彼観音力　咸即起慈心
或遭王難苦　臨刑欲寿終　念彼観音力　刀尋段段壊
（中略）

諍訟経官処　怖畏軍陣中　念彼観音力　衆怨悉退散

悪人に追われて金剛山から落ちたとしても、観音の力を念じたなら、髪の毛一本も損なうことはない。心に怨みを抱く悪い賊に取り囲まれて斬り殺されそうになったとしても、観音の力を念じたなら、彼らは慈悲の心を起こすだろう。悪い王の災難に遭い苦しめられて処刑されそうになったとしても、観音の力を念じたなら、刀は段々に折れてしまうだろう。争いの際に戦いの中で恐怖におかれても、観音の力を念じたなら、衆生の怨みはことごとく退散するだろう、というのがその内容である。

観世音菩薩は、私たちが遭遇するあらゆる苦難に際し、その偉大なる慈悲の力を信じて観音の名を唱えれば必ずや救ってくれるとされる。菅原道真の本地仏は十一面観音とされ、東向観音寺や道明寺の十一面観音像は道真自作との伝承をもつ。そうしたことからも、天神は観音菩薩と結びつく。こうした天神出現の背景には、船中で北野社の御師禅陽が戦勝を祈禱したという具体的事実があった。永正四年（一五〇七）六月日松梅院禅光言上状には以下のような記述がある。(13)

当社領丹波国舟井庄事、とう持院《足利尊氏》殿様御代多々羅はま《多々良浜》の御かつせん《合戦》の時、御師せんそ《先祖》禅陽ほうゐん《法印》御ともつかまつり、御きたう《祈禱》のちうせつ《忠節》をいたし、　神りよ《慮》けんてう《厳重》の御きすい《奇瑞》により、船中にをき御はなかミ《鼻紙》の御判をなされ、御きしん《寄進》の地として禅陽一ゑん《円》に知行さおい《相違》なき処、光薗院　にしきの少路《足利直義》との御師たるにつき、舟井の庄はん《半》分をのそミ申、ふきやう《奉行》をいたすといへ共、御吉れい《例》さおい《相違》の間、もとのことく一ゑんニ返し下さるゝもの也、

この記述によれば、禅陽は尊氏に随従し、建武三年（一三三六）三月の筑前多々良浜合戦の際に祈禱の忠節を遂げ、神慮により菊池武敏らを打ち破った。そのため船中で「鼻紙の御判」を記し、禅陽に船井荘の一円支配を認めたという。なぜこのとき禅陽を同船させていたのかは不明だが、もしこれが事実だとしたら、九州下向以前

から尊氏は北野社に帰依していて、戦勝祈願を依頼していたことになるが、戦時に神職を引き連れて祈禱させていたという事例は他では見られず、信憑性は疑わしい。また、「鼻紙の御判」は湊川の戦いの際に下されたとされる文書であり、多々良浜合戦の時ではない。こうしたことからも、尊氏と禅陽との関係を多々良浜合戦以来としてさかのぼらせ、松梅院が御師職を保有していることの正統性を主張しているといえる。しかし、こうした由緒が正統性を主張するために用いられているということは、松梅院では由緒が信じられており、それを主張することが有効性を保つとみなされていたからである。そして、禅陽側の主張によれば、船井荘は尊氏によって禅陽の一円支配が認められていたものの、守慶が直義の御師としてその半分を競望したため、両者による支配となったという。

事実、建武三年（一三三六）八月一八日には、尊氏は北野社に船井荘を寄せて本地供養法を毎日一座行わせているが、その際は器用の僧を選び、守慶・禅陽両人の沙汰として勤行させている。[14]本地供養法とは十一面観音供のことで、船井荘を料所とする「六ヶ御願」のうちの一つである。[15]また同日直義によって祈禱の詳細が示されている。[16]それによれば、長日不断常燈を重代師職である石見新法眼禅陽と助法眼守慶が勤仕すべきこと、一社長日大般若経を転読すべきこと、一社長日法華経を転読すべきこと、一社長日金剛般若経を転読すべきこと、毎月御神楽を勤仕すべきことが命ぜられている。ここでは「重代師職」と記述されているように、先祖代々御師職であったと主張しているのだが、禅陽以前から御師職が存在していたことを実証する史料はない。[17]

禅陽以前の系譜は明らかでないが、貞永元年（一二三二）四月二五日北野宮寺政所下文などから、禅陽の祖と思われる永勝―覚禅―有禅―永源―親禅（伯耆法眼）という系譜を確認でき、親禅は北野社の公文を勤めていたことがわかる。[18]また、御殿預・公文所泰禅、[19]大預代朝禅、[20]辨禅、堯禅[21]などの名も確認できる。これらの人物は「禅」を通字としてもつことから、[22]おそらくは禅陽につながる人物であろうと推測される。禅陽以前においても、のちの松梅院につながる人物が公文を勤めていたことがわかるが、他の祠官家も公文になっていたようで、別当である曼殊院の配下で上座・寺主・都維那の三綱の経験を積むことが、北野社における立場を向上させることにつながっていた。

尊氏はその後、再び京都に戻って幕府を樹立し征夷大将軍となるが、それ以降も天神に深く帰依していたことがわかる。史料で見られる限りにおいては、貞和二年（一三四六）正月二五日に自邸で天神講を開催したのを皮切りに[23]、しばしば自邸で天神講を行っていることが確認できる[24]。おそらくは道真の命日である毎月二五日に天神講を行っていたのであろう。そして時には醍醐三宝院で開催された天神講に尊氏が赴くこともあるなど、天神を重視していた[25]。

このようにして、尊氏は九州下向以降に天神信仰をもつようになり、そして戦勝祈願が成就したことから、京都で道真を祀る北野社に帰依し、船井荘を寄進して北野社を保護することになったといえよう。

二　北朝・室町幕府と北野社

こうした天神および北野社を重視する姿勢は、尊氏の個人的信仰にとどまらず、室町幕府さらには北朝における北野社重視にも拡大していった。八月四日の北野祭、および北野臨時祭の際には、北朝から勅使が遣わされ、奉幣が行われている[26]。

また、貞和三年（一三四七）七月、北朝の光明天皇が不予となると、八万四千基の石塔の造立と北野社での万度詣が行われた[27]。八万四千塔造立は、インドにおいて多くの人を殺した阿育王が、罪を懺悔するために八万四千塔の塔を作り、その中に仏舎利を納めて供養したとされるもので、中国を経て日本に伝わり、八世紀後半から九世紀にかけて定着したとされる[28]。石塔造立の功徳により、病気平癒を祈願するための行為である。

このとき『園太暦』の記者である洞院公賢には、八万四千基のうち一万基の造立が命じられた。それに対し公賢は七千基造立する旨返答している。北野社への万度詣もやはり功徳を積むことによって病気平癒を祈願する行為であり、公賢にはそのうち一千度の参勤が命じられた。それに対し公賢は七百度参勤することを承諾した。これらの行為は公賢自身が行うのではなく、公賢は家僕に命じて行わせている。八万四千塔造立と北野社での万度詣は数名の公家に分担が命じられて執行されたのであろう。

また、同年一〇月には、光厳上皇は天下静謐の御祈として公家に対し北野社に万度詣を行うよう命じた[29]。そのうち洞院公賢には五百度、中原師茂には三百度の参勤が命じられた。そしてさらに、一二月にも天下静謐の御祈として北野社への万度詣が命じられ、公賢は五百度の参勤が命じられた[30]。

天下静謐すなわち南朝軍徒退治の祈禱は諸社にも命じられているが、万度詣を行ったのは北野社しかない。こうした北朝における北野社重視の方針は、尊氏の北野社に対する帰依が大きな影響を与えたに違いない。

このような朝廷・幕府からの祈禱命令は、北野社の御師に対してなされた。先に述べた建武三年（一三三六）八月一八日足利直義御教書において、「重代祈禱之師職」である守慶と禅陽に祈禱の勤仕が命じられているのが、北野社における御師職の初見である[31]。その後観応二年（一三五一）二月一日足利直義御教書では守慶のみに祈禱を命じており[32]、さらに同年四月一八日足利直義御教書では、北野社御師職について、禅陽を改易し守慶に一円の沙汰を命じている[33]。この理由については、『園太暦』観応二年正月二七日条に記す北野公文所の火災により禅陽が逐電したということとの関係が指摘されている[34]。

亥刻許当レ南有レ火、北野公文所禅陽逐電之由有二其聞一、猶可レ尋、所詮武州（高師直）専一也、禅門（足利直義）咎之由有二其聞一之故歟、後聞、無二殊事一帰住云々、

おそらくは足利直義は守慶と、高師直は禅陽と結びつき、それぞれ権益の獲得に奔走していたと思われるが、

観応の擾乱の中で、足利直義の入京により、「武州専一」と称されるほど師直と親しかった禅陽が、直義の処罰を恐れて北野社公文所に火をかけて逐電したのではないかという噂が立った。そのため、以降は守慶が御師職を得ることとなった。そして同年五月二八日には、足利義詮御教書により、守慶に対し船井荘の一円沙汰を命じている。(35) さらに同年七月七日足利尊氏御教書でも、北野社御師職について、禅陽を改易して守慶に一円の祈禱を命じる旨改めて文書が発給されている。

ところが、八月はじめになると尊氏・義詮と直義は不和となり、直義は北国に逃れ尊氏側が京都を制圧することになると、守慶に与えられていた御師職が停止され、禅陽に与え直された。(36)

北野社師職事、被ㇾ仰㆓守慶法眼㆒之條、参差之上者、早停㆓止彼綺㆒、任㆓代々之佳例㆒、如ㇾ元可ㇾ被ㇾ致㆓祈禱精誠㆒之状如ㇾ件、

観応二年八月十日　　御判

石見法眼御房

そしてその三日後には大休寺殿（足利直義）から船井荘に関して、守慶の知行をとどめて、元のように禅陽が支配すべき旨の御教書が出されている。(37)

北野社領丹波国船井庄事、止㆓助法眼守慶知行㆒、如ㇾ元致㆓其沙汰㆒、可ㇾ被ㇾ全㆓有ㇾ限神用㆒之状如ㇾ件、

観応二年八月十三日　　大休寺殿 御判

しかし、直義は守慶と結びついていて禅陽とは対立する側であったので、直義が禅陽に知行を命じる旨の御教書を発給したとは考えにくい。また、当時直義は尊氏と敵対関係にあるため、尊氏の御教書を受けてさらに直義が御教書を発給するということはないのではないだろうか。

なお、本文書に関しては、表紙に「長享元十一月日」の年紀のある松梅院禅豫による『社家記録』にも書写さ

れている。[38] そこでは、御判に「大休寺殿、大休寺殿錦少路殿也」と注記してあったのをミセケチにして、「等持院殿様」としている。尊氏の花押と直義の花押は似通っているので、禅豫が書写する元となった文書を原文書から書写した人物が、花押の部分を読み誤って、「御判」に「大休寺殿」の注記を加えたのではないだろうか。それに対して禅豫は疑問を感じ、「大休寺殿」と注記のあったのを「等持院殿様」と書き改めたものと推測される。原文書から書写した段階で直義御教書とした背景には、船井荘が尊氏・直義両者から安堵されたことを示したかったということもあるであろう。おそらく本来は尊氏御教書だったのではないだろうか。

三　御師職のもつ意味

御師職を手にするということは、所領をはじめとした諸権益を手中に収めることであり、有力祠官家は種々の方法を使って権力者に認めてもらうよう取り入った。そしてそれはしばしば権力者間の対立と結びついていた。将軍家御師職とは、将軍からの祈禱依頼を受けて専門に祈禱を行う者のことを言い、将軍と師檀関係を結んだ。御師職は室町幕府成立後ほどなくして成立し、特定の祠官家に継承された独自の職で、造営奉行や造営料所の管理などを任される一社を代表する存在であったことが指摘されている。そして、御師職の置かれた神社は、伊勢神宮・石清水八幡宮・賀茂下上社など、二十二社を中心とした京都周辺の有力神社であり、「王城鎮守」の神々として王家を護持することを役割とした存在であると認識されていたのである。[39] こうした将軍家御師職は天皇家御師職にならって設置されたと推測されているが、天皇家御師職の詳細は不明である。

それでは、御師職が成立する前は、北野社に対してどのように祈禱依頼がなされていたのだろうか。鎌倉幕府が北野社に祈禱を依頼したことはなく、すべて朝廷からの依頼である。正応二年（一二八九）六月一一日大進某奉書写では、春宮御祈事に関して、東宮大進から北野執行法眼御房に対して祈禱の依頼がなされている。[40] その他現存する文書は多くないが、祈禱依頼の場合は、朝廷から直接北野社の執行職に対してなされていたことが推測される。執行職は南北朝期に御師職が成立するまでは、北野社を統括する役職であり、上位からの文書は北野執行法眼御房に宛てられていたが、執行職は次第に形骸化していったようである。そして、一つの派が執行職を独占することはなく、おおよそ二〜三年の任期で、何らかの特権を持つものと思われるが[41]、実態がよくわからないことからも、室町期以降においてはそれほど重要な職とはみなされなくなったようである。

その他の場合は、朝廷から別当である曼殊院門跡を介して北野社の執行職に対して文書が発給されることが多かった。しかし、そうしたあり方は、北野社に御師職が成立し、さらに御師職が基本的にひとつの家に固定されていくと消滅していったが、それはなぜなのだろうか[42]。

この理由は、ひとつには室町幕府の政策として、末社を独立させることによってそれらを統括している比叡山の影響力を弱めようとしたことがあった。比叡山は多数の末寺・末社を率い、広範囲な荘園を有していた。そして、比叡山の意思を完遂させるためには大衆らが神輿を振りかざして京都市中に下ってくることも厭わないことから、俗権力にとってはしばしば扱いに困惑する存在であった。さらには、『太平記』巻第一八・比叡山開闢の事によれば、後醍醐天皇が両度にわたり比叡山に逃れ、僧徒とともに尊氏らに抵抗を繰り広げたことから、天皇が吉野に脱した後、尊氏は一時は山門の取りつぶしまでも考えていたという[43]。そうしたことから、室町幕府は比叡山の勢力を弱体化させようとし、北野社や祇園社などの末社を比叡山から切り離し、直接の関係を結ぼうとしたものと考えられる。そして、幕府は逆に北野社や祇園社とは荘園寄進、祈禱依頼、権益保護、将軍参詣といったかたちで密接な関係を保っていった。もちろん比叡山はこれに抵抗し、さまざまな手段を使って北野社への影響力を行使しようとしたが、北野社の方はそれに従わず、幕府に助けを求めて独立を維持しようとした。その一つのあらわれが正長年間に起こった山門と北野社との対立であり、両者は微妙なバランスのもとで保たれていたが、それが崩れると大きな騒動に発展した[44]。

また、神社側にとっても上位権門からの支配からある程度独立することにより、独自の経営が可能となった。将軍との公的・私的関係を密接に保つことにより、寄進により所領を拡大したり、将軍の参向にともない祈禱料なども得られた。そして、御師職が特定の家に固定化されることで、神社の運営は安定し、故実が代々伝授されることとなった。北野社に関する引付が作成されて後世まで伝えられるようになったこともこのことと関係していよう。

北野社における御師職はその後、石見法印禅陽の系譜をひく松梅院が基本的に勤めていく。そして、禅陽の子孫であることが、御師職を所持することの根拠となっていく。長享元年（一四八七）の禅豫『社家記録』（『北野社家日記』第七）には、「禅陽法印子孫明鏡之上者、如レ元御師職被二仰付一由被二仰出一候也」と記され、禅陽を初代とする系図が付されている。

ところで、「松梅院」の坊号の初見は、『三年一請会引付[45]』に記される、明徳二年（一三九一）七月二九日の室町幕府奉行人松田貞秀書状の宛所の「松梅院法印御房（石見法眼禅厳）」である。同じく『三年一請会引付』に収載される康応元年（一三八九）七月一四日足利将軍家御教書では、宛所が「石見法印御房」とあることから、康応元年から明徳二年までの二年の間に「松梅院」が成立したと考えられている[46]。

そして、「松梅院」の成立は、北野祭および神宝の点検を行う三年一請会の経済基盤を確立させるために足利義満と将軍御師松梅院との師檀関係を基礎としてもたらされたとされている[47]。松梅院にとって御師職は絶対保有していなければならない職だったが、諸般の事情により他坊に移ったときもあった。延徳三年（一四九一）五月二八日の永琳院禅慶書状には、「当坊事者、八幡殿（源義家）以来以二実子一令二相続一、致二御祈禱一候、殊等持院殿様御代、別而被仰付候、至レ于レ今一類無二断続儀一候」のように、松梅院一類が足利尊氏のときから御師職を伝えてきていることを主張している。[48]松梅院は、御師職以外にも公文所・神事奉行・御殿預・造営奉行を兼ね、門弟衆を統括し、「一社」を組織する坊として、明治の神仏分離まで支配を行っていったのである。

おわりに

以上、初期足利政権における北野社との関係について、御師職の成立問題を中心に考察した。そこで明らかになったのは、京都およびその周辺の諸神社での御師職の成立という流れの中で北野社の御師職も成立し、その背景には権門から諸神社を切り離して祈禱体制を確立するという室町幕府の神祇政策があったという点である。そして、北野社は他の神社に先行して将軍家御師職が成立しており、それは尊氏が北野社をとりわけ重視していたことのあらわれである。そしてこれをきっかけに祇園社などの他社においても次第に御師職を成立させ、幕府との関係を強めていった。

尊氏以降、北野社はよりいっそう将軍との関係を強め、義満の時には摂津国榎並荘・郡戸荘をはじめとした各地の荘園が北野社に寄進されたほか、将軍自身が北野社に参籠するようになり[49]、義満は年に数回のペースで行っている。

それを受け継いだ義持は神仏に傾倒したが、とりわけ石清水八幡宮・北野社への参詣・参籠が群を抜いて多かった。[50]そして参籠の際には松梅院に宿泊し、晩年には年間一ヶ月以上を北野社ですごし、所領も相次いで寄進されるなど、室町時代において将軍と北野社が最も蜜月な時を迎えるのであった。

(1) 大田壮一郎「室町殿の宗教構想と武家祈禱」(『ヒストリア』一八八、二〇〇四年)、細川武稔『京都の寺社と室町幕府』(吉川弘文館、二〇一〇年)などが代表的成果である。また、大田壮一郎「室町幕府宗教政策論」(中世後期研究会編『室町・戦国期研究を読みなおす』、思文閣出版、二〇〇七年）ではこれまでの研究史が的確に整理されている。

（2）代表的成果として、中世諸国一宮制研究会編『中世諸国一宮制の基礎的研究』（岩田書院、二〇〇〇年）、井上寛司『日本の神社と「神道」』（校倉書房、二〇〇六年）、太田直之「室町幕府の神祇政策――将軍家御師職を中心に――」（『中世の社寺と信仰――勧進と勧進聖の時代――』、弘文堂、二〇〇八年、初出二〇〇七年）などがあげられる。

（3）山田雄司「足利義持の伊勢参宮」（『皇學館大学神道研究所紀要』二〇、二〇〇四年）。

（4）東京大学史料編纂所蔵「古文書雑集」所収（『大日本史料』第六編之一）。

（5）網野善彦・石井進・稲垣泰彦・永原慶二編『講座日本荘園史8　近畿地方の荘園Ⅲ』（吉川弘文館、二〇〇一年）小西瑞恵氏執筆「播磨国東部」。

（6）本文書は『後鑑』にも収載されているが、原文書は残っていない（『大日本史料』第六編之三所収）。現在筑波大学附属図書館所蔵「北野天満宮寄進状壹巻」にも本文書の案文が所収されている。なお、「北野天満宮寄進状壹巻」はその作成段階で写し間違えている箇所が数箇所見られる。「北野天満宮寄進状壹巻」については、山本隆志「北野神社松梅院とその文書――「北野天満宮寄進状壹巻」を中心に――」（『筑波大学附属図書館特別展「学問の神」をささえた人々』、筑波大学附属図書館、二〇〇二年）で詳細な解説が施されている。また山田雄司『平成一六〜一八年度科学研究費補助金（若手研究Ⓑ）研究成果報告書　北野天満宮旧蔵文書・古記録の目録作成および研究』（二〇〇七年）に全文翻刻した。その成立に関しては、禅豫『社家記録』（『北野社家日記』第七）に以下のような記述がある。

諸神領将軍様御代々御判物、今度禅椿依二随身一、社家胸臆之間、以二古案文一、彼　御判物袖　御判并為二末代亀鏡一被レ副二一通　御判一之条、誠　神慮之至忝次第也、

そして、文中に記す「被副一通　御判」とは、その後ろに書写されている長享元年（一四八七）一二月二三日足利義尚御教書のことである。この記述によれば、代々の寄進状等は、それを所持していた禅椿が追放されたことにより紛失してしまったので、古案文をもとに写しを新たに作成し、義尚に袖判を加えてもらい、さらにそれを証する判物をいただいたということがわかる。こうしたことから、「北野天満宮寄進状壹巻」の成立は長享元年一二月といえる。また、「北野天満宮寄進状壹巻」の継目裏花押には社家奉行松田長秀の花押が据えられていることが指摘されているが、このとき松梅院から長秀に対して二百疋が支払われていることから、これが「北野天満宮寄進状壹巻」作成に当たっての礼

金であったこともわかる。

（7）『北野社家日記』第七（続群書類従完成会、二〇〇一年）二四二頁。

（8）『続々群書類従』史伝部。

（9）前掲註（5）『講座日本荘園史8　近畿地方の荘園Ⅲ』黒川直則氏執筆「丹波国」。

（10）足利氏が天神信仰を持つようになった過程については、八木聖弥「初期足利政権と天神信仰」（『太平記的世界の研究』、思文閣出版、一九九九年）に詳しい。

（11）「北野天満宮寄進状壹巻」および「北野天満宮領丹波国船井荘相伝文書」所収。『大日本史料』第六編之三には黒板勝美氏所蔵北野文書として収載されており、東京大学史料編纂所に影写本が架蔵される。黒板勝美氏所蔵北野文書は、一九九八年に筑波大学附属図書館所蔵となった「北野天満宮領丹波国船井荘相伝文書」と同一だと思われる。「北野天満宮領丹波国船井荘相伝文書」は江戸時代の写で九通からなる。本文書の解説は、前掲註（6）「北野神社松梅院とその文書――「北野天満宮寄進状壹巻」を中心に――」でなされている。また前掲註（6）『平成一六～一八年度科学研究費補助金（若手研究Ⓑ）研究成果報告書　北野天満宮旧蔵文書・古記録の目録作成および研究』（二〇〇七年）に全文翻刻した。

（12）『群書類従』合戦部。

（13）『目安申状』（『北野社家日記』第七）二四二頁。竹内秀雄『天満宮』（吉川弘文館、一九六八年）で紹介されている。

（14）建武三年八月一八日足利尊氏御教書。黒板勝美氏所蔵北野文書（『大日本史料』第六編之三）、筑波大学附属図書館所蔵「北野天満宮領丹波国船井荘相伝文書」。

（15）『北野社家日記』延徳二年正月一三日条などに執行されている旨が記されている。

（16）黒板勝美氏所蔵北野文書（『大日本史料』第六編之三）、筑波大学附属図書館所蔵「北野天満宮領丹波国船井荘相伝文書」「北野天満宮寄進状壹巻」。

（17）東京大学史料編纂所編『東京大学史料編纂所影印叢書5　平安鎌倉古文書集』（八木書店、二〇〇九年）。

（18）正応三年（一二九〇）五月六日北野天満宮修理用途注文（北野天満宮所蔵「御簾調進記」紙背文書、『鎌倉遺文』補遺一七四〇）。「北野宮寺政所下文」（『東京大学史料編纂所影印叢書5　平安鎌倉古文書集』）高橋典幸解説による。

(19) 正応三年五月六日北野天満宮御殿預泰禅注進状案（『鎌倉遺文』補遺一七三九）。正応三年五月六日北野天満宮修理用途注文（『鎌倉遺文』補遺一七四〇）。徳治二年二月一五日北野天満宮寺別当慈順御教書案（『鎌倉遺文』補遺一八四五）など。

(20) 正応三年八月九日北野天満宮注進案（『鎌倉遺文』補遺一七四五）。

(21) 延慶三年七月日北野天満宮祠官等申状案（『鎌倉遺文』補遺一八九四）、延慶三年一一月日北野天満宮寺祠官等解案（『鎌倉遺文』補遺一九〇三）など。

(22) ただし、鎌倉期の人物は名前の後ろに「禅」がつくのに対して、南北朝期の人物は名前の前に「禅」がつくことから、その間に変化があったことがうかがわれる。

(23) 『賢俊僧正日記』（『大日本史料』第六編之九）。

(24) 八木前掲註(10)論文。

(25) 『師守記』貞和五年八月二五日条（『大日本史料』第六編之十二）。

(26) 『園太暦』文和二年七月二五日条（『大日本史料』第六編之三）、『師守記』暦応二年八月四日条（『大日本史料』第六編之五）、『園太暦』貞和三年八月四日条（『大日本史料』第六編之十）、『師守記』貞和五年八月五日条（『大日本史料』第六編之十二）など。

(27) 『園太暦』貞和三年七月五・六・七日条（『大日本史料』第六編之十）。

(28) 追塩千尋『日本中世の説話と仏教』（和泉書院、一九九九年）。

(29) 『園太暦』『師守記』貞和三年一〇月九日条（『大日本史料』第六編之十）。

(30) 『園太暦』貞和三年一二月二一日条（『大日本史料』第六編之十一）。

(31) 小泉恵子「松梅院禅能の失脚と北野社御師職」（『遙かなる中世』八、一九八七年）。

(32) 黒板勝美氏所蔵北野文書（『大日本史料』第六編之十四）、筑波大学附属図書館所蔵「北野天満宮領丹波国船井荘相伝文書」。

(33) 同右。

(34) 小泉前掲註(31)論文。

(35) 黒板勝美氏所蔵北野文書（『大日本史料』第六編之十五）、筑波大学附属図書館所蔵「北野天満宮領丹波国船井荘相伝文書」。
(36) 観応二年八月一〇日足利尊氏御教書（「北野天満宮寄進状壹巻」）。
(37) 観応二年八月一三日足利直義御教書（「北野天満宮寄進状壹巻」）。
(38) 『北野社家日記』第七所収。
(39) 太田前掲註(1)論文。
(40) 田沼睦校訂『北野神社文書』〈史料纂集〉（続群書類従完成会、一九九七年）二三号文書。
(41) 鍋田英水子「中世後期「北野社」神社組織における「一社」」（『武蔵大学人文学会雑誌』二九―一・二、一九九七年）。
(42) 太田前掲註(1)書でも、さまざまな神社の御師職の例を検討しながら言及している。
(43) 村山修一『比叡山史』（東京美術、一九九四年）二七二頁。
(44) この点については、太田順三「永享の山門騒乱とその背景」（『佐賀大学教養部研究紀要』一一、一九七九年）、清水克行「正長の徳政一揆と山門・北野社相論」（『室町社会の騒擾と秩序』、吉川弘文館、二〇〇四年、初出二〇〇三年）などに詳しい。
(45) 北野天満宮史料刊行会編『北野天満宮史料　古記録』（北野天満宮、一九八〇年）。
(46) 三枝暁子「北野祭と室町幕府」（『比叡山と室町幕府』、東京大学出版会、二〇一一年、初出二〇〇七年）。
(47) その後の御師職の変遷については、佐々木創「中世北野社松梅院史の「空白」――松梅院伝来史料群の批判的研究に向けて――」（『武蔵大学人文学会雑誌』三九―二、二〇〇七年）に詳しい。
(48) 『北野社家日記』第七、一四六頁。
(49) 『良賢真人記』明徳四年八月一六日条（『大日本史料』第七編之一）。
(50) 村尾元忠「足利義持の神仏依存傾向」（安田元久先生退任記念論集刊行委員会編『中世日本の諸相』下、吉川弘文館、一九八九年）、桜井英治『破産者たちの中世』（山川出版社、二〇〇五年）。

戦国期における足利将軍家元服儀礼の政治的背景

浜口誠至

はじめに

本稿は戦国期の足利将軍家元服儀礼の幕府政治史上における役割を考察するものである。足利将軍家元服儀礼は、臨時に挙行される幕府儀礼である。元服は男子が成人となるためにする通過儀礼だが、足利将軍家の場合、成人するのは将軍の後継者であった。元服は将軍宣下と対になって行われることも多く、次期将軍選定と密接に関わる重要儀礼であった。

では、先行研究は足利将軍家の元服儀礼をどのように評価しているのであろうか。二木謙一氏は元服記を用いて足利義満・義教・義輝の元服儀礼の内容を明らかにし、将軍の資格として重要な意義を有していたと指摘した(1)。森茂暁氏は義満から義教までの元服儀礼の内容を検討し、武家の儀と公家の儀に大別される元服の仕方は元服時における幕府内の政治状況や力関係に規定されたことを明らかにした(2)。阿部綾子氏は加冠役と理髪役を中心に足利将軍家と徳川将軍家の元服儀礼を比較し、将軍とその補佐役である管領との力関係の変化が元服の次第に影響するなど、足利将軍家の元服は政治情勢に左右される流動的な側面を持ち、政治上実質的な権力を持つ者、およびその権力者の意向を汲んだ者が、加冠や理髪の役を担う傾向にあったことを指摘した(3)。

森氏と阿部氏が指摘するように、元服は実施時の政治情勢や幕府内の力関係が反映された儀礼として位置づけられる。しかし、戦国期の元服については加冠役と理髪役の違いから阿部氏が論じているものの、幕府政治の構造分析はなされていない。

また、二木氏は武家の儀で行われた足利義教の元服について、鬢所での加冠、会所での備服および祝宴、寝殿での八幡遙拝の四つに分類している(4)。だが、森氏が指摘するように、ひと口に武家の儀といってもその内容は実施時の政治情勢に対応して変化しており、二木氏の分類が武家の儀で行われた元服全般に適用できるかどうかは検証が必要である。また、二木氏の著書は概説書であるために元服の内容紹介にとどまっており、儀礼の全体構造や個々の要素の持つ意味までは明らかになっていない。元服に反映された将軍と大名の力関係を理解するには、前提として元服儀礼の構造を把握し、その特質を明らかにする作業が必要である。

そこで、本稿では戦国期における足利将軍家の元服儀礼の内容を復元し、その構造的特質を明らかにする。そして、足利義澄および義輝の元服の政治的背景を考察することで、将軍と在京大名の力関係を把握し、政治構造の解明を行う。なお、史料的制約により、応仁・文明の乱後の将軍で元服儀礼の詳細な内容を明らかにできるのは義澄と義輝の二者に限られるので、本稿ではこの二者を検討対象とする(5)。

一　足利将軍家元服儀礼の構造的特質

1　元服儀礼の式次第

足利義澄と義輝の元服儀礼はいずれも武家の儀であり、共通する要素も多いと想定される。そこで、二者の中で先行する一一代将軍足利義澄の元服を事例に、戦国期の元服儀礼の内容を見ていくことにしよう(6)。

足利義澄の元服儀礼については、幕府奉行人の清元定が記した「御元服聞書」という義澄元服の別記があり、そこから詳細な内容を知ることができる。また、東坊城和長の「和長卿記」にも比較的詳しい記事が見られるので、これらを中心に見ていくことにする。[7]

足利義澄の元服は、明応三年（一四九四）一二月二七日の卯辰（午前七時）より細川政元邸で実施された。政元邸が選ばれたのは、明応の政変後に義澄が移住し、政元邸の一部が御所として機能していたためである。[8]義澄の元服は足利義政を先例とし、武家の儀で行われた。義政の元服では要脚として六〇〇貫文を費やしており、総額は不明だが義澄元服の場合も諸国に段銭を賦課して要脚を集めている。元服儀礼は莫大な要脚を必要とする国家儀礼であった。

加冠（冠者に烏帽子を被せる役、烏帽子親）は細川政元が務めた。政元は「加冠細川政元管領幷武蔵守相任畢、」（「和長卿記」）と、管領就任および武蔵守任官を果たした上で務めている。理髪（童髪から成人の髪に結う役）は細川尚経、打乱《うちみだり》（髪上げの道具を入れ、切り落とした髪をしまう箱を取り扱う役）は細川政賢、泔坏《ゆするつき》（櫛で髪を整えるために用いる湯水を入れる器を取り扱う役）は細川尚春が務めた。細川尚経は幕府奉公衆を輩出した細川奥州家当主、細川政賢は細川京兆家一門で将軍の御供衆を兼ねた細川典厩家当主、細川尚春は淡路守護で幕府御供衆を兼ねた細川淡路守護家当主であり、いずれも細川家一門である。また、元服惣奉行は摂津政親、元服奉行は松田英致、右筆と御祝奉行は飯尾元行であり、いずれも幕臣が務めている。

まず、御祝儀式として醍醐寺三宝院の水本坊による加持、陰陽師の賀茂在通による身固がなされた。続いて首《しゅ》服所《ふくじょ》（西御座敷）に義澄が入り、着座した。また、細川政元も座敷に入り、円座に着座した。そして、細川尚経が烏帽子、細川尚春が水の入った泔坏を持参した。細川政賢に関する記述は見られないが、尚経に続いて打乱箱と共に参上したものと見られる。[9]尚経は義澄のもとに祗候して髪を結い直し、髪先を笄刀で切り落とし、退出した。[10]次に政元が義澄のもとに祗候し、髪を整えた後に烏帽子を被せ、もとの座に着座した。そして、尚経が再び義澄のもとに祇候して髪を整え直し、道具を元通り納めて退出した。その後、政賢と尚春も同様に道具を納めて退出した。

次に、義澄は曹子間《ぞうしのま》に移って装束を改めた後、手水をして身を清め、曹子間を出て中央の御座で石清水八幡宮への遙拝をした。

そして、義澄は畳に着座し、御祝として義澄に対する銀器の御膳と六本立の御前物による饗応、政元からの白太刀と目録（弓・征矢・鎧等）の進上と惣奉行摂津政親による披露が行われた。その後、政元も赤縁の畳に着座し、六本立の供御による御祝があったが、この時は政元も相伴した。場に関する記述はないが、足利義教や義政の元服では鬢所（首服所）で式三献がなされたことを踏まえると、この御祝は首服所でなされたと見られる。

さらに、式三献による饗宴があり、政元も相伴した。再度政元から白太刀を進上し、義澄みずから政元へ銀剣を下賜した。その後、理髪以下の役者と奉行も太刀を進上し、義澄の御前で黒太刀を下賜された。

式三献の後、今度は常御所に場を移して御祝が行われた。大名邸御成など他の幕府儀礼では、式三献後に寝殿から会所へ場を移して饗宴をするのが慣例であり、この御祝とは常御所での祝宴を指すと見られる。なお、この御祝にも政元は相伴した。

その後、将軍宣下・禁色宣下・判始・評定始・御前沙汰始が立て続けに行われた。しかし、将軍宣下は征夷大将軍への任官であり、元服儀礼ではない。また、判始なども将軍就任に伴う儀礼なので、元服とは区別すべきである。(11)

したがって、元服儀礼そのものは常御所での饗宴で終了したと考えられる。ただし、饗宴は翌二八日にも畠山義英の申沙汰で実施された。この饗宴は後述するように前日の饗宴と同様の意義を持つと考えられるので、元服儀礼の一部と見るべきである。

2　元服儀礼の構造

足利義澄の元服は、内容に応じて複数の要素に分類することができる。すなわち、醍醐寺三宝院の水本坊による加持、賀茂在通による身固、義澄の加冠、義澄の備服、義澄の手水、義澄による石清水八幡宮遙拝、義澄と政元による饗宴および贈答、式三献および贈答、常御所での饗宴、元服翌日の饗宴である。

では、その他の元服の場合、どのような要素で構成されていたのであろうか。義澄同様、武家の儀であった義満・義教・義政・義晴・義輝を例に見ていくことにする。三代将軍足利義満の元服は室町御所で行われ、初日には醍醐寺三宝院の光済による当日の加持、醍醐寺地蔵院の覚雄による祈禱、安倍宗時による身固、鬢所での加冠、鬢所での義満と細川頼之による饗宴、式三献および贈答があり、二日目と三日目も祝宴をした。(12)

六代将軍足利義教の元服は室町御所で行われ、初日には醍醐寺三宝院の満済による当日の加持、醍醐寺地蔵院の持円による兼日の祈禱、安倍有富による身固、鬢所での加冠、会所での備服、寝殿での石清水八幡宮遙拝、鬢所での義教と畠山持国による饗宴、式三献および贈答があり、二日目と三日目も饗宴および式三献をした。(13)

義澄元服の先例となった八代将軍足利義政の元服は室町御所で行われ、初日には醍醐寺三宝院の義賢による当日の加持、実相院の増運による兼日の祈禱、賀茂在貞による身固、寝殿の鬢所中座での加冠、曹子間での備服と手水、中央御座での石清水八幡宮遙拝、鬢所での義政と細川勝元による贈答と饗宴、式三献および贈答があり、二日目と三日目も初日同様に饗宴があった。(14)

また、一二代将軍足利義晴の元服は史料的制約により全体像は不明だが、三条御所で元服し、元服御祝として会所で饗宴と式三献、常御所で饗宴をしたことが確認できる。(15) なお、この饗宴は三日間連続で実施された。

一方、一三代将軍足利義輝の元服は近江国坂本の樹下成保邸で行われ、初日には聖護院道増による加持、土御門有富と勘解由小路有春による身固、加冠、備服、義輝と六角定頼による饗宴および贈答、式三献および贈答、内々の饗宴があり、二日目と三日目も饗宴および式三献をした[16]。

このように、足利義澄と義満・義教・義政・義晴・義輝の元服では、細部に異同は見られるが基本的な構成要素と順序は共通していたといえる。すなわち、武家の儀で実施された足利将軍家元服儀礼は、加持・祈禱・身固、加冠、備服、手水・遙拝、新将軍と加冠による饗宴および贈答、式三献および贈答、内々の饗宴、二日目と三日目の饗宴によって構成されていたのである[17]。

3 元服儀礼の特質

足利将軍家の元服は複数の儀礼によって構成されている複合的儀礼だが、各儀礼を目的別に分類すると、二つに大別することができる。一つは、新将軍の成人儀礼である。新将軍の守護を祈った加持・祈禱・身固、髪を結い烏帽子を被ることにより成人への変化を示す加冠、衣服を改めることにより成人への変化を示す備服、氏神である石清水八幡宮に対する成人の報告である遙拝とその準備にあたる手水は、いずれも新将軍の成人に関わる儀礼として位置づけられる。

もう一つは、成人儀礼後の饗宴である。饗宴は三つの形態をとっているが、いずれも新将軍の成人を祝福する祝賀儀礼として機能した。また、内々の饗宴には加冠役や元服奉行などの役者に加え、将軍近親や在京大名、有力幕臣といった幕政を構成する有力者が参加していた。饗宴は成人した冠者が有力者に初めて披露される場であり、新将軍が社会的に認知される場であった。

これらの儀礼のうち、幕府政治史上特に重要なのが加冠と饗宴である。この二つの儀礼は元服の中核であり、かつ、新将軍と有力大名である加冠役との関係を規定する儀礼であった。そこで、加冠と饗宴に込められた意味について見ていくことにしよう。

加冠では理髪役が髪を結い、加冠役が烏帽子を被せることにより、新将軍は童子から成人へ姿を変える。これは元服の目的である新将軍の成人式に相当する。また、加冠役と新将軍は烏帽子親子となり、両者間に擬制的親子関係が形成される。足利将軍家では室町殿・管領・関白などが加冠役を務めたが（武家の儀の場合、管領もしくは管領代）、いずれも新将軍の後見役となる幕府の有力者であった(18)。つまり、加冠とは新将軍の成人、新将軍と加冠役による擬制的親子関係の形成という二つの意味を持つ儀礼だったのである。

新将軍と加冠役の間で行われた饗宴では、御膳と六本立による饗応がなされている。この六本立について、『普広院殿御元服記』では「御飯六本立」としており、六本立とは御飯のことであった。さて、御飯と祝膳による饗応で想起されるのが、垸飯である。「和長卿記」では「次垸飯、管領（政元）申沙汰、其儀如形云々、」と、義澄元服の饗宴全体を指して「垸飯」と表現しており、加冠役による饗応は垸飯と同義であったと考えられる(19)。

では、垸飯と式三献および饗宴との関係はどのように評価すべきであろうか。「和長卿記」では両者を区別せず「垸飯」と認識している。義政元服の饗宴について記した『康富記』では、「自今日三ヶ日可有垸飯」と、細川勝元（加冠役・管領、初日）、畠山義就（畠山持国代理、二日目）、斯波持種（斯波義健代理、三日目）が負担した饗宴全体を「垸飯」としており、二日目と三日目の饗宴も垸飯と認識していた(20)。つまり、垸飯・式三献・饗宴によって構成される祝宴自体が垸飯としての意味を持っていたのである。

鎌倉幕府の場合、垸飯は正月の三箇日に行われるもっとも重要な年中行事であり、食膳を献上し、共同飲食をすることから主従関係の再確認を意味する儀礼とされる。また、垸飯の主催者である沙汰人は幕府内の実体的な地位に対応しており、正月一日から三日の沙汰人と幕府内の序列は対応関係にあった(21)。室町幕府においても垸飯は歳首の重要儀礼であり、正月一日は管領（斯波・畠山・細川のうち現職）、二日目は土岐、三日目は佐々木（六角・京極隔年）、七日は赤松、一五日は山名の諸家がそれぞれ沙汰人を務め、鎌倉幕府同様、幕府内の序列が反映される儀礼となっていた[22]。

だが、正月垸飯とは異なり、元服以前には新将軍と加冠役の間に主従関係は結ばれていない。したがって、加冠後の垸飯は主従関係を確認する儀礼として理解すべきではない。元服における垸飯は、新将軍と加冠役が新たに主従関係を結ぶ儀礼として機能していたのである。

そして、垸飯では管領家が重要な役割を果たしている。義政の例に見られるように、元服当日は現職の管領(もしくは代理)、二日目は前職、三日目は元職が沙汰人を務めた。垸飯が幕府内の序列を反映する儀礼であることを踏まえれば、垸飯の独占は管領家が大名中最も高い家格を占めていたことを象徴するものであった。新将軍にとって加冠役とは、最初に主従関係を結ぶ必要のある、大名の最上位に位置する有力者だったのである。

二　足利義澄の元服

1　足利義澄と細川政元の相互関係

足利義澄は、明応の政変で前将軍足利義稙が失脚したことにより擁立された将軍である。明応の政変とは、明応二年(一四九三)四月、畠山基家討伐のために河内出陣中であった義稙に対し、政策をめぐって対立していた細川政元が京都で叛旗を翻し、新たな将軍として義澄を擁立した将軍廃立事件である。

義澄は堀越公方足利政知の次男で、もともとは天竜寺香厳院の喝食であり、将軍に擁立された段階では自身を支える独自の人的基盤は持っていなかった[23]。幕府政治の経験もなく、元服時点で一五歳だった。義澄は擁立当初から幕政を主導するには権力基盤が脆弱であり、年齢的にも困難であったと考えられる。

一方、加冠役となった細川政元は摂津・丹波・讃岐・土佐の守護職を世襲した細川京兆家(惣領家)当主であった。明応の政変では「細河京兆(政元)取立香厳院(足利義澄)之喝食於将軍云々」と義澄を将軍に擁立し、河内在陣中の足利義稙を攻めて捕らえるなど、政変の首謀者として行動した(24)。また、政変では伊勢貞宗・武田元信・赤松政則など有力幕臣や大名と連携しており、政変後は彼らと共同で幕政を運営した。他方、政変によって義稙側近の葉室光忠は斬られ、畠山政長は自害、政長嫡子の尚順は紀伊に出奔するなど、政元の政敵だった義稙前期の有力者は悉く失脚していた。そして、政元は応仁・文明の乱後も在京を続け、義尚期と義稙前期の幕府政治にも参加しており、政治経験、幕府内の人脈共に豊富であった。つまり、政元は義澄元服時の幕政において主導的地位を占めており、政治経験が浅く、独自の権力基盤を持たない義澄に対して優位な立場にあったのである。

2 元服儀礼の延引

義澄の元服時、足利義政や政知はすでに死去しており、元将軍や将軍の実父など足利家一門で加冠役に適した人物はいなかった。一方、大名では管領家当主の細川政元・畠山基家・斯波義寛が義澄擁立を支持しており、候補者としてあげられる。では、なぜ複数の候補がいる中で政元が加冠役に選ばれたのであろうか。

畠山基家は河内・紀伊・越中の守護職を世襲した畠山惣領家の当主である。しかし、義稙前期は家督をめぐって対立していた畠山政長・尚順父子が幕府から嫡流として認められていたために、明応の政変まで基家は将軍の御敵に指定されていた。このような経歴故に幕府内の基盤は乏しく、その上、政変後も尚順との対立が続いたために基家は在国を余儀なくされており、在京して加冠役を務めうる状況ではなかった。実際、義澄元服時は嫡子の義英が二日目の垸飯を務めている(25)。

斯波義寛は越前・尾張・遠江の守護職を世襲した斯波惣領家当主である。義寛は義稙の畠山基家討伐に参加し、政変時も義澄擁立をいち早く支持したが、政変やその後の政局で目立った働きは見られず、元服が行われる前の明応三年（一四九四）一月二八日に下国している(26)。

三者を比較すると、義澄擁立による政局の主導や伊勢貞宗ら有力者との提携などにより、政元は幕府内における発言力が他の候補者よりも勝っており、このことが加冠役に選ばれた要因と考えられる。加冠役は先例に則って形式的に選ばれたのではなく、幕府内の力関係を反映して有力者を選出したものだったのである。

さて、義澄元服にいたる経緯を追っていくと、特異な点が見られる。それは、元服の期日は一二月二〇日だったにも関わらず、政元が出仕しなかったために二七日へ延期したことである。元服は義澄にとって成人儀礼であり、かつ、将軍就任の条件となる晴れ舞台であった。加冠役を務める政元にとっても、新将軍と主従関係を結び、幕府内における高い地位を誇示する場であり、義澄と政元の双方にとって重要な幕府儀礼であった。それにも関わらず、延期したのはなぜであろうか。

【史料二】『後法興院政家記』明応三年一二月二一日条

廿一日、（中略）伝聞、去夜武家《(義澄)》元服儀俄延引、是細河《(政元)》可着烏帽子事迷惑難儀云々、被官人等種々雖令教訓、遂以不承引間、諸役人等空退出云々、可為来廿七日云々、如今者、又可有如何哉云々、併天魔所為歟、平生一向不着烏帽子云々、不可説々々々、

史料一は義澄元服について記した近衛政家の日記である。[27] これによれば、元服が急遽延期されたのは「是細河《(政元)》可着烏帽子事迷惑難儀云々」と、政元が烏帽子を被るのを嫌ったためであった。

つづけて「被官人等種々雖令教訓、遂以不承引」とある通り、政元の内衆は烏帽子を被って出仕するよう説得したが、政元が説得を聞き入れなかったために元服は延期した。当日の経緯からすると、政元が出仕しなかったのは細川京兆家の意向ではなかったようである。

また、近衛政家によれば、政元は「平生一向不着烏帽子云々」とされる。この点については、長享三年八月一三日、政元邸で行われた犬追物で「右京大夫殿《(細川政元)》烏帽子不被着、古今新儀云々」[28]と、先例に反して政元が烏帽子を

被っていなかったことが確認でき、元服で被るのを拒否したとしても不自然ではない。元服延期の原因は、政元が烏帽子を被るのを嫌って出仕しなかったという、政元の私情だったのである。

では、元服延期は何を意味するのであろうか。この事件について、公家は「天魔所為歟」「不可説々々」（『後法興院政家記』）、「只魔競也」（『後慈眼院殿雑筆』）、「近代之聊尒、人々閉口」（『和長卿記』）と、一様に理解しがたく失礼であると政元の行動を非難している。[29] 実際、役者や奉行の準備は徒労に終わり、「源大夫《（義澄）》調気色終日被相待」（『後慈眼院殿雑筆』）と、義澄は一日中待たされたにも関わらず、元服は延期してしまった。これは、義澄の面目を潰し、義澄と政元の信頼関係を大きく損なう礼節に反する行為である。

しかも、政元が原因で延期した幕府儀礼は他にも見られる。延徳二年（一四九〇）六月二一日、政元邸で足利義稙の将軍宣下などが行われる予定だったが、政元が腫物を患ったために延期してしまった。[30] この場合、病気が原因であって右の元服とは事情が異なるが、政元に病を押してまで将軍宣下を予定通り実現させようとする意欲がなかったことは確かである。

また、時期は下るが、文亀二年（一五〇二）六月には義澄の拝賀を巡って問題が起きている。

【史料二】『大乗院寺社雑事記』文亀二年六月一六日条

十六日、（中略）一、公方《（義澄）》宰相中将御拝賀事ニ、内々家門《（一条冬良）》ニ被申談事在之、六借御大儀事也、細川右京大夫《（政元）》意見申分ハ、宰相・中将モ何も御無益也、愚身《（政元）》意得ハ将軍ト存計也、如此御官位等御無益、𠔥カニ御昇進雖有之、人以不応御下知者無其甲斐、只此分ニテ御座可然旨申、内裏《（後柏原天皇）》ニモ即位大礼御儀無益也、さ様儀雖行之、無正体者ハ王とも不存事也、此分ニテ雖御座候、愚身《（政元）》ハ国王と存申者也、然者一切大儀共末代不相応事也、御沙汰無益旨申、仍諸家公武共ニ尤旨申云々、仍不可有御即位御沙汰、公方《（義澄）》拝賀も不可有旨一決了、末代滅亡之趣也、御用諸国反銭も不可沙汰旨也、

史料二は興福寺大乗院門跡の尋尊が義澄の拝賀に対する政元の意見を記したものである。義澄が拝賀について相談した一条冬良は尋尊の弟であり、冬良経由の情報に基づくこの記事の信憑性は高いと見られる。これによれば、参議および左近衛中将に任官される予定だった義澄は返礼として拝賀をしようとしていた。しかし、政元の意見は、参議および左近衛中将への任官は無益であり、政元自身は将軍とだけ認識している。昇進したとしても人々が義澄の下知に従わなければ無意味であり、将軍職にさえあればよいというものであった。

また、政元は後柏原天皇に対しても即位礼は無益であり、たとえ即位礼をしたとしても実体を伴わなければ人々は王とは思わないが、政元自身は即位礼をしなくても国王と認識しているので問題ない。故に即位礼のような大規模な儀礼は末代不相応のことであり、挙行は無益であると考えていた。この政元の意見は幕府と朝廷でも賛同を得られたため、義澄の拝賀と後柏原天皇の即位は中止されたわけであるが、政元が大規模な儀礼は無益であると主張していたことは注目される。政元は将軍や天皇の威厳を演出し、君臣の秩序を保つための儀礼であっても実体を伴わないものは無益だと考えていたのである。

このように、政元が元服を延期させた背景には、私情に加えて儀礼の簡素化を図るという儀礼に対する消極的姿勢が存在した。政元自身は自分が将軍として扱えば問題ないと考えていたようであるが、元服延期に際して指摘されているように、政元の将軍に対する態度は非礼であった。儀礼が政治的に重要なのは、君臣の上下関係を明らかにし、秩序を維持する機能を持つからである。家臣にあたる政元が主君の義澄を蔑ろにするということは、礼節によって形成されていた秩序をみずから破壊することになる。政元の行動の背景には、将軍を軽視する姿勢が読み取れるのである。

それでは、なぜ政元が秩序を乱す行動を取ったにも関わらず政治問題化しなかったのであろうか。両者の上下関係を踏まえれば、本来であれば政元に対して何らかの処罰が加えられるべきである。しかし、元服時の関係を考慮すると、権力基盤が脆弱な義澄には、幕府内の人脈、政治経験、軍事力のいずれも勝る政元を罰するのは困難だった。加冠役の私情による元服延期は、将軍と大名の力関係の逆転がもたらした現象だったのである。

三　足利義輝の元服

1　足利義輝と六角定頼の相互関係

足利義輝は義晴の嫡子である。義輝の元服は義澄とは異なり、前将軍義晴が見守る中で行われた。天文一五年（一五四六）に元服した要因としては、一一歳で元服した義晴の先例に倣った、義晴が健在のうちに元服と将軍職継承を済ませておきたかったことなどが考えられる。

義輝自身は元服時点で一一歳であり、政治経験もない。だが、義晴の将軍在職期間は二五年におよび、内談衆と呼ばれた側近集団を組織して自立的な幕政運営をしていたことが指摘されている(31)。義輝元服時の将軍権力は幕政を担うための人的基盤を構築しており、義晴の政治経験も豊富であった。

それに対し、加冠役を務めた六角定頼は近江国守護で南近江を治めた大名である。定頼が幕政に関与する契機となったのが、大永八年（一五二八）の細川高国失脚と義晴の近江下国である。義晴は坂本や朽木を経て天文元年（一五三二）に定頼の勢力下にある桑実寺へ移り、天文三年に上洛するまでその庇護を受けた。天文二年以降は将軍からの諮問に対する意見や相論への口入などによって幕政に関与していたことが先学により明らかにされている(32)。

定頼と共に幕政を支えた細川晴元は定頼の娘聟であり、両者は姻戚関係にあった。天文八年（一五三九）に晴元と晴元内衆の三好長慶が対立した際は定頼が調停役を務めるなど、両者は政治と軍事の両面で連携していた(33)。また、重要事項の諮問、口入の容認は義晴と内談衆の双方から定頼が信頼されていた故に可能だったのであり、定頼は義晴と晴元の両方と良好な関係を築いていた。だが、定頼は国内事情もあって在国のまま幕政に関与しており、将軍独自の権力基盤の整備や複数の有力大名による幕政補完という点も考慮すると、政元や高国と比較して幕政運営に対する影響力が限定的だったことは否めない。義輝元服時は、幕政に対する在京大名の影響力が低下し、相対的に将軍の発言力が強まっていた時期だったのである。

2　加冠選出の政治的背景

足利義輝の元服は、天文一五年（一五四六）一二月一九日、近江国坂本の日吉社神官、樹下成保邸で実施された。樹下邸が元服場所に選ばれたのは、天皇の住居となった先例に基づくものであった[34]。義輝の元服には、二つの特異な点が見られる。加冠役を管領家出身ではない六角定頼が務めたこと、京都の将軍御所ではなく、坂本の樹下邸で行ったことの二点である。

天文三年の義晴京都復帰以後の幕政は、六角定頼と細川晴元によって支えられていた。晴元は高国と敵対した細川澄元の嫡子である。細川政元以後、細川京兆家は澄元流と高国流の二派に分かれて抗争を続けていたが、高国失脚後、政局の主導権を握った晴元は義晴と和解し、その有力な与党となっていた。したがって、管領家出身者が加冠役を務めるという先例に則った場合、加冠役の適任者は晴元だった。だが、実際は定頼が管領代に就任して加冠役を務めた。また、新将軍の元服は将軍御所でするのが先例であり、管領家以外の大名による加冠、将軍御所以外の場での元服はいずれも前代未聞のことであった。この点について、二木氏は『光源院殿御元服記』に基づき、定頼が加冠役に選ばれたのは管領不在のため、坂本で元服したのは細川一族の内紛による京都の政情不安定のためとしているが、その政治的背景は明らかではない[35]。そこで、元服が行われた天文一五年における京都周辺の政治情勢について見ていくことにしよう。

天文一五年八月、河内や和泉などで晴元と敵対する細川氏綱（高国の後継者）の軍事行動が活発化した。氏綱派には細川国慶らの旧高国内衆、畠山政国や遊佐長教らの政長流畠山家が加わっており、対抗するため晴元も内衆と共に下国した。しかし、晴元の在陣は長期化し、元服が行われた一二月にいたっても氏綱派との抗争が継続していた。さらに、九月一三日には氏綱派の細川国慶が上洛したため、義晴は東山の慈照寺への動座を余儀なくされており、京都も政情不安に陥っていた(36)。

このように、一二月段階では、加冠役を務めるべき立場にある晴元が不在の上、政情悪化のために将軍御所での挙行が困難な状況にあった。よって、義輝元服のためには加冠役の代役、将軍御所に代わる元服場所の二つを用意する必要があった。

【史料三】『光源院殿御元服記』

（前略）

一、今度御元服事、因三好党摂州表出張、就京都物忩之儀、於坂本樹下宅被行之処也、就中加冠之役者、先例於三職之中当管領之人令勤事処也、雖然当時因無管領、十一月中旬、被仰付佐々木弾正少弼定頼（六角）候処、因御旧例異于他、雖被再三辞退申、　上意厳重之間、終及御請畢、昔樹下宅戸御製、被染宸筆、于今在之云々、

一、樹下成保者、日吉社職者也、彼宅数十年雖破壊而無正体、依昔日被成皇居例有之、

一、同十二月九日、定頼（六角）俄差遣進藤山城守（貞治）、御作事被申付、同十八日彼宅江可有御成云々、（後略）

史料三は、『光源院殿御元服記』のうち、加冠選出の理由や樹下邸について記した部分である。以下、これに基づいて検討していくことにしたい。まず、加冠だが、「雖然当時因無管領、十一月中旬、被仰付佐々木弾正少弼定頼（六角）候」と、現在は管領がいないため、一一月中旬、定頼に加冠役を務めるよう命じたとしている。戦国期の管領は儀礼時のみ置かれる臨時職となっており、元服直前まで管領職は任命されていなかったと見られる。した

がって、管領不在とは直接的には管領職未設置を指している。しかし、義澄や義晴の元服から明らかなように、元服前に細川京兆家当主を管領に任命するのが先例だったが、晴元は在陣中で元服への参加が困難だった。管領職未設置の上、晴元が不在だったために定頼が代役として起用されたのである。

また、元服場所については、「因三好党摂州表出張、就京都物忩之儀、於坂本樹下宅被行之処也」と、三好党の摂津出陣により京都の治安維持に支障を来すため坂本の樹下邸ですることになったとしている。三好党とは晴元内衆の三好政長や三好長慶であり、彼らが氏綱派との抗争のため下国したことを指している。したがって、坂本で行われたのは政情不安のために京都での挙行が困難であったことが要因と考えられる。

さて、ここで問題となるのが、誰が加冠役を選び、元服場所を決めたかという点である。加冠役と元服場所はいずれも重要事項であり、それを判断したのは元服儀礼の主導者と考えられる。史料三では、「十一月中旬、被仰付佐々木弾正少弼定頼（六角）候処、因御旧例異于他、雖被再三辞退申、上意厳重之間、終及御請畢」と、加冠役を務めるよう定頼に命じたところ、先例と異なることを理由に定頼は再三辞退したが、上意として厳命したので定頼も承認したとしている。加冠役を選んだのは上意の主体であるが、大名である定頼に下知することが可能であり、「被仰付」や「上意」という表現に相応しい人物は将軍義晴だけである。したがって、定頼を加冠役に選んだのは義晴だったと考えられる。

さらに、元服場所の樹下邸は、史料三の二条目で「彼宅数十年雖破壊而無正体」とあるようにかなり破損していたが、三条目によれば「同十二月九日、定頼（六角）俄差遣進藤山城守（貞治）、御作事被申付」と、元服一〇日前の一二月九日以降、定頼の命令で急遽修理された。だが、元服場所があらかじめわかっていたのであれば、直前ではなくもっと早い時期に修理を指示するのが自然である。急な普請からすると、定頼が元服場所を決めたとは考えにくい。定頼でないとすれば、元服場所を決めたのも義晴と見るのが妥当である。義輝の元服は、義晴を中心とする将軍権力主導で進められたのである。

おわりに

本稿では、足利将軍家の元服儀礼を通じて戦国期における将軍と大名の相互関係について考察してきた。以下、明らかになった点を整理することにしたい。

足利将軍家の元服儀礼で中核となっていたのは、新将軍の成人儀礼である加冠、成人を祝う祝賀儀礼である垸飯の二つであった。加冠は加冠役との擬制的親子関係の形成、垸飯は加冠役との主従関係の形成を意味しており、元服は単なる成人儀礼ではなく、新将軍が有力者と主従関係を結び、信頼関係を構築する場として機能していた。そして、加冠役は新将軍の後見役、大名の最上位者に位置づけられており、元服は加冠役の幕府内における政治的地位を象徴する儀礼でもあった。

また、室町期と同様、戦国期においても元服には実施時の幕府内における将軍と大名の力関係が反映されていた。足利義澄の元服では加冠役の影響力が強く、義輝の元服は将軍義晴主導で行われた。すなわち、元服を主導した勢力が当該期における幕政を主導していたものと見られる。

足利義澄の元服では加冠役を務めた細川政元の私情によって元服が延期したが、その背景には政元の儀礼に対する消極的姿勢、将軍に対する敬意の欠如が存在した。政元の行為は義澄の面目を潰すものであり、礼節に反するものであったが、権力基盤が脆弱な義澄には政元を罰することはできず、大名優位の力関係を象徴する事件となった。

一方、足利義輝の元服は義澄の元服とは異なり、義晴主導で進められた。非常時とはいえ、管領家出身の大名が加冠役を務め、将軍御所を元服場所とする先例を無視し、加冠役に六角定頼を選び、元服場所を坂本の樹下成保邸とする決断を下したのはいずれも義晴であった。

しかも、定頼が加冠役に選出された直接的要因は、候補者だった細川晴元が出陣中で不在だったことだが、晴元の都合を優先して延期するという選択肢があったにも関わらず、予定通り挙行した点には政治的意図が感じられる。足利将軍家元服儀礼の先例には、管領家以外の大名が加冠役を務めた例はなく、定頼の加冠役起用は家格を無視した抜擢人事であった。一方、加冠役を外された晴元にとっては非常に不名誉なことであり、晴元との信頼関係を損なう行為であった。つまり、義晴は晴元との関係悪化よりも定頼との関係強化を重視したのであり、定頼の加冠役抜擢は将軍権力主導の政策を反映したものだったのである。

(1) 二木謙一『中世武家の作法』(吉川弘文館、一九九九年)。
(2) 森茂暁「足利将軍の元服」(同『中世日本の政治と文化』、思文閣出版、二〇〇六年、初出は二〇〇三年)。
(3) 阿部綾子「将軍家元服儀礼における加冠・理髪役について」(『福島県立博物館紀要』二一、二〇〇七年)。
(4) 註(1)二木書。
(5) 義澄・義輝は改名後の名前だが、本稿では便宜上前者に表記を統一することにする。その他の人物についても、煩雑を避け著名な名称に統一した。
(6) なお、元服儀礼の内容については、註(1)二木書、註(2)森論文で明らかにされている部分も多いので、その成果を参照した。
(7) 「和長卿記」(国立公文書館内閣文庫所蔵) 明応三年一二月二七日条。「御元服聞書」(国立公文書館内閣文庫所蔵「武家故実雑集」所収)。
(8) 『増補続史料大成　蔭凉軒日録』(臨川書店) 明応二年閏四月一〇日条。『増補続史料大成　後法興院政家記』(臨川書店) 明応二年四月二八日条。
(9) 足利義教の元服を扱った『普広院殿御元服記』(『群書類従』第二十二輯、続群書類従完成会) や足利義輝の元服を扱った『光源院殿御元服記』（『群書類従』第二十二輯、続群書類従完成会）では、理髪・打乱・泔坏の順に参上しており、義澄の元服も同様の順序で参上したと考えられる。
(10) 記事が簡潔で文意が不明確な所作については、他の元服記を参照して補った。
(11) 足利義教の場合、将軍任官に先立って判始などをしたが、これは足利義持死去による政治的空白を回避するための例外的措置である。戦国期の場合、義澄・義晴・義輝はいずれも将軍就任と同じ日に判始などを実施している。
(12) 『鹿苑院殿御元服記』（『群書類従』第二十二輯、続群書類従完成会）。
(13) 『普広院殿御元服記』。註(2)森論文。なお、二木氏は饗宴の場所を会所としたが、『普広院殿御元服記』に基づき饗所に比定した。
(14) 「文安六年足利義成元服記」（国立歴史民俗博物館所蔵）。
(15) 「義晴御元服記録」（尊経閣文庫所蔵）。『大日本古記録　二水記』（東京大学史料編纂所）大永元年一二月二四日条。
(16) 『光源院殿御元服記』。註(1)二木書。
(17) 公家の儀の場合、遙拝、冠者と加冠による饗宴、式三献は行われず、加冠および備服の役者や所作に変化が見られる。ただし、管領家の申沙汰による饗宴は三日とも実施された。
(18) 註(2)森論文。註(3)阿部論文。
(19) 「和長卿記」明応三年一二月二七日条。
(20) 『増補史料大成　康富記』（臨川書店）文安六年四月一六日条。同年四月一七日条。同年四月一八日条。
(21) 村井章介「執権政治の変質」（同『中世の国家と在地社会』、校倉書房、二〇〇五年、初出は一九八四年）。
(22) 二木謙一「室町幕府歳首の御成と垸飯」（同『中世武家儀礼の研究』、吉川弘文館、一九八五年、初出は一九七二年）。
(23) 義澄の人的基盤については、山田康弘「文亀・永正期の将軍義澄の動向」（同『戦国期室町幕府と将軍』、吉川弘文館、二〇〇〇年）を参照。
(24) 『後法興院政家記』明応二年四月二二日条。同二三日条など。
(25) 「和長卿記」明応三年一二月二八日条。
(26) 『増補続史料大成　大乗院寺社雑事記』（臨川書店）明応二年四月三〇日条。『後法興院政家記』明応三年一一月一日条。

(27)『後法興院政家記』明応三年一二月二一日条。

(28)『史料纂集　北野社家日記』(続群書類従完成会)長享三年八月一三日条。

(29)『後法興院政家記』明応三年一二月二一日条。『後慈眼院殿雑筆』(『九条家歴世記録』二、明治書院)明応三年一二月二一日条。「和長卿記」明応三年一二月二〇日条。

(30)『後法興院政家記』延徳二年六月二一日条。

(31)設楽薫「将軍足利義晴の政務決裁と「内談衆」」(『年報中世史研究』二〇、一九九五年)。同「将軍足利義晴の嗣立と大舘常興の登場」(『日本歴史』六三一、二〇〇〇年)。羽田聡「足利義晴期における内談衆編制の意義について」(『三田中世史研究』六、一九九九年)。山田康弘『戦国期室町幕府と将軍』(吉川弘文館、二〇〇〇年)。

(32)奥村徹也「天文期の室町幕府と六角定頼」(米原正義先生古希記念論文集刊行会編『戦国織豊期の政治と文化』、続群書類従完成会、一九九三年)。西島太郎「足利義晴期の政治構造」(同『戦国期室町幕府と在地領主』、吉川弘文館、二〇〇六年、初出は二〇〇〇年)。

(33)『増補続史料大成　大舘常興日記』(臨川書店)天文八年七月二八日条など。

(34)『光源院殿御元服記』。

(35)註(1)二木書。

(36)小谷利明「畿内戦国期守護と室町幕府」(『日本史研究』五一〇、二〇〇五年)。弓倉弘年「天文期の政長流畠山氏」(同『中世後期畿内近国守護の研究』、清文堂出版、二〇〇六年、初出は一九八二年)。『増補続史料大成　多聞院日記』(臨川書店)天文一五年八月二一日条。『二条寺主家記』(『続々群書類従三　続南行雑録』、続群書類従完成会)天文一五年九月一三日条。『天文日記』(『真宗史料集成』、同朋舎)天文一五年八月二一日条。同年一〇月一一日条など。

〔付記〕なお、本稿は平成二〇年～二四年度科学研究費補助金　基盤研究(S)「史料デジタル収集の体系化に基づく歴史オントロジー構築の研究」(代表林譲)による研究成果の一部である。

観音寺所蔵「那須継図次第」について

阿部能久

はじめに

二一世紀に入り、那須氏に関する研究が活況を呈している。(1)とりわけ、その残存数の豊富さは知られていながら、(2)本格的な分析の対象とはされてこなかった那須氏の系図類についても、入間田宣夫氏(3)や江田郁夫氏(4)の研究によって、多くの成果が生み出されている。

このような中、本稿では那須氏ゆかりの寺院である観音寺に伝来する新出の那須系図を紹介するとともに、若干の検討を加えたいと思う。

一　観音寺について

補陀落山千手院観音寺は栃木県矢板市沢（近世以前は下野国那須郡沢村）に所在する、現在では真言宗智山派の寺院である。本尊は鎌倉時代の作とみられる木造千手観音坐像で、栃木県指定文化財となっている。寺伝では平安初期の天長二年（八二五）、宥印上人が現在の沢字弾正の地に開創したという。那須与一の兄沢村七郎満隆が文治三年（一一八七）に沢城を築き当地を領して以来、沢村氏の菩提所として保護されたと伝えられる。その後室町期にいたり、応永二〇年（一四一三）の頃、那須惣領家から沢村家に養子に入っていた資重が、兄の那須資之との争いから沢城を落ち延び、烏山を居城とし下那須家の祖となったという[5]。寺伝によれば、その沢城跡が永享三年（一四三一）に那須氏から寄進されたことにより、そこへ移転したと伝える。確かに現在の観音寺は、沢城の跡に建っている。しかし、すでに『矢板市史』も指摘するように[6]、その後も沢城をめぐる攻防が続いていることを考えれば、永享段階での沢城跡への移転は考えにくい。一方、明治三五年（一九〇二）に本堂（観音堂）を増築したさいに建てられた石碑の碑文には、江戸期の延宝七年（一六七五）の移転とされており[7]、戦国期から近世前期にかけての那須地域の政治状況を勘案すれば、確証はないものの、こちらの方がより妥当性があるように思われる。

　江戸期に入ると、沢村の領主となった交代寄合那須衆の一つである福原氏（那須氏庶流。那須与一宗隆の兄四郎久隆に始まるとされる）の保護の下、箒川流域の人々の信仰を受け発展を遂げた。寛永一〇年（一六三三）五月一六日作成の『関東真言宗新義本末寺帳』（寛永本末帳[8]）によれば、観音寺は山城国醍醐寺三宝院を本寺とし、領主福原氏より寺領五〇石を与えられていた。そして沢村をはじめ那須郡黒羽・芦野・金沢村、宇都宮、奥州石川（現福島県石川郡）に一四末寺を擁していた。また、寛政七年（一七九五）一二月に幕府へ提出された寺院本末帳[9]によれば、醍醐寺報恩院を本寺とし、那須・塩谷・河内郡内に末寺二一寺、門徒九寺を擁しており、末寺の末寺や門徒の総数は四四寺に上っていた。

　天保一四年（一八四三）に大火により堂宇灰燼に帰したが、翌年に仮本堂が造営された。明治二八年（一八九五）に現宗派に属し、次第に復興整備され現在にいたっている。

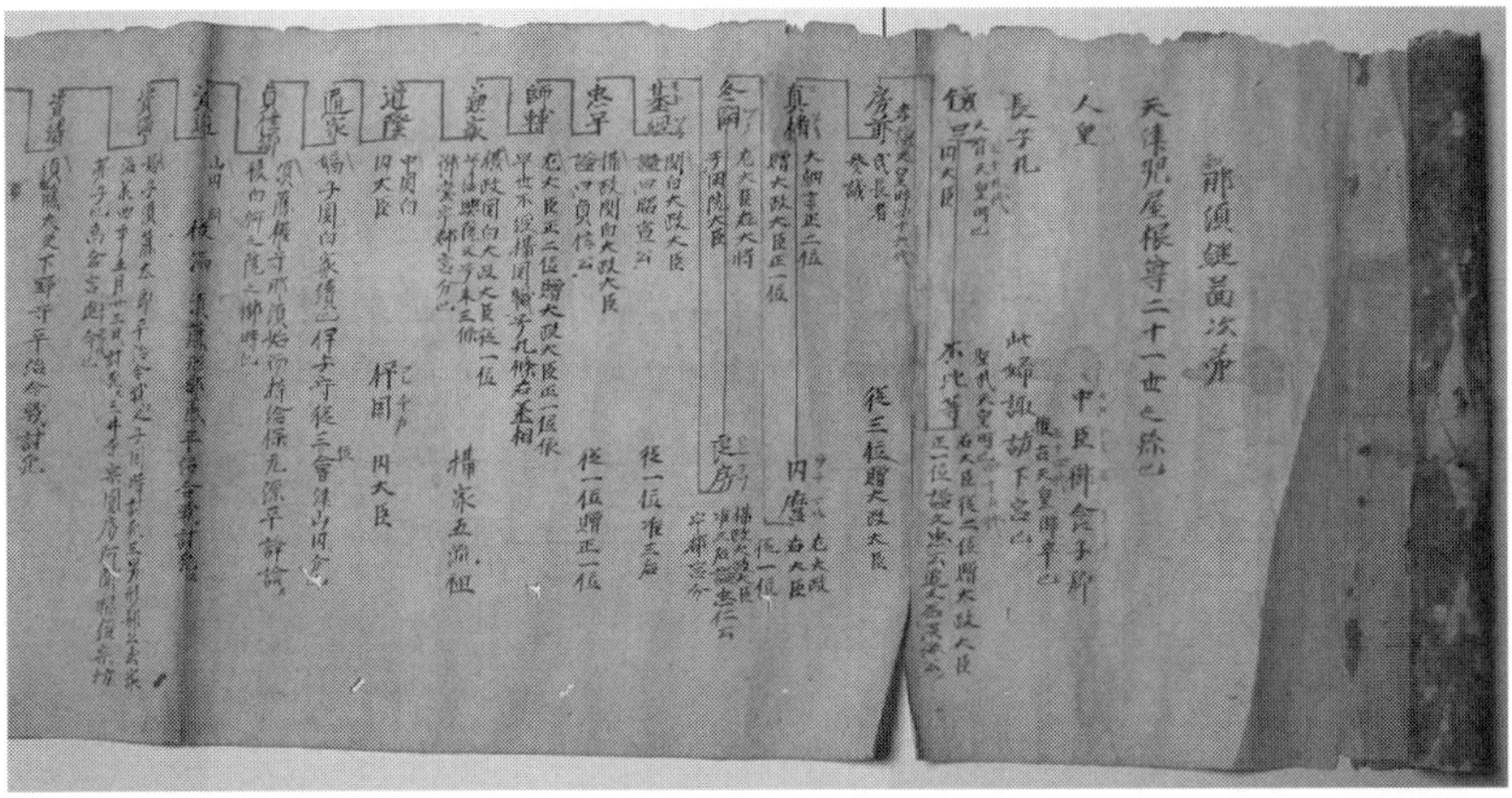

写真１　「那須継図次第」（観音寺所蔵）

二　観音寺所蔵「那須継図次第」の概要

「那須継図次第」は竪三〇糎、総長二八二糎の巻子仕立て[10]で、一筆で書かれている（写真１・２）。作成（あるいは筆写）年代は明記されていないが、記載されているのが資景（一五八六〜一六五六）までで、彼が那須家を相続した記事がみられることから、天正一八年（一五九〇）以降のものであることがわかる。また紙背には、表の記載に対応した注記がなされている箇所がある。

ところで観音寺において、この「那須継図次第」は、「那須余一宗隆即成院往生由来」（写真３）と題された巻紙[11]と同一の木箱に納められている。これは京都伏見にあった即成院の縁起で、その後半部分には那須与一と即成院の関わりについて記されている。[12]ところでこの「那須継図次第」は奥書から、元和五年（一六一九）に宥弁という八〇歳の僧侶によって筆写されたものであることがわかる。そしてこの「即成院縁起」と「那須継図次第」は、筆跡から同一人の手によるものとみて間違いない（写真２・３参照）。前述したように資景存命中の記事で終わっていること、そして宥弁が元和五年の時点ですでに八〇歳であったことを考えると、「那須継図次第」も遅くとも元和五年前後までには書かれていたと

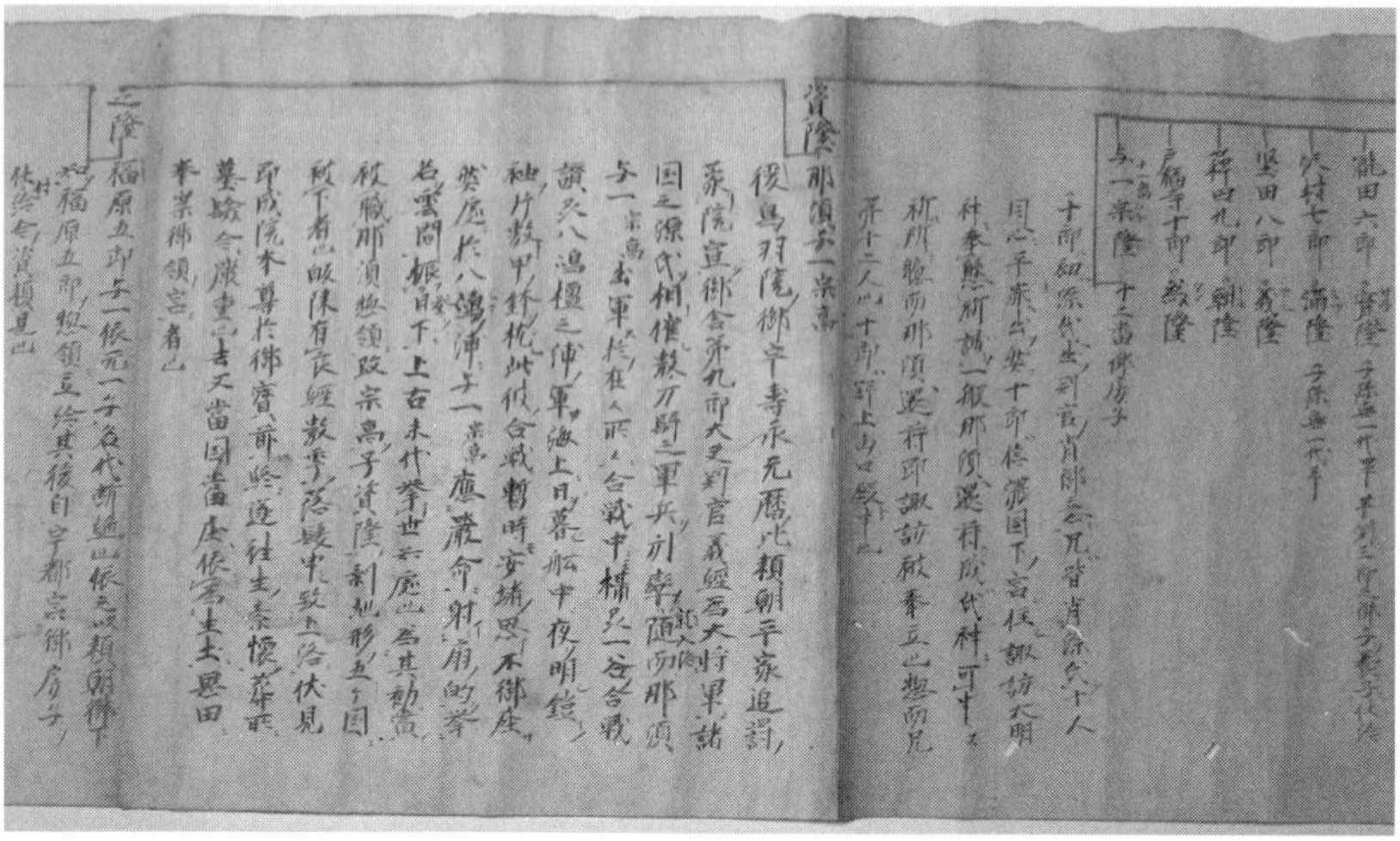

写真２　「那須継図次第」(同前)

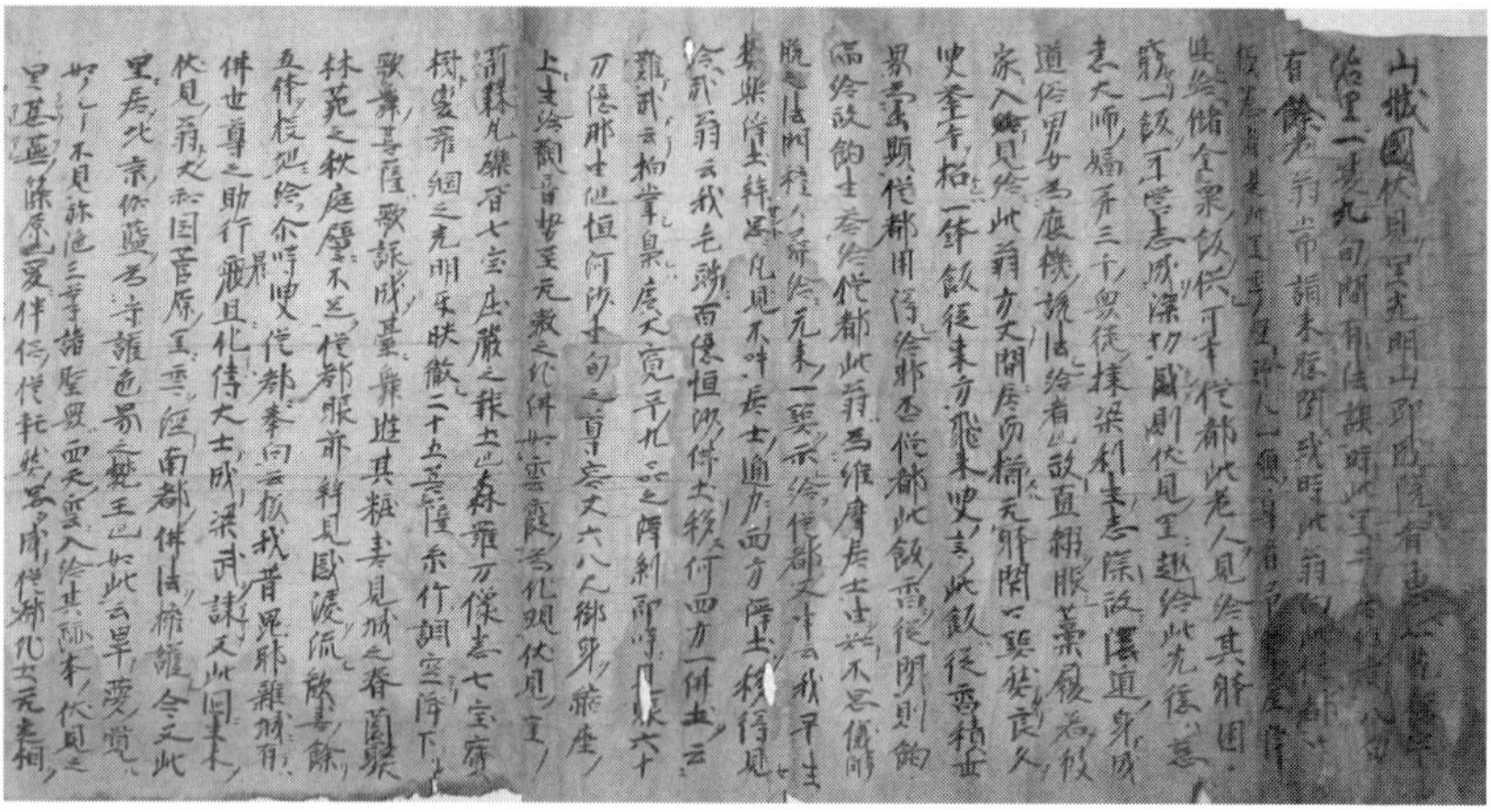

写真３　「那須余一宗隆即成院往生由来」(同上)

みてよいのではなかろうか。ちなみに観音寺所蔵の「先師代々血脈」には、「宥弁法印」の名がみられること[13]から、この系図および縁起を写した人物は、観音寺住持であった可能性が高い。

さて、「那須継図次第」が元和五年前後までに書かれたものとすると、現存する那須系図の中でも最古の部類に属することになる。[14]例えば、現在も那須氏末裔が所蔵(大田原市那須与一伝承館寄託)する同氏伝来の系図が四本あるが、このうち最古のものの奥書には「寛永一八年辛巳三月九日　那須美濃守藤原資重」とあり、寛永一八年(一六四一)時点の那須家当主で、那須藩一四、〇〇〇石余の大名であった那須資重(一六〇九〜四二)が作成したことがわかる。これは江戸幕府が寛永一八年(一六四一)に編纂に着手し、同二〇年に完成した『寛永諸家系図伝』所収の那須系図と内容がほぼ一致することから、そのもとになった系図と考えられる。[15]従来はこれらが最も古い那須系図と考えられてきたが、前述のように「那須継図次第」はさらに古いものである可能性がある。

ところで、寛永一八年作成の那須系図および『寛永諸家系図伝』所収の那須系図の特徴としてあげられるのが、南北朝期までには分裂した上那須氏(惣領家)と下那須氏(庶子家)の家系が、「上那須→下那須」という一貫した流れであったかのように記されている点である。この明らかに史実に反する記載については、この系図を作成した資重が、戦国期に那須氏を統一した下那須氏の末裔にあたることから、自らの家系が那須氏の庶流であることを隠蔽したことによるものと考えられる。[16]

ところが「那須継図次第」においては、資之についての記載の中で、「兄弟不和ニシテ上下之庄分テ乱也」と、資之・資重兄弟の不和により上・下那須氏に分裂したことが明記されており、以後、資之—氏資—明資—資親—資永—資久と上那須氏の系図が続き、資親については「上庄正脈断絶也」と記されている。そして、その後に「下那須継図次第」と書かれた資重にはじまる下那須氏の系図が書かれ、これが最後の資景まで続いている。資房（資景高祖父）については、「此代上下一統ニ成給」と記されており、史実通りの認識が示されている。ここからは、寛永一八年作成の那須系図および『寛永諸家系図伝』所収の那須系図以前においても、上・下那須氏の分裂や再統一の経緯がほぼ正確に認識されており、寛永一八年段階において「上那須↓下那須」という一貫した流れで作成された系図の記載は、意図的な改竄であったことがうかがえる。

これまで世に知られた那須系図は十数本にのぼるが[17]、その中で「那須継図次第」に酷似しているのが、金剛寿院[18]所蔵の那須系図[19]である。鎌足に始まる藤原氏の流れを汲み、上・下那須氏の分裂と再統一を経て資景にいたるという大枠はもちろんのこと、細部の記述に関しても、他の系図との間にはない一致がみられる。但し大きく異なる点もある。通家[20]という人物について、「那須継図次第」では関白藤原道隆（九五三〜九九五）の子とされるのに対し、金剛寿院所蔵系図では権大納言藤原長家（一〇〇五〜六四）の子とされている。ちなみに、先述した寛永一八年作成那須系図および『寛永諸家系図伝』所収那須系図では、通家は長家の子とされている。通家については、伊予守藤原為任（？〜一〇四五）の孫とする系図もあることから、那須氏の系図を藤原氏のいずれの流れに繫げるかということに関して、近世初頭の段階ではいまだ流動的であったことがうかがえる。

三　「那須継図次第」翻刻

【凡例】

・系図本文の翻刻の後、紙背の注記を翻刻した。なお紙背については、奥から翻刻した。
・翻刻本文の割付は原本通りとした。
・本文の字体は原則として常用漢字を用いた。
・原文にある送り仮名、振り仮名、返り点はそのままにした。

・適宜読点を付け、読みやすくした。
・明白な誤字は〔 〕で注記した。

∴那須継図次第

天津児屋根尊二十一世之孫也
人皇
中臣《ナカトミ》御食子《ミケコ》卿
三十四代推古天皇御宇也
長子丸
此婦諏訪下宮也
鎌足
三十九代天智天皇時也
内大臣
不比等
四十五代聖武天皇時也
右大臣従二位贈太政大臣
正一位諡文忠公追又為二淡海公一
房前
四十六代孝謙天皇時
氏長者
参議
従三位贈太政大臣
真楯《マタテ》
大納言正二位
贈太政大臣正一位
内麿《ウチマル》〔ロ〕
左大政〔将〕
右大臣
従一位
冬嗣《ツク》
左大臣右大将
号二閑院大臣
良房《ヨシフサ》
摂政太政大臣
准三后諡忠仁公
宇都宮分
基経《モトツネ》
関白太政大臣
諡曰二昭宣公一
従一位准三后

忠平　摂政関白太政大臣　従一位贈正一位
諡曰ニ貞信公一

師輔　左大臣正二位贈太政大臣正一位依
早世不経摂関職、号九条右丞相

兼家　摂政関白太政大臣従一位
号法興院又号東三条　摂家五流祖
御堂宇都宮分也

道隆　中関白
内大臣
伊周《コレチカ》　内大臣

通家　嫡子関白家続也、伊予守従三○位会津山内分也

貞信卿　須藤権守、那須始而持給、保元源平諍論ス、
後白河之院之御時也

資通　山内　同
俊満　須藤形部烝〔刑部丞〕、平治合戦討死ス、

資満　嫡子須藤太郎、平治合戦ニ父子同時討死、三男形〔刑〕部公出家、
治承四季五月廿三日ニ討死ス、三井寺宗円房阿闍梨経宗坊
弟子也、高倉宮ニ進《タテマツル》命也、

資清　須藤大夫、下野守、平治合戦討死

資房　須藤次郎始在国ス、　宗資　那須武者所

資隆　那須太郎、始小山縁御子十一人、後ニ宇都宮ノ縁ニ入御息
御房子、宮之孫也、為頼朝御代官熊野参詣、紀伊於三藤死去、

森田太郎　光隆《ミツタカ》　一代畢、佐久山ヲ養子ニス
佐久山次郎泰《ヒロ》隆
芋渕三郎　幹《ヤス》隆　子孫三代畢
福原四郎　久《ヒサ》隆　子孫無一代畢、此代宿之後方四町也、
福原五郎　之《ユキ》隆　諏訪大明神田宿之後ニ立給也、
瀧田六郎　実《サネ》隆　子孫無一代畢、芋渕三郎之御子ヲ養子ニ仕給、
沢村七郎　満《ミツ》隆　子孫無一代畢
堅田八郎　義《ヨシ》隆
薭田九郎　朝《トモ》隆
戸福寺十郎為《タメ》隆
十一番
与一宗《ムネ》隆　十二番御房子

十郎ハ初ハ源氏ヘ出ツ、判官ノ背御意ニ、兄ハ皆背源氏ヲ十人
同心ニ平家ヘ出ツ、然ニ十郎ハ信濃国下ノ宮ニ住シ、諏訪大明

神ニ奉㆑懸㆓祈誠㆒ヲ、一般那須ヘ還符ヲ成ハ氏神ニ可㆑申ス
祈ル所ニ、蠅而那須ヘ還符、即諏訪被奉立也、惣而兄
弟十二人也、十郎ハ野上山口殿ト申也、

資隆

那須与一宗高
後鳥羽院ノ御宇寿永元暦ノ比、頼朝平家追罰ノ
蒙㆓リ院宣㆒ヲ御舎弟九郎大夫判官義経為大将軍諸
国ノ源氏ヲ相催シ数万騎之軍兵ヲ引率シテ○就入洛ニ随而那須
与一宗高出軍ス、於ノ在々所々㆒ニ合戦中ニモ摂州一谷ノ合戦
讃州八嶋檀之浦ノ軍ノ海上ニ日ヲ暮シ船中ニ夜ヲ明シ、鎧イノ
袖ヲ片敷キ甲ノ鉢ヲ枕シ、此彼ノ合戦暫時モ安堵ノ思イ不御座サ、
然処ニ於八嶋ノ浦ニ与一宗高応㆓厳命㆒ニ射㆓イ扇ノ的㆒ヲ挙㆓
名ヲ雲間㆒振㆓フ○誉ヲ日下㆒、上古末代挙テ世知処也、為㆓其鑑賞㆒
被㆑職㆓那須惣領㆒ニ、改宗高㆒ヲ号資隆㆒ヲ、剰地形ヲ五ヶ国ニ
被㆑下者也、帰陣有㆑良経数季㆒ヲ落髪申シ致㆓上洛㆒伏見
即成院本尊於御宝前㆒ニ終ニ遂往生ノ素懐㆒ヲ、葬所ニ
墓験今ニ厳重也、去又当国当庄ハ依㆑為㆓生土㆒恩田ニ
奉崇御領ノ宮㆒者也、

之隆

福原五郎、与一依無㆒子㆒名代断絶也、依之以頼朝御下
知ヲ、福原五郎ヲ惣領ニ立給、其後自㆓宇都宮㆒御房子ヲ

仕○付給、今ノ資頼是也、

資頼

御房子、宇都宮ノ孫也、肥前守、御子

伊王野次郎左衛門資長ヨリ沢村矢田ヘ分ル、一代畢、

荏原　三郎　朝資

味岡　四郎　広資

稲沢　五郎　資家

川田　六郎　資成

資頼御子ニ女子一人御在ス、此ヲ小栗殿ヘ御縁成給フ、此時キ
角田ノ娘供奉在之、彼女房ニ小栗ノ大関縁ヲ成テ持給フ子ヲ
当方越大関之名字繁昌也、角田ハ従ニノ資隆ニ奉公也、資
頼此代ヨリ当家ノ一文字ニ巴《トモエ》ヲ打添ル事、自宇都宮ニ仕付証文也、

資光

肥前守、御子男子五人、女子ヲ伊達殿ヘ御縁ニ成給、大輪四郎
又高瀬之姫供奉也、彼腹ニ子在之、

資村

肥前守、光厳寺殿ト申也、御子三人、一人ハ沢村殿ニ成給フ、一代畢、

資家

加賀守、月谷殿ト申也、御子男女三人、

資忠

安芸守、藤岡殿申、御子五人、蘆野分也、

資藤　備前守、文和四季二月十二日京都東寺合戦討死、
御子男女六人、金丸へ分也、一人ハ南殿ト申於小山ニ討死、
一人ハ〇正光庵之御影資藤内裏見物依有御咎御
代官ニ大関兵衛後ニ出雲ノ云自害ス、

資世　越後守、御法名西雲、

資氏　刑部大輔、法名瑞山、此代鎌倉ノ沙汰所ヲ持給、結城御
縁也、又女子一人ハ南山殿へ、一人白河殿へ、

資之　越後守、禅秀之御縁也、御法名明海、
御舎弟次郎形〔刑〕部大輔後信濃守、羽田殿ト申也、
資氏之御子兄弟不和ニシテ上下之庄分テ乱也、其後自
鎌倉ノ和談御取成也、

氏資　大膳大夫、法名長山、白河小峯之御縁也、御子女子
円応寺殿別腹也、一人ハ宇都宮明綱へ、一人ハ白河殿へ、一人ハ
小峯、一人ハ下那須殿へ、又五郎殿沢村殿之養子ニ成
給、舎弟ノ三郎殿沢村殿養子之後、明資依無御
子資親位ヲ続給、

明資　肥前守、大膳大夫、法名高嶽、依無御子資親位ヲ続玉フ、

一資親　播磨守、大膳大夫、法名泰岩、先依無御子白河殿之
次男資永位ヲ続給、御子男女四人、一人ハ宇都宮
成綱ヘ、一人ハ資永ノ御内、一人ハ沢村三郎殿、一人ハ資久
次位ヲ此代ヨリ上庄正脈断絶也、

資永　資久次郎

∴下那須継図次第

資重　資氏ノ御子、始メハ沢村五郎殿ト申ス、上杉禅秀乱ヨリ資之ト兄
弟不和ニシテ下庄ヘ下給、法名玉岩、

資持　越前守、法名蘿月、

資実　伊予守、法名傑山、御子民部大輔木須大膳殿之親父也、
一人ハ小〔少〕将殿、一人ハ女子武茂ヘ、一人ハ佐竹殿氏義、一人稲
沢播磨守ヘ、

資房　右衛門大輔、修理大夫、法名笑月源藤、後攻総、此代上下
一統ニ成給、永正十三季丙子六月上旬候、始テ上庄ヘ御座スル也、茂木御縁也、

政資　法名雄山宗英、壱岐守、御子男女五人、次男資胤
森田殿、高資生害以後名代相続シ給、舎弟九郎
冨久原ニ備資胤名代相続以後号森田殿ト、任弾正

左衛門一ニ、女子一人茂木へ、一人蘆野へ早世、初岩城常
隆ノ御縁也、嫡子高資也、後ニ自二大田原一越給、男女四人一腹也、

高資

法名天性慈舜、宇都宮芳賀之御縁也、依〇《無》御子資胤
名跡続給、武運無其隠事也、

資胤

修理大夫、法名江月、初ハ芳賀之御縁也、彼御腹ニ女子一人
茂木舎弟形〔刑〕部大輔所へ越給、其後自蘆野一御縁、彼腹ニ
御子三人、嫡女森田へ、末女佐竹殿へ、別腹ニ男子一人、初雲岩
寺住寺、其後還俗称顕高牧野之跡ヲ続給、就中武運
数度之覚八州無其隠事也、

資晴

修理大夫、法名休山慶龍大禅定門、
小山御縁御子一人御座、今ノ資景是也、数季遂在京ヲ
当家相続事在此代一ニ、勤名古〔護〕屋御陣給、是又武運覚
従先代今ニ不朽也、

資景

左京大夫、
小山御縁也、女子一人御座、別腹男子御座、嫡子与一是也、
資景幼少五ノ季号藤王丸時、秀吉小田原発向日本諸大
名在陣、藤王数月在陣小田原漸被属御手裏御上洛
藤王丸致上洛数季在京、当家相続事弥此代ニ在之一、

（紙背）

宇都宮国綱熊下ニテ日ノ内二度ノ軍先代未聞ノ合戦得勝利シ、
会津盛氏白川義親於小田倉一合戦佐竹殿数度軍
得勝利事、無比類事也、
於喜連川五月女坂軍、町田ノ軍、
扇的之時為勧賞被下所之地形
丹波国ニハ吾賀庄　信濃国ニハ角豆庄
若狭国ニハ東宮河原　武蔵国ニハ蓬田庄
備中国ニ絵原庄　已上五ヶ所
宇都宮ハ房前六代後胤粟田関白長綱ノ御子三人、
嫡子ハ関白ノ家ヲ続也、三男山座主号宗円ト、
大職冠鎌足——不比等——右大臣従二位贈太政大臣
正一位謚文忠公追又為淡海公一
并——光明皇后同唐大宗皇帝后多武峯之

開山定恵和尚、但是ハ天智不即位之御子ト云、

武智麿 左大臣正一位贈太政大臣 南家祖

房前 氏長者 参議従三位 贈太政大臣 此家摂関之祖

宇合 参議正二位 式家祖

麿 権参議従三位 京家祖

或云、不比等之御子十二人トモ云、

内麿之御子

真夏 参議従三位 日野一流祖

冬嗣 左大臣正二位 号閑院大臣

良房 摂政太政大臣准三后謚曰忠仁公 清和天皇之外祖父、染殿ノ后ノ御父

長良 権中納言従三位 号枇杷 贈太政大臣正一位 法性寺・高倉等祖

良門 内舎人従四位上 贈太政大臣 勧修寺一流祖

基経 関白太政大臣 謚曰昭宣公

時平 左大臣従一位 贈太政大臣正一位 号本院 有子孫

忠平 摂政関白太政大臣従一位 贈正一位 謚曰貞信公 号小一条

仁王卅九代天智ノ朝ニ鎌足平蘇我馬子大臣
蝦夷子入鹿大臣、依其忠㆒ニ昇官大臣㆒ニ、其上於
法興寺蹴鞠時、鎌足取御沓ヲ被進㆓云々、
皇子時号㆓中大兄《ナカヲヽエノ》皇子㆒皇子時被進沓取㆒トモ云ヘリ、

おわりに

以上、観音寺所蔵の「那須継図次第」を翻刻し、あわせてこれが近世に成立した那須系図の中でも最も古いものである可能性を指摘した。今後、那須氏の系図・系譜研究において、参照せらるべきものであろう。

（1）　主なものとして、山本隆志「鎌倉・南北朝期の那須氏」（『年報三田中世史研究』九号、二〇〇二年）、同「白河結城家文書のなかの那須文書」（村井章介編『中世東国武家文書の研究——白河結城家文書の成立と伝来——』、高志書院、二〇〇八年）、荒川善夫「鎌倉～室町期の那須氏と一族・家臣」（『戦国期東国の権力構造』、岩田書院、二〇〇二年）、須藤聡「奥羽周辺地域の武士団形成——下野国を中心に——」（『群馬歴史民俗』二三号、二〇〇二年）、佐藤博信「室町・戦国期の下野那須氏に関する一考察——特に代替わりを中心に——」（『戦国史研究』五五号、二〇〇八年）、江田郁夫「那須伊王野家文書の伝来をめぐって」（前掲『中世東国武家文書の研究——白河結城家文書の成立と伝来——』）、新井敦史「那須与一　扇の的を射て伝説となった武将」（栃木県歴史文化研究会編『人物でみる栃木の歴史』、随想舎、二〇一一年）、山本隆志編著『那須与一伝承の誕生——歴史と伝説をめぐる相剋』（ミネルヴァ書房、二〇一二年）、阿部能久「下野那須氏——系図・系譜研究の現状と課題——」（高橋修編『実像の中世武士団——北関東のもののふたち——』、高志書院、二〇一〇年）などがあげられる。

（2）　田代誠「中世下野那須氏系図の検証」（『那須文化研究』八号、一九九四年）。

（3）　入間田宣夫「系図の裏面にさぐる中世武士団の成立過程」（峰岸純夫・入間田宣夫・白根靖大編『中世武家系図の史

料論・上巻』、高志書院、二〇〇七年）、同「平泉藤原氏と北関東の武士団」（前掲註1『実像の中世武士団――北関東のもののふたち――』）、同「鎌倉期における那須氏の世系について」（『栃木県立博物館研究紀要　人文』二八号、二〇一一年）。

（4）江田郁夫「『玉燭宝典』紙背文書中の那須系図をめぐって」（峰岸純夫・入間田宣夫・白根靖大編『中世武家系図の史料論・下巻』、高志書院、二〇〇七年）。

（5）「那須継図次第」（沢観音寺所蔵）ほか。

（6）『矢板市史』（一九八一年）二五一頁。

（7）同右。

（8）寺院本末帳研究会編『江戸幕府寺院本末帳集成・上』（雄山閣出版、一九八一年）。

（9）寺院本末帳研究会編『江戸幕府寺院本末帳集成・中』（雄山閣出版、一九八一年）。

（10）現在、見返しは残るものの、軸は失われている。

（11）軸装はされていない。

（12）この「那須余一宗隆即成院往生由来」については、瀬田勝哉「伏見即成院の中世――歴史と縁起――」（『武蔵大学人文学会雑誌』三六巻三号、二〇〇五年）参照。

（13）沢観音寺矢板亮岳編『開山千百五十年祭記念誌』（一九七五年）掲載写真「先師代々血脈」による。

（14）ただし、加賀前田家の尊経閣文庫に伝えられた『玉燭宝典』の紙背文書中には、貞和三年（一三四七）以前に成立した、「□〔那〕須太郎資隆」から「越後権守資忠」にいたる六代の那須系図が残されている（前掲註4江田論文参照）。

（15）前掲註（4）に同じ。

（16）同右。なお、本論文には寛永一八年作成の那須系図の翻刻が収められている。

（17）前掲註（2）に同じ。

（18）金剛寿院は、栃木県大田原市福原にある真言宗寺院で、那須氏の祈願寺であった寺院である。戦国期には那須氏の本拠地であった烏山城下（現栃木県那須烏山市）にあったが、那須資晴改易後の天正一九年（一五九一）に福原に移ったとされる。金剛寿院には印信などの宗教関係を中心とする、室町期から江戸期にかけての史料約八五〇点が伝えられている。この中には佐竹義昭・義重から那須資胤・資晴に宛てられた起請文計四点や、那須資晴書状、白河義親書状（二点）なども含まれており、近隣領主との関係をうかがい知ることができる。

(19)『栃木県史・史料編・中世四』。

(20)金剛寿院所蔵系図では「是那須元祖也」とされる。

【付記】本稿は、平成二二年一一月二三日に山本隆志先生とご一緒した観音寺での史料調査のさいに得た知見がもととなっている。先生からは調査のさい、さらには成稿の過程でも種々ご指導いただいた。また同調査では、観音寺住職矢板秀臣氏ならびに頂蓮寺住職佐藤文晃氏から格別のご高配を賜った。あわせてお礼申し上げたい。

前田家御寶塔——上野国七日市藩の藩祖顕彰と幕藩領主の「大祖廟」——

井上智勝

緒言

本稿は、上野国七日市藩における藩祖顕彰の記念碑「前田家御寶塔」に対する検討を通じて、近世日本の藩祖顕彰研究を深化させるとともに、これを東アジア世界の中で捉えるための視点を提示することを目的とする。

従来の藩祖顕彰研究は、主として萩藩[1]・高知藩[2]・佐賀藩[3]など国持やそれに準ずる外様大藩を対象として、この動向を藩政改革や家中紏合との関連において理解してきた。藩祖顕彰が、神道による神格化を伴った点に注目することも共通している。

これらの研究は、近世の領主権力を宗教的側面を踏まえて把握しようとする点で高く評価される。しかしながら、いくつかの問題点も指摘できる。一つは、如上の大藩の事例のみをもって、近世の藩祖顕彰の意義を一般化しうるか、という点である。この課題の克服のためには、数の上では圧倒的に多い中小藩における藩祖顕彰が検討されなければならない。さりながら、そのような研究は寡少であり、管見に入ったものは丹波国に二万石を有した柏原藩の事例[4]のみである。藩祖顕彰研究の成果を近世史研究の中に定位してゆくためには、中小藩における藩祖顕彰の事例蓄積が要請されているといえる。かかる認識のもと、本稿では上野国甘楽郡に一万石余を領した極小藩の藩祖顕彰を素材とする。これによって、大藩の検討からだけでは見えなかった、極小藩なりの藩祖顕彰の論理を抽出することができると考える。

次に、これまでの藩祖顕彰は、専らこれを神道による神格化との関連で捉えてきた点である。しかし、藩祖顕彰が宗教性をまとう以上、それは神道祭祀に限らない近世日本の宗教環境の中で考察されるべき問題である。神道祭祀の対象化への注目は、意図するしないに関わらず、近代の国家神道体制や天皇制に連環してゆく、いわば日本内閉的な方向性を有してしまう。かかるあり方を相対化するために本稿では、藩祖の神格化にではなく、その過程においてすら見られた、儒教的禮文との関連に注目する。これは、日本に自閉的な方向ではなく、近世の東アジア世界に共有された政治文化[5]の中で藩祖顕彰を位置づけようとする試みである。

叙述は、まず「前田家御寶塔」の内容を示し、続いて七日市藩がこの塔を建てて藩祖顕彰を行った理由の考察、次に「前田家御寶塔」にみえる儒教的要素の検討、の順で進める。

なお、従来の研究において藩祖の語は、萩藩における毛利元就のごとく近世大名家としての基礎を築いた人物を意味する場合と、高知藩の山内一豊のごとく初代藩主を意味する場合の両様で用いられている。本稿もこれに従い、特に両者を区別することなく叙述する。

一　前田家御寶塔

1　梗概と刻文

前田家御寶塔は、七日市藩の藩祖顕彰に伴って建立された石製宝篋印塔で、群馬県富岡市七日市旧郭一四二五に所在する。高さ四三〇センチ、幅・奥行きともに七九センチ、七日市七号古墳の墳丘上に建つ、富岡市の指定史跡である（平成一四年四月一二日指定）。塔身は二層からなり、共に陰刻にて文字がある。ただし、塔身上段は正面のみ、下段は四面に文字が刻まれる。基礎正面には、梅鉢紋が左右に一つ宛、都合二つが陽刻されている。まず、刻文を掲げる。(6)

〔塔身上段正面〕

慈雲院殿従五位下前和劦太守

〔塔身下段正面〕

寛永十四年
真翁宗智大居士
丁丑六月四日

〔塔身下段左面〕

大祖諱利孝、姓菅原氏、前田故加能越三國主贈従一位利家公之第五子也、母山本氏、以二文祿三年甲午一生二
加之金澤一、幼而警悟有二大志一、慶長甲辰年十一歳出三仕　神祖一、其宅レ心忠、執レ事敬、是以寵賚優渥、殊蒙二
眷注一、十八年癸丑、公年二十、叙二従五位下一、任二大和守一、明年難波之役、従三　台德公軍二岡山一以爲二川口
之援一、十二月和議成、乃解レ嚴而還、元和元年乙卯秀頼渝レ盟、公在二于　幕府之前隊一、奮レ勇力戰、

〔塔身下段裏面〕

以奏二殊績一、明年丙辰十二月、論レ功賜二食邑於毛之甘樂郡七日市一領二一萬餘石一、以崇二其勲一也、而未レ就レ封、
蹇々敬事二　幕府一、其致二匪故之節一者三十年、猶二一日一也、寛永十四年丁丑六月四日以レ疾薨二于荏土賜邸一、
享年四十四、葬二駒籠諏訪山吉祥寺一、于嗟乎偉哉、公生二大藩一、抽レ身百戰策レ勲、當時茅土好爵已雖レ償二其
志一、而享榮之日猶淺、何稟二於性之厚一而享二於年之獨薄一、殊不レ勝二慨惋一也、今以下不肖襲二其封一踐中其位上、常

〔塔身下段右面〕

恐二隕越一以貽二辱于祖先一、是以日夕遙拜以報二罔極之恩一、祈二默祐之福一焉、今茲天保八年丁酉六月四日、是
爲二二百年之忌辰一、爰告二其神一、取二兆上土一塊一、卜レ地而瘞レ之、建二碑其上一、以爲二子孫膽仰之所一焉、冀神德

日新以福二後嗣一、庇二民人一矣、謹書二其事一以告二仍雲一云、十世孫従五位下大和守菅原朝臣前田利和謹撰幷書、
天保十年己亥夏五月

本塔は、正面前部に左右各一基の石燈籠を伴う。高さ一八一センチ、幅・奥行きともに七一センチ。火袋は三四×三四センチ。銘文は以下のとおりである(7)。

〔左竿〕
奉献

天保十年
己亥五月

保坂茂左衛門正殷
保坂荘兵衛正方
大里半右衛門頼該
(二名分空き)
佐藤矢平二武源
横尾藤馬恒貞
古舘衛司常玄
齋藤李之助征睦
新井多膳信清
横尾與十郎治徳
石井住右衛門英勝
山﨑城之進信殷
須藤岡之進義稜
林森右衛門久貞
天保十年
己亥五月

〔右竿〕
奉献
畑　三太夫政庸
金澤半太夫常應
小板橋元助照真
能勢鉄之進能亨
佐藤與五郎武桒
高橋甚右衛門信慶
茂木仁右衛門盛富
高橋礒右衛門治紀
堀口佐右衛門宜智
鈴木粂助義武
田嶌伊右衛門時忠
毛呂濱右衛門正房
高橋順菴直方
黛　柳軒之英

2　刻文の内容

本塔は、塔身部分にあるとおり「慈雲院殿　真翁宗智大居士」の供養塔である。「慈雲院殿　真翁宗智大居士」は、上野国七日市藩初代藩主前田利孝の戒名である。「寛永十四年　丁丑六月四日」という塔身下段正面の年紀は利孝の没年月日で、本塔の建立年月日ではない。

本塔の建立は、塔身下段左面撰文末にある「天保十年己亥夏五月」になされた。厳密にいえば、天保一〇年（一八三九）五月九日に石の加工が終わり、一一日には棹石と碑銘が刻成された(8)。文を撰んだのは「十世孫従五位下大和守菅原朝臣前田利和」すなわち七日市藩一〇代藩主前田利和《としよし》、本塔の建立者でもある。建立地についての記載はないが、七日市藩陣屋郭内の西南端である。

建立の目的は、撰文中に明瞭である。すなわち、「今玆天保八年丁酉六月四日、是爲二二百年之忌辰一」とあるごとく、本塔は、寛永一四年（一六三七）に没した七日市藩初代藩主前田利孝の二百回忌を記念して建立されたものである。

したがって、碑文には利孝の事績が詳述される。利孝は文禄三年（一五九四）、前田利家を父、山本氏を母として、加賀国金沢に利家の第五子として誕生した。慶長九年（一六〇四）、一一歳にて徳川家康に出仕し、そこで家康の恩寵を蒙った(9)。慶長一八年（一六一三）二〇歳の時に従五位下大和守に叙任。翌年、大坂冬の陣には、徳川秀忠に従って参戦し、御勝山の陣を守るべく、川口にて後方支援に当たった。豊臣家との間に講和が成ると、武装を解き江戸へ帰った。しかし、元和元年（一六一五）豊臣秀頼が約を違えたため戦闘が再開されると、利孝は幕府軍の前隊として奮戦し、武功を立てた。そして翌年、その論功行賞として上野国甘楽郡七日市にて一万余石の封地を得た。その後も利孝は幕府によく仕え、寛永一四年（一六三七）六月四日、享年四四歳にて、江戸の屋敷に没した。以上が、利和によって、簡にして要を得た麗文にて綴られた利孝の経歴である。

さらに利和は文を継ぐ。利和は利孝の短命を嘆き、続けて「今以㆘不肖襲㆓其封㆒踐㆗其位㆖、常恐㆓隕越㆒以貽㆓辱于祖先㆒」と、封を嗣いだ自分がそれを子孫に伝えられないことを恐懼していること、極まりない祖先の恩に感謝していること、さらにその加護を祈っていることを告白する。そして「天保八年丁酉六月四日」の二百回忌に、利孝の「神」にその旨を告げ、土地を選び、石塔を建立したことを述べる。願わくば利孝が日々「神徳」を新たにして、藩主や領民に恵みを垂れんことを祈り、建碑の経緯と意義を子孫に伝える、として文を結んでいる。

以上が、前田家御寶塔の刻文の内容である。次に、これを踏まえ、本稿の主題に即して二つの問題を提起したい。

ひとつは、本塔が単に初代藩主利孝の二百回忌を記念するためだけに建立されたのか、という問題である。先行研究は、藩祖顕彰がその遠忌を契機としながら、多くは藩政の改革など藩運営の危機回避に伴って行われたことを教えている。したがって本稿でも、七日市藩の藩政の実態に即しながら、御寶塔の建立の真意を検討しなければならない。この検討は、利孝の二百回忌が「天保八年丁酉六月四日」であるにもかかわらず、本塔が建立されたのが「天保十年己亥夏五月」であるという問題の解明に帰するであろう。

今ひとつは、前田家御寶塔が仏教様式の宝篋印塔であり、塔身正面に「慈雲院殿　真翁宗智大居士」と仏教式の戒名が記されているにもかかわらず、利孝が「大祖」とされ、その霊が「神」と表現されている、という問題である。この問題は意外に大きく、東アジア世界の広がりの中で、本塔を捉えるところに逢着することになる。

以下、最初の問題を第二節で、二つめの問題を第三節で検討する。

二　前田家御寶塔建立の背景

1　慢性的な財政難

七日市藩の藩祖顕彰を藩政の危機との関係で理解しようと試みる場合、利和が碑文中で利孝の事績を述べた後、利孝の短命を嘆くとともに、「今以㆘不肖襲㆓其封㆒踐㆗其位㆖、常恐㆓隕越㆒以貽㆓辱于祖先㆒」と吐露していることが注目される。もちろんこれは碑文を飾るための修辞である。だが、利和の代の七日市藩の状況に目をやると、「隕越」の危機と受け取りうる難題が、繰り返し降りかかってきたことも確かである。

利和は、旗本前田武宣の子で、享和二年（一八〇二）に七日市九代藩主利以の養子となり、文化五年（一八〇八）一一月、養父の隠居に伴って襲封した。武宣の家は、利孝の孫を祖とする七日市前田家の分家であった。

極小藩である七日市藩の財政は、立藩当初から豊かではなかった[10]。時代を経るごとに窮乏の度合は弥増し、文政七年（一八二四）二万一五八五両余を数えた藩債は、天保一四年（一八四三）には、さらにおよそ一万両を重ねている。これは当時の年貢高の七・八年分に相当する額になる。

藩は、窮迫する財政状況を、本宗家金沢藩主前田家からの援助を引き出すことで、たびたび切り抜けてきた。この方法は、利和の代にはすでに慢性化していた。利和の襲封後、文化六年（一八〇九）・文政三～八年（一八二〇～二五）・天保五年（一八三四）・七年と、かなりの頻度で加賀の本家から多額の財政援助を受けていることである。

四一歳と早々に隠居した利以が、豪奢な享楽生活を送ったことも、藩財政を極度に悪化させた。かかる状況を見かねた家臣須藤岡之進は、金沢藩の威光を借りて利以を七日市御殿に戻したが、これが利以派と利和派の家臣間対立を深め、金沢藩の顰蹙を買うところとなった。結果、藩主利和は金沢藩への出入りを禁じられるにいたる。この事態は、文化九年(一八一二)岡之進の自刃によって打開されるものの、利和の家中や金沢藩に対する気苦労が並々ならぬものであったことを推察させるに足る。

利和は、財政状況を少しでも改善しようと力を尽くした。文化末年には倹約方針を本格化させ、藩財政が非常事態にあることと、倹約に努めるべきことを毎年のように家中に申し渡している(11)。倹約は、祝儀や贈答の廃止はもとより、炭・油や灯芯にまで及び、古びた物品の使用が奨励され、破れた障子の張替さえ禁止されるほどの、涙ぐましい努力が要請された。

加えて、領内の生産人口の減少も切実であった。藩内人口は、享保ごろまで一万人を越えていたが、一八世紀後期から一九世紀にかけて八〇〇〇人台に減少した。かかる状況に歯止めをかけるため藩は、文化一三年(一八一六)潰家の再興や縁組に関する制限、低利での金銭貸付による生産活動の奨励、出産・育児支援などの政策を打ち出している。

だが、これらの政策は、ほとんど効果を顕さなかった。藩財政に明るい兆しも見えない中、初代藩主利孝の二百回忌は巡ってきた。

利孝二百回忌法要時、七日市藩の財政が窮迫していたことは疑う余地のないところであり、家中や領民には爪に火を点すがごとき倹約を要請している。そのような状況下では、法要を大々的に行い、石塔を建立することは憚られたはずである。石塔が二百回忌の年を二年も過ぎてから建立された理由は、直接的にはここに求められよう。よしんば他の理由が見つけられるにせよ、石塔建立の障壁として、財政難とそれに伴う倹約奨励が、陰に陽に立ちはだかっていたことは疑いようがない。

ただ、利和はこの一大催事に、長い倹約によって閉塞してきた家中や領内の雰囲気を、いくらかでも振り払おうという意図は籠めていた。領内の罪人に「大赦」が施された(12)のはそのような意図の表れであると解される。閉塞状況を束の間忘れさせる催事として、敢えて財政難を押して御寶塔の建立が計画された、と理解することは無理ではなかろう。

2　家臣団の糾合

利孝の二百回忌法要は、七日市前田家の江戸表の菩提寺である駒込吉祥寺で、在府中の藩主利和臨席のもと、命日前日の六月三日より行われた。一方、国元菩提寺である長学寺では一朝御茶湯法事が執行され、七日市の藩侯邸でも書院の床の間に利孝着用と伝える鯰尾の兜と白糸縅の具足二領が飾られ、「御神酒」一対や「御備」一据、御肴として鰹節一本が供えられた(13)。「御神酒」が供えられているところから、飾られた武具が利孝の神霊の表象と認識されていることが知られよう。それは一種の宗教空間であった。

国元に残る上層家臣である諸士たちは、三・四日のいずれかに長学寺に参拝し、七日市の藩侯邸に赴くことが義務づけられた。藩侯邸では、床の間に飾られた武具に拝礼することも義務づけられている(14)。また、倹約中で祝儀や贈答が厳しく制限される中、「格別之御法事」という理由で、国元・江戸詰の役人中、ならびに諸士から香奠金一〇〇疋が献備された。これに対し、利和からも「御意之御沙汰」があり、諸士たちには酒膳が振る舞われた(15)。

以上のことから、利孝の二百回忌法要が、上層家臣の結束を高める契機として利用されたことが推察されよう。しかもそれが、利孝の神霊のもとへの結集という形をとっていることは注目に値する。この家臣団の結束を可視化するためにも、御寶塔は建立されなければならなかった。

実際、塔前の石灯籠に刻まれた家臣二八人のうち、天保一〇年（一八三九）藩主に年頭礼を行った家老一名・用人二名を含む諸士二八名と石灯籠に刻まれた人物二八名の名前は、二名を除いて一致する(16)。御寶塔の建立は、いつ果てるとも知れない倹約の慢性化の中、低下する士気を鼓舞し、力強く藩政を推進してゆくために上層家臣が結束する願いをも籠めたものであった。

建立成った御寶塔の拓本が家中の希望者に頒布され[17]、盆中七月一四日・一五日のいずれかに参詣するよう家中に申し渡されていることも[18]、利孝を軸として家中の結束を図った動向として理解される。

このような理解は、他藩における藩祖顕彰を参観することによって、さらに肯定されるものになろう。

長門萩藩主毛利家の場合、寛延四年(一七五一)に襲封した重就のもとで、それ以前から慢性化していた財政難に対する改革政策が推進された。改革の内容は、倹約による冗費削減のほか、士庶に対する増税、風儀の粛正を中心とするものであった。最終的にそれは、検地によって新たに確保された財源から得られる金穀の備蓄と、その運用による成果を生み出すことになるが、それはこの備蓄資本を運用する「撫育方」が設立される宝暦一三年(一七六三)を起点とした。それまでの過程では、藩士や領民は塗炭の苦しみを忍ばねばならず、改革に当たる当事者すらその成功を見通せていたわけではなかった。

改革道半ばの宝暦九年(一七五九)三月五日、江戸への参勤を翌日に控えた重就は、腹心の家臣に留守中のことを委託する直書を与えるとともに、郭内の洞春寺に参詣して「太祖洞春公」の「神位」すなわち毛利元就の霊位を拝した。江戸到着後、重就は自筆の願文を萩に送り、七月一四日重臣らの手によって元就の霊前に披露された。以降、新藩主が襲封し、初入国の折にはこの願文を開き、読誦することが慣例とされた[19]。

萩藩の場合は、これ以降の藩政改革においても、元就ら毛利家の祖先とともに、阿保親王や大江氏など、その出自とされる遠祖までをも顕彰している[20]。同様に、藩政改革の推進に藩祖顕彰が伴う事例は、高知藩[21]や佐賀藩[22]でも報告されている。そして、かかる事態は、これら大藩だけのものではない。

丹波国氷上郡・天田郡・何鹿郡の内に二万石を領した丹波柏原藩は、元禄八年(一六九五)、織田信長を先祖とする織田信休が大和国松山から転封されて成立した。この移封は、家中の不祥事に伴うもので、八〇〇〇石を減じられての領地替えであった。減封を受けて、藩は下士・軽率を中心に一一七名の家臣削減を実行した。さらに、家臣の俸禄は削減され、その士気は著しく減退していたとみられる。加えてこの間、幕府による課役が次々に命じられ、藩政の立て直しの枷となっていた。そのような中で、古参家臣と新参家臣の対立など、家臣団の結束を阻害する要因も、藩内に胎まれていた。

柏原藩の上層家臣は、松山時代の初代信雄、二代高長、三代長頼の各藩主に、それぞれ取り立てられた者からなっていた。この相違が家臣間に派閥を形成して対立を生じさせており、大和からの転封もこの家臣間の確執に由来するものであった。かかる確執は、柏原移封後も残り、士気の低下と合わさって、藩内に不穏な空気を充満させていた。

そのような状況下、同藩では、宝永元年（一七〇四）以降、信長の命日に、給人以上の上級藩士による信長肖像の拝礼が恒例化される。信雄・高長・長頼共通の祖、信長を持ち出すことによって、取り立てた藩主の別を越えて、家臣団の結束を高めることが狙いであった(23)。

以上の事例から、藩祖顕彰が藩政の危機に際して行われることは、一般的なあり方として諒解されるところである。利孝の顕彰塔に刻まれた「今以㆘不肖襲㆓其封㆒践㆗其位㆖、常恐㆓隕越㆒以貽㆓辱于祖先㆒」という利和の表白が、決して修辞ではなく、藩政運営に対する切実な危機感に由来していることは、すでに見た。利和の心労は已むことなく、双肩には藩の存亡という命題が常に重くのしかかっていたのである。そのような利和の心情を勘案したとき、石塔の建立は、萩藩や柏原藩同様、家中や藩内の統率を企図した一大催事であったと理解する必要がある。

3　加賀金沢藩との関係強化

利和は石塔が建立された年の一一月、享年四九歳にて息を引き取った。祖先に対し、一定の面目を保ったと安堵したのかもしれない。さりとて財政の好転に成功したわけでもなく、「隕越」の危機が回避されたわけではない。ただ、利和は確かに石塔の建立に危機の打開を期していた。

利孝の二百回忌法要には、金沢の本家から銀三枚が遣わされたほか、加賀前田家の末家三家からも香奠として各々金一〇〇疋が届けられた[24]。初代藩主利孝は、その死後二〇〇年を経てなお、金沢の本家はもとより、その末葉に連なる前田一族を糾合しうる存在であった。いや、七日市藩主前田家は、系譜上、利家の子利孝の存在によってのみ、金沢藩主前田家に連繫されるのである。利孝は、本家金沢藩から支援を受けなければ「隕越」を現実化させてしまう七日市藩にとって、忘れられてはならない存在であった。

このことは、天保九年（一八三八）、利和が財政援助を金沢藩に願い出た願書[25]に明瞭である。この願書には「私勝手向従來不如意難澁ニ付」を書き出しとして、これまでの本家の恩恵に対する感謝と、それでもなお改善しない藩内の困窮が切々と綴られている。その最後に近い部分に「先祖利孝在世之以二思召一、偏ニ厚被レ成三下御憐察一、當家立行出來仕候様、御仁慮之御沙汰謹而奉二歎願一候」との文が見えているのである。

七日市藩にとって加賀前田家との関係は、とどまるところを知らない財政状況の悪化に比例して重要性を増していた。加賀宗家との良好な関係を維持し、そこからの援助を引き出すことが、七日市藩の財政を好転させるための最も確実かつ有効な方法であった。特に、いったん金沢藩から絶交された経験を有する利和は、このことを痛感していたはずである。

かかる事情を念頭に置けば、前田家御寶塔の建立は、七日市藩にとって、利孝二百回忌という機会を利用した加賀前田家との一体性を可視化するための方法であった、と理解される。深刻さを増す慢性的な財政難を押しての御寶塔の建立からは、単なる二百回忌の記念碑という意味以外に、かかる含意を看取しなければならない。御寶塔建立以降、利孝の月命日には家老・用人らの重臣が「御亭慈雲院殿御靈屋」に代参し、六月四日には御寶塔に対しての先祖祭が年中行事化していること[26]は、利孝の存在を風化させないための演出であった。

利和の跡を襲った利豁《としあきら》の代になっても、本家金沢藩に依存した財政構造は、一向に変わらなかった。弘化四年（一八四七）、利豁もまた、本家に当たる金沢藩に「私勝手向之儀連年不如意之處、近來別而彌増、必至與差支難澁仕」から始まる願書[27]を提出し、本家からの財政援助を引き出そうとしている。利豁もまた「元祖利孝、初代公江對、且又養父深心願仕罷在候儀、如何斗御厚恩之程難ㇾ有仕合奉ㇾ存候」と、利孝の存在を訴えることを忘れていない。「元祖利孝」は、七日市藩の「隕越」の危難を救う「神」であった。

三　「大祖廟」としての前田家御寶塔

1　「神」としての前田利孝

次に、二つ目の問題の検討に移る。前田家御寶塔が仏教様式の宝篋印塔で、利孝の仏教式戒名を記しながらも、その霊が「神」と表現されている、という問題である。

先に利孝の鯰尾の兜などの武具が神体に見立てられ、礼拝されたことを見た。萩藩や佐賀藩・高知藩でも藩祖顕彰に伴う藩祖の神道による神格化が見られたが[28]、利孝の場合も同様の方向性を有していたと理解されよう。しかしながら、この撰文にみえる「神」を神道的な「カミ」と断じることには慎重でなければならない。この問題については、先に言及した萩藩毛利家の事例が参考になる。

宝暦九年（一七五九）毛利重就は洞春寺に詣で、「太祖洞春公神位」に藩政改革の成功を祈念した願文[29]を納めた。洞春公、すなわち毛利元就も「神」と認識されているのである。願文には、重就が「廟下」に詣でたとする記述があり、「太祖」元就が「廟」に祀られているとする認識も認められる。願文の文体は漢文であった。願文を収納した蓋の裏書には、宝暦九年（一七五九）三月五日重就が「大祖洞春公廟」に詣でたこと、七月一四日には重就自筆の願文が江戸より届き、重就の腹臣がこれを「大祖廟前」に持ち来たったこと、さらにそれを開封して元就の「神位」に告げたことが記されている。つまり重就は、洞春公すなわち元就を「大祖」と位置づけ、その「神位」を奉祀する「大祖廟」に藩政改革成功の祈願を籠めたのである。[30]

「大祖（太祖）廟」という呼称は、東アジアの大陸部に展開した王朝における、儒式による御霊屋を連想させる。たとえば、ベトナム順化（Huế）の宮城内（Đại Nội＝大内）にある阮朝宗廟群の一つには「太祖廟」の額が掛かる。「太祖廟」は、世祖阮福暎（嘉隆帝）による阮朝樹立以前、後黎朝の臣下として河内（Hà Nội）から順化に下り、ここを拠点に勢力を振るった公侯（chúa）時代の阮氏の当主九人、すなわち阮潢から阮福淳（嘉隆帝の伯父）とその妻を祭る廟である。このうち「太祖」の称号は、初めて順化に入った始封の祖阮潢に与えられた廟号である。この「太祖廟」は「太廟」と略称されることもある。「太廟」の語からは、紫禁城外朝の外にある中華帝国清の宗廟が「太廟」の額を掲げていることも想起されよう。

「太祖」あるいは「大祖」の称は皇帝・国王に限らず、その家の創業の祖に贈られる号で、諸侯の場合は阮潢のごとく始封の祖に用いられた。なお、「太祖」と「大祖」に意味の相違はない。

以上の点を念頭に置けば、毛利重就の願文が漢文で書かれていることと相俟って、元就の「神位」を奉祀する「大祖廟」は、実態はともかく儒教的な宗廟を意識したものと理解される。時代が降るが、安政二年（一八五五）萩藩では明らかに「太祖」を儒教的祭祀の文脈で捉えた検討がなされている。[31]このような理解を踏まえれば、ここに現れる「神位」もまた、儒教祭祀を念頭に置いて使用された語と判断される。「神位」は儒教祭祀において位牌の意で用いられる語で、「神主」と呼ばれることもある。すなわち、ここにみえる「神」とは、儒祭における「神」として解され得るものである。

2 「大祖廟」としての前田利孝

しかしながら、毛利元就の霊は儒式で享祀されているわけではない。その「神位」は、洞春寺という寺院に安置されているのである。先にも触れた願文収納箱の蓋裏書は、当寺の僧永明碩孝が草したものであるが、次のような記載まで認められる。

寶暦己卯(九年)三月五日、侯(毛利重就)齋宿、親詣㆓ 大祖洞春公廟㆒、敢竭㆓丹誠㆒、以祈焉、召㆓臣僧碩孝㆒、諭㆓其意㆒、翌日 東觀發軫、抵㆓東都邸㆒、而後 侯自書㆓告文㆒輸㆓諸國㆒、七月十四日國相毛利廣定齎㆓來 大祖廟前㆒、與㆓參政老臣毛利廣圓・益田廣堯・宍道廣慶、及臣僧碩孝㆒開㆑緘拜讀、以告㆓ 神位㆒、厥後復有㆑命、八月十一日誦㆓大般若㆒、以祈禱焉、

「大祖洞春公」の「神位」は、「臣僧碩孝」によって奉祀され、「大般若」を読誦することによって祈願を籠められていた。「大祖廟」祭祀の実態は、仏教祭祀として僧侶によって執行されていたのである。毛利家「大祖廟」は、創業の祖先を「大祖」と呼び、仏教式の位牌を「神位」に、仏堂を儒式の御霊屋「廟」に準えたもの、すなわち仏教による日本の祖先祭祀の実態を儒教祭祀に擬したものであった。実際、時代は降るが、安政二年（一八五五）同藩の国学者近藤芳樹は、菩提寺を漢土の「宗廟」に擬す認識を示している。[32]

翻って、前田家御寶塔に目をやってみよう。利和の撰文は漢文で、「大祖諱利孝」と利孝を「大祖」と位置づけることから始まっていた。萩藩毛利家の事例を勘案すれば、利和が利孝を称していうところの「神」もまた、儒教的意味での「神」と解することができる。すなわち前田家御寶塔もまた「大祖廟」であった。実際、御寶塔が建立された同時期の資料に、御寶塔は「元祖廟」と表現されている。[33]「大祖」も「元祖」も家の創業の祖を指

す点において変わりはない。しかしながら、その「神」は「慈雲院殿　真翁宗智大居士」と仏式の戒名をもって呼ばれ、供養塔の形態は宝篋印塔という仏式石塔であった。七日市の前田家御寶塔もまた、萩藩毛利家同様、仏教祭祀の実態を儒教的文辞を用いて修飾したものであった。

3　儒仏一致

仏教祭祀の実態を虚心に表現することなく、敢えて儒教的文辞で飾るのは、儒教的教養が東アジアの国際社会における文明国の標章になっていたからにほかならない。しかしながら、儒教的文辞は日本の実態に合致しない場合も多く、しばしば実態とは懸け離れた虚文となることが珍しくなかった。今示した例も、その部類に属すと理解することもできる。

現世主義的・政治的な傾向を持つ儒教に対して、仏教は現世否定・厭世的傾向を有する。漢字・儒教文化圏に属する国の中では、両者は相容れないことも多かった。儒教を国教とした朝鮮国では崇儒抑仏が基本方針で、特に太宗・世宗・英祖らは崇儒抑仏の政策を採った(34)。また、ベトナム史上最も儒教を崇めたとされる阮朝聖祖明命帝はカンボジアを支配したとき、仏教寺院を毀ち、儒式の廟を建立している(35)。日本においても、林羅山をはじめとする儒学者が、排仏の志向を有していたことは論を俟たない。

そのような中で、日本の近世においては「大祖」の「神」の祭祀が仏式で行われているのである。この儒仏一致と呼ぶべき事態は、日本の宗教文化を東アジア世界において位置づけてゆく上での、有効な視点となろう。ただ、儒教の受容は文飾のための皮相的なものとも解され、この状態を「一致」とまで言い切れるか否かはなお議論の余地がある。だが少なくとも、祖先祭祀やその顕彰という点において、仏教と儒教が親和性を有したことは、東アジア世界における日本の個性の一つとして理解してよい。

しかし、それを近世日本の独自性とまで言い切ることは難しい。近世期の琉球国では、寺院を国王家の宗廟に位置づけているからである。[36]漢字・儒教文化圏を構成する二つの島国、日本と琉球に共通する儒仏の親和性という視点からも、この問題は検討されてゆくべきである。

結語

以上、上野七日市藩の藩祖顕彰碑である前田家御寶塔を題材に、その建立の意図を解明し、あわせてそれが日本の宗教のあり方を東アジア世界の広がりの中で考察する上で、一定の意味を持つことを述べた。かかる「大祖廟」は他にも少なからず存在するであろう。また「大祖」に限らず、儒仏親和の祭祀は、近世日本の各地で見られた現象である。今後、かかる事例検討が累積されてゆくことによって、近世日本の祖先祭祀や顕彰のありかたを、東アジア世界の広がりの中で位置づけることが可能となると考える。本稿はその迂遠の道に踏み出した第一歩に過ぎない。

本稿では、大藩ではなく極小藩の藩祖顕彰を扱ったことで、従来の見解とは異なる藩祖顕彰の在り方を提示し得たが、特に萩藩の事例は、七日市藩のよき写し鏡となった。したがって最後に、萩藩との比較において、本宗・分家をめぐる歴史意識という点から、簡単な補足を行って稿を閉じることとしたい。

萩藩の藩祖顕彰を宗家の立場から検討した岸本覚氏は、毛利家本宗が分家の歴史意識から掣肘を受けていたことを指摘した。[37]だが、七日市藩の場合は本家の歴史意識を逸脱することはおろか、そこに自身を積極的に位置づけてゆかなければ、みずからの存廃が問われる状況に陥ったと考えられる。

本藩頼みの姿勢は、幕末維新期まで変わらなかった。というより、激動の政局に直面してますます本宗に依存する姿勢を強めていった。慶応二年（一八六六）一二月、混迷する政局に棹さすため、七日市藩の郡奉行横尾鬼角や江戸詰の公用人兼留守居芝塚助八らは藩政改革の必要を主張して、改革に着手したが、その中に次のような主張がある。

方今國家多故（事脱カ）、内外ノ變、豫シメ測ル可ラス、而シテ諸藩方向定ラス、一朝事發スルニ會セハ則チ將ニ分裂割據、統治スル所ナカラントス、此ノ時ニ當リ、本藩掌大ノ地、寡兵微力、何ヲ以テ自守獨立スルヲ得ン、故ニ封ヲ宗藩近地、若シクハ其封内ニ移シ、之レニ附庸シ、以テ永ク其治下ニ據ルニ如カス(38)、

もちろん、かかる意見には反対する勢力もあったが、本藩の庇護のもとに存続してきた七日市藩の歩みがなければ、かかる主張は出てこないはずである。このような七日市藩が、金沢の宗家と異なる歴史意識を有したとは考え難い。七日市藩の事例は、かかる点においても従来の大藩中心の藩祖顕彰研究を相対化するものとなっていよう。

（1）岸本覚「長州藩藩祖廟の形成」（『日本史研究』四三八、一九九九年）。同「長州藩の藩祖顕彰と藩政改革」（『日本史研究』四六四、二〇〇一年）。同「近世後期における大名家の由緒――長州藩を事例として――」（『歴史学研究』八二〇、二〇〇六年）。同「幕末萩藩における祭祀改革と「藩祖」」（井上智勝・高埜利彦編『近世の宗教と社会』二　国家権力と宗教、吉川弘文館、二〇〇八年）。

（2）由比勝正「土佐藩における藩祖神格化の動向」（『海南史学』四二、二〇〇四年）。

（3）高野信治「近世大名家〈祖神〉考――先祖信仰の政治化――」（『明治聖徳記念学会紀要』復刊四四、二〇〇七年）。

（4）田村英恵「織田信長像をめぐる儀礼」（黒田日出男編『肖像画を読む』、角川書店、一九九八年）。

（5）深谷克己はこれを「東アジア法文明」と呼び、近年、かかる視点から近世日本史を理解しようとする方法を提唱している。『深谷克己近世史論集』二・三（校倉書房、二〇〇九年）、深谷克己編『東アジアの政治文化と近代』（有志舎、二〇〇九年）、深谷「近世日本と東アジア――「東アジア法文明圏」の視界――」（『思想』一〇二九、二〇一〇年）、同「脱アジアという日本異質論の克服」（『歴史評論』七二九、二〇一一年）など。

(6) 前田家御寶塔の刻銘は、以下の文献にも翻刻がある。『群馬県北甘楽郡史』(一九二八年。財団法人仲善会、一九七一年復刻)、『富岡史』(一九五五年。名著出版、一九七三年復刻)、『富岡高校七十五年史』(群馬県立富岡高等学校、一九七一年)、『富岡市の石造物』(富岡市教育委員会、一九九九年)。なお訓点は井上、法量は『富岡市の石造物』によった。

(7) 前田家御寶塔前の石灯籠の刻銘は、『富岡市の石造物』(前註)に翻刻があるが、判読されていない文字がある。法量は本書によった。

(8) 「日記(七日市陣屋勤番日記)」天保一〇年五月九日条・五月一一日条(富岡市七日市大里家文書PF八八〇二—九、群馬県立文書館蔵写真版)。

(9) 実際は、利家の正室芳春院とともに、人質として江戸に赴いたものであったという。

(10) 以下、本項における七日市藩に関する記述は、特に註記しない限り『富岡史』(前掲註6)、『群馬県史』通史編4近世Ⅰ(群馬県、一九九〇年)、『富岡市史』近世通史編・宗教編(富岡市、一九九一年)の諸書によった。

(11) 「御法礼・御倹約筋御家中江被仰出扣」(従文化十三年、富岡市七日市大里家文書PF八八〇二—一二/一二五、群馬県立文書館蔵写真版)。

(12) 「日記(七日市陣屋勤番日記)」天保七年六月九日条(富岡市七日市大里家文書PF八八〇二—七、群馬県立文書館蔵写真版)。

(13) 前註、天保七年五月二八日・六月四日条。ただし群馬県立文書館蔵写真版は四日の日付丁一丁分脱か。

(14) 前掲註(12)天保七年六月朔日・四日条。

(15) 前掲註(12)天保七年六月九日条。

(16) 前掲註(8)天保一〇年正月元日条。年頭礼に現れている林幸助・山田命助の名が石灯籠には見えず、林森右衛門久貞・能勢鉄之進能亨の名が見えている。なお、天保九年年頭時の家老は保坂茂左衛門、用人は保坂庄兵衛・大里半之丞であった(「日記」(七日市陣屋勤番日記)」(富岡市七日市大里家文書PF八八〇二—八、群馬県立文書館蔵写真版))。石灯籠に三名の名が他の諸士と区別されて書かれている理由はここにある。大里半之丞は天保一〇年に半右衛門と改名している(前掲註8表紙)。

（17）前掲註（8）天保一〇年五月一一日条。
（18）前掲註（8）天保一〇年七月一一日条。
（19）以上、萩藩に関する記述は、三坂圭治『萩藩の財政と撫育』（春秋社松柏館、一九四四年）、大田報助編『毛利十一代史』七（一九〇七年。名著出版、一九七二年復刊）二六六～二六九頁。
（20）前掲註（1）。
（21）前掲註（2）。
（22）前掲註（3）。
（23）前掲註（4）。
（24）前掲註（12）天保七年六月八日条。
（25）前掲註（16）「〔日記〕（七日市陣屋勤番日記）」天保九年三月八日条。
（26）前掲註（8）天保一〇年八月四日・一一月四日条など、前掲註（6）『富岡史』五八一頁。
（27）「七日市藩財政困窮ニ付救済方御願書写」、前掲註（10）『富岡市史』近世通史編・宗教編、五二～五三頁、ただし誤記と思われる文字は修正した。
（28）前掲註（1）（2）（3）の諸論文。
（29）前掲註（19）『毛利十一代史』七。
（30）同前。
（31）「御祭祀御改革一件」弐、山口県文書館蔵毛利家文庫。
（32）「霊祭私議附録」、『葬祭私議・霊祭私議』所収、宮内庁書陵部蔵。前註にも所収。
（33）「系譜（菅原姓前田氏・七日市藩初代利孝より）」（天保一一年六月、富岡市七日市大里家文書ＰＦ八八〇二―二〇／七〇、群馬県立文書館蔵写真版）。
（34）安啓賢『韓國佛教史研究』第四章（同和出版公社〔韓國〕、一九八二年）。鎌田茂雄『朝鮮仏教史』第四章（東京大学出版会、一九八七年）。
（35）古田元夫『ベトナムの世界史』（東京大学出版会、一九九五年）、二六～二七頁。

（36）豊見山和行『琉球王国の外交と王権』Ⅲ第一章（吉川弘文館、二〇〇四年）。
（37）前掲註（1）「近世後期における大名家の由緒――長州藩を事例として――」。
（38）「旧七日市藩情一斑」、金沢市立玉川図書館近世史料館蔵加能越文庫一六・二九―四六。

〔附記〕本稿は科学研究費補助金 基盤研究（C）「東アジア世界における近世日本の祭祀秩序観の独自性の解明にかかる研究」（研究課題番号 二一五二〇〇九一、研究代表者 井上智勝）による成果の一部である。

下野国黒羽藩主大関家における「御朱印箱」の保存措置について

新井敦史

はじめに

下野国黒羽藩主大関家（外様・一八、〇〇〇石）伝来の大関家文書は、約二三〇〇点伝存しており、子孫の方から旧黒羽町に寄贈されて、現在は大田原市黒羽芭蕉の館に収蔵されている。本稿では、そのうち大関家としての家のあり方を基礎づけ家の存立を保証する最重要史料を対象とした同家における保存措置の具体相について検討する。この問題に関連して、すでに拙著『下野国黒羽藩主大関氏と史料保存』(1)において大関家による史料保存措置について論じたことがあるが、本稿の第二節及び第三節は、拙著第四・五章の一部で論じた内容をベースとして考察を進め、また一部考えを修正したものである。本稿第一節は、文字通り第二・三節の前提となる時期の動きについて、今回新たに考察を加えた部分となる。

一　戦国期～関ヶ原合戦期文書の整理作業

大関家文書に含まれる戦国期～関ヶ原合戦期文書の正文は一三通あり、それらの包書ウワ書などの一覧を表1として示した。これらのうち№14はこの時期のものではないが、関連があるのであわせて載せた。

表1　大関家文書中の戦国期～関ヶ原合戦期文書等包紙等一覧

No.	年月日	文書名	包紙ウワ書等	包紙法量
1	（年未詳）端午	詠存（大田原資清）書状	安碩様江大田原備前守様ゟ之御書	三一・五×二六・三
2	（年未詳）正月五日	蘆錐（那須資胤）書状	烏山城主那須修理資胤書翰号蘆錐	
3	（年未詳）初夏二〇日	那須資晴書状	那須修理大夫資晴書翰	
4	天正一一年　五月一〇日	佐竹義重起請文	佐竹義重様御起証文	二七・九×三九・二
5	（慶長五年）　七月二九日	浅野幸長書状	浅野幸長殿ゟ書状	二四・六×三三・二
6	（慶長五年）　七月　晦日	久代景備書状	久代勘右衛門殿書状弐通幷同人身分書共	二四・六×三三・二
7	（慶長五年）　九月　五日	鈴木重信書状	鈴木七右衛門殿ゟ書状	二四・六×三三・二
8	（慶長五年）一〇月二三日	大久保忠隣書状	大久保相模守殿書翰壱通	二八・三×四〇・四
9	（慶長五年）一〇月二四日	永井直勝書状	永井右近殿ゟ書状	二四・六×三三・二
10	（慶長五年）一〇月二七日	徳川秀忠書状	大関左衛門□□（督殿）（封紙ウワ書）	三一・七×五〇・〇（封紙）
			黒漆塗木箱（印籠蓋型、長さ二三・〇×幅一〇・九×高さ四・〇）に入る。蓋表に「慶長年中　御内書」との金字銘がある。	
11	（慶長五年）一〇月二七日	本多正純書状	本多弥八郎殿ゟ書状	二四・六×三三・二
12	（慶長五年）一〇月　晦日	久代景備書状	（No.6と同一の包紙入り）	
13	（慶長六年）　八月二四日	結城秀康書状	越前秀康様より之御状一通　資増様江	二六・四×三四・四
14	（寛文元年）一二月二九日	江戸幕府老中奉書	阿部豊後守御書翰　土佐守様御弟主馬助様御儀御養子ニ御願之御指令書壱通	二四・六×三三・二

法量：縦×横、単位cm

№１詠存（大田原資清）書状（大関家文書イ五二四号、以下、大関家文書はその史料番号のみを記す）は年末詳であるが、天文一二年（一五四三）ないし天文一〇年代前半頃に比定される。[2]本文書は現在巻子に仕立てられているが、これは昭和五〇年代頃、黒羽町教育委員会で成巻されたもののようで、包紙も一緒に成巻されている。この包紙ウワ書の筆跡は、№13結城秀康書状（二九六号）の包紙ウワ書の筆跡と類似している。№２蘆錐（那須資胤）書状（イ五二五号）も年未詳ながら、天正六年（一五七八）以前と考えられる。[3]№１と同じ頃に掛幅に仕立てられたもので、もともと包紙であったと思われる紙の一部も一緒に軸装されている。天正一〇年（一五八二）〜同一五年に比定される№３那須資晴書状（イ五二三号）も、[4]№２同様包紙の一部が本紙とともに軸装されている。№２と№３の包紙ウワ書は、同一の筆跡と思われる。№４佐竹義重起請文（イ五二六号）は、現在巻子に仕立てられており、包紙も一緒に成巻されている。

№５浅野幸長書状（二九五号）の包紙と、№６久代景備書状（イ三一四号）及び№12同書状（イ三一三号）・№７鈴木重信書状（一九一号）・№９永井直勝書状（一九〇号）・№11本多正純書状（二九四号）の包紙は、法量が同じであり、紙質も楮紙で同じ紙と考えられる。さらにこれら六通の包紙のウワ書も、同一の筆跡と見られるので、これらの文書は同じ時期に整理されて、包紙が仕立てられたと考えることができる。これら六通の包紙と、№14の（寛文元＝一六六一年）一二月二九日付江戸幕府老中奉書（一八九号）[5]の包紙は、法量も紙質も同一のもので、ウワ書の筆跡も同一と思われる。すなわち№５・６・７・９・11・12及び№14の包紙は、寛文元年一二月二九日以降に、受給者の大関家側で仕立てられたものと考えられよう。これら七通以外については確たることはいえないが、№１（戦国期）と№13（関ヶ原合戦期）の包紙ウワ書の筆跡の類似性ということも考えれば、同じ頃に整理されたものではないかと推測されよう。これら戦国期〜関ヶ原合戦期の受給文書は、寛文元年をあまり下らない時期に、保存を目的として整理されたものであろう。

ここで№14江戸幕府老中奉書の包紙ウワ書を見ると、「主馬助様」と記されている。この人物は黒羽藩五代藩主大関増栄であるが、寛文四年（一六六四）一二月二八日付の位記・宣旨・口宣案（一二一～一二四号）によれば、増栄は同日付で従五位下・信濃守に叙任されているので、もしこの叙任以降に包紙ウワ書が書かれたのであれば、「主馬助様」ではなく「信濃守様」と表記されてしかるべきであろう。すなわち、これら戦国期～関ヶ原合戦期文書の整理は、寛文元年一二月二九日以降、寛文四年一二月二八日以前になされたものと考えることができる。

ところで、寛文四年は四代将軍徳川家綱から全国の諸大名宛てに領知判物・領知朱印状が発給された年である。藤井譲治氏は、寛文四年の領知朱印改めの実施過程を具体的に明らかにし、同改めが有した意義について論じている。(6) それによると、同年三月以降、従前の領知朱印状を所持する大名家ではその正文と写を用意の上、高辻帳を作成し、入魂《じっこん》とする老中や奏者番らとの内談を経た後で、二人の領知朱印改奉行に個別にそれらを提出し、彼らの指示を受け提出書類の不備などを予め改めておき、領知朱印改奉行の屋敷で実施される同改めに臨んでいたという。その際、従前の領知朱印状を所持していない大名家は、その事情を詳しく覚書にして提出することが求められており、こうした過程を経て領知朱印改めが完了すると、ほどなく将軍家綱から領知朱印状が諸大名に発給されたという。さらに藤井氏は、発給された領知朱印状の大半が実質的には安堵状でありながら、そこに「充行之訖」という文言を入れ、かつ「寛文四年四月五日」という同一の日付で一斉に発給したことによって、全国にわたる領知権が将軍に帰属することを改めて宣言したと述べている。

この時、黒羽藩五代藩主大関主馬（増栄）も領知朱印状を受給し、一八、〇〇〇石の領知を公認されたのであり、大関家文書にはこの領知朱印状の正文（一号）が現存している。この領知朱印状受給の前提として、大関家側でも寛文四年三月以降に所領についての詳細を記した覚書などを作成して、幕府に提出していたものと考えられる。

大関家側としては、寛文四年の領知朱印改めという機会に、自身の足元を固め、中世以来黒羽領を支配し続けてきた、その支配の正当性を主張する一環として、表1に掲げた戦国期〜関ヶ原合戦期文書の包紙を仕立てるといった整理作業を行った蓋然性が高いといえよう。また、以前から将軍・幕府との関係が最重要視されている状況の中で、今後は領知朱印状などの公文書によって幕藩体制下における地位保全がなされることになるという方向性が明らかとなったことを受けて、大関家側でも自家の地位保全に直結する将軍との関係強化を目的として、史料保存措置を行ったという側面もあったのではなかろうか。すなわち、寛文四年の領知朱印改めを契機として、中世からの古文書と、将軍との関係で生じる公文書にこそ自家の存立の根拠を求める意識が強まり、それゆえにそれら史料の保存措置に力を入れることになったものと考えることができる。

二　最重要史料の整理・収納

本節では、江戸時代の大関家において保管されていた二つの「御朱印箱」に収納される文書・記録等について記載のある「御朱印箱入記」（イ三六〇号）という史料に注目し、最重要史料の整理・収納状態について考察する。「御朱印箱入記」は、題箋に「御朱印箱入記〈御本紋附箱之方〉」（〈　〉内は割書、以下同）と記されている冊子と、同じく「御朱印箱入記〈御交紋附箱之方〉」と記されたものの二冊からなっている（以下、前者を「御朱印箱入記〈本紋〉」、後者を「御朱印箱入記〈交紋〉」と略記する）。

まず、この二冊の史料が記録された時期については、記載される最も新しい年月日が「御朱印箱入記〈本紋〉」に見える異筆（追記）部分の「文政九年十二月十六日」以外ではその右隣りに見える「文化八年十二月十二日」なので、文化八年（一八一一）一二月一二日以降、文政九年（一八二六）一二月以前に記されたものと考えられる。この「文化八年十二月十二日」付の「口宣案・宣旨・位記」を「御頂戴」となった「増業公」＝黒羽藩一一代藩主大関増業は、伊予国大洲藩主加藤家出身で同年一一月に大関家の家督を継ぎ、文政七年七月に隠退するまでの約一三年間、藩主の地位にあった。「御朱印箱」に収納されている史料（文書・記録等）を整理し、二冊の「御朱印箱入記」として記載したのは、この文化・文政期の藩主大関増業の代のことであった蓋然性が高い。

次に、この二冊の史料が記載対象とする二つの「御朱印箱」が具体的にどの箱なのか確認しておく。「御朱印箱入記〈本紋〉」が記載対象とする「御朱印箱」は「御本紋附箱之方」であり、「御本紋」とは大関家の定紋たる「柊圍沢瀉」に相当する。一方、「御朱印箱入記〈交紋〉」が対象とする「御朱印箱」は「御交紋附箱之方」であり、「御交紋」とは大関家の古い家紋で、まさしく二枚の柊の葉が交わらんとする形の「抱柊」という家紋に相当する。現在、大関家文書が収納されている、あるいはかつて収納されていた木箱は二四個伝存しており、それらの木箱及びそれぞれの収納文書の概要については、すでに拙著において記したが、その中で一つ一つの木箱については便宜上アルファベットで記号を付して記載した(7)。その時の記号に則れば、「御朱印箱入記〈本紋〉」に対応する「御朱印箱」はB箱、「御朱印箱入記〈交紋〉」に対応するそれはC箱となる。B箱（長さ五七・三×幅四一・五×高さ四四・〇センチメートル）・C箱（長さ五四・二×幅四〇・〇×高さ四四・五センチメートル）、ともに桐製の櫃である。

三点目としては、二つの「御朱印箱」収納史料について確認する。「御朱印箱入記〈本紋〉」が記す「御朱印箱」＝B箱に収納されていた史料は、①大関家代々の当主に関する一〇組の叙任関係文書と②八通の領知朱印状及び領知目録、③一四通の御内書、④雲巌寺（現大田原市雲岩寺）及び黒羽藩領内の寺社宛ての領知朱印状写一七通、⑤延享三年（一七四六）の郷村高辻帳（控）一冊、⑥雲巌寺及び藩領内寺社関係文書一七通となっていた。①は、「安碩公」すなわち近世大名大関家の始祖たる大関高増が「御頂戴」となった「天文廿年九月二日」付

「宣旨二枚」（実際には口宣案写二通、四六二号）の他、黒羽藩四代藩主大関増親から同一二代藩主大関増儀にかけての歴代藩主が「御頂戴」となった「口宣案・宣旨・位記」（一一七～一四四・二〇一～二〇四・イ二二二～イ二二五号）である。③に掲げられる一通目は、徳川秀忠発給のもの（二〇九号）であるが、これは（慶長五＝一六〇〇年）一〇月二七日付であり、前掲表1のNo.10に該当する。

「御朱印箱入記〈交紋〉」が記すもう一つの「御朱印箱」＝C箱の中身は、⑦大関氏宛ての戦国期の書状四通、⑧同じく関ヶ原合戦期～近世前期の書状九通の他、⑨「御先祖様御筆類幷御日記」、⑩寛政二年（一七九〇）・同一二年・文化七年（一八一〇）の三度幕府に提出した大関家系図の控六冊、そして⑪藩政の法典とされる『創垂可継』であった。⑦は、「那須家二通」（イ五二三・イ五二五号）及び「安碩公江佐竹義重ゟ起証〔請〕文一通」（イ五二六号）・「安碩公御実父様ゟ御返書一通」（イ五二四号）であり、前掲表1のNo.1～4に該当する。⑧は、「越前宰相秀康公一通」（二九六号）及び「大久保相模守殿一通」（一九二号）・「本多弥八郎正純一通」（二九四号）・「浅野左京幸長一通」（二九五号）・「阿部豊後守一通」（一八九号）・「鈴木七右衛門重長〔信〕一通」（一九一号）・「久代勘右衛門景備二通」（イ三一三・イ三一四号）・「永井右近直勝一通」（一九〇号）であり、表1のNo.5～9・11～14に該当する。

前記①～⑪いずれも、黒羽藩主大関家にとって最も重要視されていた文書・記録等と考えられる。二つの「御朱印箱」のうちB箱に大関家の定紋、C箱に大関家の古紋がそれぞれ施されているのは、B箱の中に江戸時代の大関家と将軍あるいは朝廷との関係によって生じた文書が収められ、C箱の中に中世以来伝存してきた文書、つまり当時の大関家における古文書が収められたことと直接関係しているのではなかろうか。

四点目は、二つの「御朱印箱」の史料収納状態についてである。「御朱印箱入記〈本紋〉」によれば、B箱の内部については、叙任関係文書（一〇組）が三つの内箱に入れられ、領知朱印状（八通）は別の三つの内箱、領知目録（八通）は二つの内箱に入れられていたことがわかる。さらに雲巌寺及び黒羽藩領内寺社宛ての領知朱印状写（一七通）は二枚の包紙に包まれており、雲巌寺及び藩領内寺社関係文書（一七通）のうちの七通は、まとめて一つの紙袋に入れられていたことがわかる。その他の藩領内寺社関係文書五通（裁許状・請書等）については、一つの紙袋に収納されていたことが現存する紙袋により判明し、郷村高辻帳の控も、専用の紙袋に収納されていた（紙袋に入った状態で現存している）。

収納状態を示唆する記述が見えない御内書については、「御朱印箱入記〈本紋〉」にリストアップされている一一代藩主大関増業までの代々藩主が受給した御内書の現在の保管状態を確認すると、まず点数については全三五通（一五二一～一七九・二〇九・五三五・二二一～二四号）現存しており、「御朱印箱入記〈本紋〉」に見える一四通より二一通多く現存していることが指摘できる。これら二一通については、おそらく当時は大関家の江戸藩邸において保管されていたものと思われる。増業までの代々の藩主が受給した御内書三五通のうちの二六通、つまり七四パーセントは、一通ずつ幕府側で仕立てた封紙に入れられた状態で、さらに大関家側で仕立てた包紙に包まれている。これらの包紙については、仕立てられた正確な時期は不明ながら、「御朱印箱入記〈本紋〉」が作成されるまでには仕立てられていたものと思われる。前述の通り、（慶長五年）一〇月二七日付の徳川秀忠書状も、「御朱印箱入記〈本紋〉」では「御内書」に分類されているが、この秀忠のものについては、封紙に包まれた状態で、黒漆塗りの印籠蓋型の木箱（長さ二三・〇×幅一〇・九×高さ四・〇センチメートル）に収納されている。おそらく「御朱印箱入記〈本紋〉」が記された当時も、秀忠のものは黒漆塗りの木箱に入れられるという特別扱いがされて、その他の御内書については、現在と同様に一通ごとに封紙に収められた状態で大関家側作成の包紙に包まれて、「御朱印箱」に収納されていたものと思われる。

いずれにしても、雲巌寺及び黒羽藩領内の寺社関係の史料や郷村高辻帳（控）などが包紙や紙袋に入れられていたのに対して、大関家と将軍あるいは朝廷との関係によって受給した領知朱印状・領知目録や叙任関係文書についていては、内箱に入れられていたのであり、大関家においてより重要視されて厳重な保存措置がとられていたと考えられよう。

因に、「御朱印箱入記〈本紋〉」の異筆部分の黒羽藩一二代藩主大関増儀が「文政九年十二月十六日」に「御頂戴」となった叙任関係文書については、「右一箱入」と記されている。その内箱に相当すると考えられる木箱は現存しており、印籠蓋型の桐箱（長さ四五・四×幅一五・一×高さ八・五センチメートル）で、蓋には「口宣」と墨書されている。現在、この木箱には、増儀宛ての叙任関係文書（二〇一～二〇四号）及び次代（一三代）藩主増昭宛てのそれ（二〇五～二〇八号）がそれぞれ当時の紙袋に収められて収納されている。

C箱内部の史料収納状態については、まず戦国期の書状及び関ヶ原合戦期～近世前期の書状計一三通が一括して内箱に入れられていたことがわかる。「御先祖様御筆類幷御日記」と『創垂可継』（七六二～七八二号）は、それぞれ鍵付きの内箱に入れられており、『創垂可継』の入った内箱は封印もされていたことが判明する。それに対して、寛政二年（一七九〇）・同一二年・文化七年（一八一〇）の三度幕府に提出した大関家系図の控六冊（二七一～二七六号）は、一つの紙袋に入れられていたのであって[8]、B箱の収納状態同様、C箱内においても、収納史料についての重要度の点で一様ではなかったことがうかがえる。

以上、B・C箱ともに、その中身の史料が内箱や包紙、紙袋に小分けで収納されていたことを明らかにし、その収納のあり方には大関家がそれぞれの史料に対して重要視していた度合いの差が反映していたことにも言及した。なお、この二つの「御朱印箱」（B・C箱）には鍵がかけられるようになっており、文化・文政期に黒羽藩一一代藩主大関増業が編纂した『創垂可継』所収の『諸職条約』（七七三号）によれば、その鍵は大関家の月番家老預かりとなっていた。

五点目として、「御朱印箱」はいつ頃誂えられたのか、また江戸時代を通じて二つ存在していたのかということについて考える。この点について直接物語る史料は管見の限りでは見当たらないが、「御朱印箱入記〈交紋〉」にリストアップされている史料名が示唆的である。「御交紋附」きの「御朱印箱」（C箱）に文化・文政期段階で収納されていた史料として、最初に「方々ら之御書翰」一三通が記されているが、その中に「阿部豊後守一通」が含まれている。これは（寛文元＝一六六一年）一二月二九日付江戸幕府老中奉書である（表1の№14）。「方々ら之御書翰」一三通のうち一二通が戦国期〜関ヶ原合戦期（慶長五・六年）の史料であるのに、それより約六〇年もの年月を隔てたこの一通が同様に位置づけられているのはなぜであろうか。この「阿部豊後守一通」すなわち江戸幕府老中奉書は、黒羽藩四代藩主大関増親に宛てて、その弟主馬助（増栄）を養子とすることを承認するという内容を有するものであり、その結果、増栄は兄増親の養子となり、寛文二年、五代藩主に就任したのである。(9)前節で考察した通り、本老中奉書や戦国期〜関ヶ原合戦期文書などについては、大関家において寛文四年の領知朱印改めを契機として、包紙を仕立てるといった史料保存措置がとられていたのであり、当時の藩主大関増栄が藩主に就任した正当性を示す本老中奉書は、自家の由緒を示す戦国期〜関ヶ原合戦期文書と同様の価値を持つものと同家内で認識されていたと考えることができる。

この寛文四年時点の黒羽藩主の正当性を示す老中奉書が戦国期〜関ヶ原合戦期文書と同列に保管されるという状況は、「御朱印箱入記〈交紋〉」が作成された文化・文政期に生じたものではなく、寛文四年の領知朱印改めを機として包紙が仕立てられたことと連動しているものと考えられる。寛文四年の領知朱印状受給の前後の頃に、戦国期〜関ヶ原合戦期文書及び寛文元年の老中奉書を一つのまとまりとして保管するという措置がとられたのではなかろうか。その際、領知朱印状や叙任関係文書・御内書などとは別個に収納するべく、初めから二つの「御朱印箱」が誂えられたのか、それとも初めは一つの「御朱印箱」に両者が収納されたのかという疑問が残る。その点についての検討史料となるのが、寛延二年（一七四九）一二月一一日付で、江戸幕府の寺社奉行大岡越前守忠相から黒羽藩領益子村（現栃木県益子町）の鶏足寺（曹洞宗）及び同村の観音寺（真言宗）宛てに発給された裁許状やこの二寺から出された請書等（九二～九五号、前記⑥雲巌寺及び藩領内寺社関係文書一七通のうち）が収納されている紙袋である。すなわちその裏面には「宝暦三年酉六月廿六日、御朱印長持江入ル」と墨書されている。この紙袋及び収納文書は、文化・文政期の「御本紋附」き「御朱印箱」（B箱）の収納史料を記録した「御朱印箱入記〈本紋〉」に記載されているので、寛延二年段階の文書が、四年後にいわば現用文書から非現用文書となって、宝暦三年（一七五三）六月にB箱に収納されたという可能性もあるかと思うが、前記紙袋裏面墨書に見えるように、「御朱印長持」へ入れたというのである。

宮内悊『箱』[10]は、櫃について「蓋を上に向けて開閉する形式の容器の中で、家具のスケールのものを指し、それより小さなものが箱である」と規定し、長持は櫃の中でも大きなものとして、写真入りで七点実例をあげている。そこに記されている長持の寸法は、小さいものでも長さ八二・八×幅四七・〇×高さ五二・二センチメートルで、他は皆長さが一〇〇センチメートルを越えており、特に大きいものは長さ一七四・八×幅七六・五×高さ一〇〇・四センチメートルというものであり、長さ五七・三×幅四一・五×高さ四四・〇センチメートルという寸法のB箱（桐製の櫃）を「長持」と呼ぶには無理があろう。宝暦三年時点で、B・C箱とは別に、「御朱印長持」と呼称される長持が存在していたと考えるべきであろう。

寛文四年（一六六四）の領知朱印状受給の前後の頃に、B箱やC箱よりも大きめの長持が誂えられて、その中に領知朱印状・領知目録や戦国期～関ヶ原合戦期文書などが収納されて、「御朱印長持」と呼称されていた可能性があるが、あるいは最初はもう少し小さめの櫃に収納していたのが、その後の収納史料の増加により、長持に替えられたという可能性もあろう。そしてこの「御朱印長持」にも順次、収納史料が増えていき、例えば宝暦三年六月には、前記寛延二年の裁許状・請書等も追加収納されたのである。

その後、江戸時代中後期、遅くとも「御朱印箱入記」が作成された文化・文政期の一一代藩主大関増業の代までには、少し小さめの二つの櫃、つまりB・C箱が新たに誂えられて、「御朱印長持」からこの二つの櫃に収納史料の移し替えが行われたものと考えられ、それにともなってこの二つの桐製の櫃が「御朱印箱」と呼称されることとなったのではないだろうか。「御朱印長持」からB・C箱への移し替えの時期については、「御朱印虫干出席古帳」(二二一号)の宝暦一〇年(一七六〇)八月八日の記録部分に「御朱印箱改」と記されているので、宝暦一〇年八月八日の時点では「御朱印箱」が存在していたことが知られる。宝暦三年六月二六日以降、同一〇年八月八日以前に、「御朱印長持」から二つの「御朱印箱」(B・C箱)に重要史料の移し替えがなされたものと考えられよう。この移し替えの理由としては、時代の推移とともに、保存すべき重要史料も増加し、一つの長持よりは二つの櫃の方がより多くの史料を収納できた可能性があること、及び大きめな長持よりはやや小さめな櫃(B・C箱)の方が史料の整理及び出納という点で使い易いからと思われる。

三　「御朱印箱」の保存措置

前節で述べた二つの「御朱印箱」(B・C箱)もしくは「御朱印長持」に収納されている領知朱印状以下の重要史料を対象として、江戸時代の大関家では毎年虫干し作業を実施しており、「御朱印虫干」と呼ばれていた[11]。その際、黒羽藩の重臣らが立ち合うこととなっており、毎年の「御朱印虫干」作業の実施期日とその時に立ち合った藩士の名前を記録した「御朱印虫干出席古帳」(二二一号)及び「御朱印虫干出席帳」(二二〇号)という二点の横帳が現存している(以下、それぞれ「古帳」「出席帳」と略記する)。

そのうち「古帳」の一丁目には、最初に「御朱印虫干之時立合」と書かれ、その後に「浄法寺図書(高勝)・

興野権右衛門（勝継）・金枝源兵衛・益子又蔵（信要）・鈴木武助（正生）・益子久右衛門・木須文右衛門（資矩）・服部五郎左衛門（広長）・稲沢八左衛門（貞朝）・平野又市」と、虫干し作業に立ち合った黒羽藩士の名前が列記されている。その後に「巳六月十日」とあり、最後に「御広間当番」として「丸田与右衛門（秀継）・倉井源左衛門（長弘）」という二名が記されている。「巳」とその後の丁に記される年号を併せ考えると、一丁目が元禄二年（一六八九）の記録であることがわかる。つまり大関家において「御朱印箱」もしくは「御朱印長持」の中身の重要史料を対象として実施された虫干し作業は、記録上は元禄二年六月一〇日が最古のものとなる。これら二点の横帳には、「御朱印虫干」以外にも、「御用」等で「御朱印」箱を「開」いたり、「御拝見」した際の黒羽藩士の「立合」記録も含まれており、そうした記述も含めれば、「古帳」には元禄二年六月から文化一二年（一八一五）九月まで、「出席帳」には文政六年（一八二三）一〇月から明治二年（一八六九）七月までの記録がある。[12] そして「御朱印虫干」作業については、元禄二年以降慶応元年（一八六五）までほとんど毎年実施されていたことが判明する。

「御朱印虫干」の実施場所については、「古帳」の正徳五年（一七一五）七月二三日の記録に一三名の「立合」者が列記された後、「右者御在国立合」と記されているように、国許（黒羽）において実施されていたことがわかる。国許であればその場所は当然黒羽城内となるが、前記「古帳」元禄二年六月一〇日の記録以下多くの記録に、「立合」者とは別に「御広間当番」という立場の者が記載されているので、基本的には黒羽城本丸御殿の「御広間」（大広間）において実施されていたものと考えられる。本丸御殿内の構成については、南側に「大広間」「御書院」などの「表御座敷向」（役所の部分）があり、その北側に「御居間」などの「御内向」（藩主が起居する殿舎）が位置し、さらにその北側に「女中部ヤ」などの奥、その東側に「御料理ノ間」「御台所」などからなる「御台所向」というスペースが配されていた。[13]「御広間」（大広間）は、本丸御殿の南東部分の「御玄関」から入ってすぐのところに位置する板敷の部屋であった。ただし享保七年（一七二二）以降、「御朱印虫干」作業は場所を大広間から書院（本丸御殿の南端）に替えて実施されることが多くなり、それ以外にも藩主の居間（本丸御殿の南西部）で行われることもあり、また、一九世紀には本丸から外（二の丸＝北城あたりか）に運び出されて「御朱印虫干」作業となることもあったようである。(14)

第二節で述べたように、二つの「御朱印箱」には鍵がかけられるようになっていたが、それだけではなく、封印もなされていた。「御朱印虫干」の際は、藩主（大関氏）もしくは藩の家老がこの封印を切って、「御朱印箱」を開けていたのであり、「御朱印虫干」終了後には、再び藩主の「御直封」とすることになっていた。(15)「御朱印虫干」の実施時期については、「御朱印土用干」という文言が見えるように、夏の土用（旧暦六月）の頃もしくは七月頃に行われている事例が多いが、文政期以降はその限りでなく、さまざまな月に実施されている。

「御朱印虫干」の担当者については、大関増業が黒羽藩主在任中（文化八＝一八一一年一一月～文政七＝一八二四年七月）に編纂した『創垂可継』所収『年中行事』（七六六号）では郷奉行・台所役と規定されている。しかし、実際の「古帳」「出席帳」では「立合」者とは別に「御広間当番」「御広間番衆」とか「御本城当番」「当番給人」などと記される一名ないし数名の藩士が明記されており、彼らが「御朱印虫干」を担当していたと考えられよう。その中で例えば、本節初めに引用した元禄二年六月一〇日の記録に見える「御広間当番」の二名については、『創垂可継』所収の『諸臣系略』（七八二号）という大関家家臣団の家譜によれば、丸田与右衛門は「中老・物頭までに昇る」、倉井源左衛門は「百五十石十人扶持をあたえられ、大目付を勤」と記されており、役職としては郷奉行・台所役より上位と考えられる。それに対して、同じく元禄二年六月一〇日の記録に見える「立合」者一〇名中の最後から三人目の服部五郎左衛門は郷奉行で、最後の二名、稲沢八左衛門と平野又市は台所役であったことが前記『諸臣系略』から確認できる。他の年の記録を見ても、管見の限りでは「御朱印虫干」の「当番」をつとめた人物の役職が郷奉行や台所役であることが判明する事例はきわめて数少ないのであり、前記『年中行事』の規定は、あくまでも一一代藩主大関増業の主導による「御朱印虫干」の実施状態を示すものと考えられよう（ただし、前述の通り、増業の藩主在任中にあたる文化一三年～文政五年の「御朱印虫干」の記録は現存しない）。

「御朱印虫干」の「立合」者について、「古帳」には人名が記されるだけで役職名の記載はないが、「出席帳」の多くの記録には役職名も付記されている。それによれば、家老・物頭・大吟味役・大目付・郷奉行・台所役といった役職名が確認でき、これらは前記『年中行事』に記される「御朱印虫干」に立ち合うべき役職名とほぼ一致する。また、「古帳」及び「出席帳」には、本来「立合」うべき役職に就いていながら、欠席となった人物の名前とその理由も記され、欠席の理由としては「病気」や「忌中」「江戸」（江戸勤番）「大坂」（大坂勤番）「湯本御用」「湯治御暇」「伊勢参宮」「看病御暇」などが確認できる。

ここまで「御朱印箱」内の重要史料の虫干しについて検討してきたが、次に「御朱印箱」の保管形態について考察する。藩主に帰属する「藩侯の文書」の多くは、他の「藩庁の文書」とは区別されて、特定の宝蔵に収納されるなどのかたちがとられていたものと思われ[16]、「御朱印箱」（もしくは「御朱印長持」）の収蔵場所についても、同様に考えてよかろう。『創垂可継』所収『居館規矩』（七六八号）に掲載されている「御本城御住居全図」には、黒羽城本丸御殿の西側部分、藩主の「御居間」の北側に「御文庫」という場所が奥の一角（南西端）として記載されているので、この図がつくられた文化・文政期においては、当「御文庫」が「御朱印箱」の保管場所であった蓋然性が高いと思われ、他の時期においても同様の空間に保管されていたのであろう[17]。さらに、「出席帳」の天保九年（一八三八）四月九日の記録に「御用ニ而御長持開ニ付、立合」と書かれているので、通常二つの

「御朱印箱」は、より厳重な保管のために長持に収納されていたものと考えられる。

ところで、例えば「古帳」の宝暦一〇年（一七六〇）八月二三日の記録に「御朱印江戸為御登ニ付、立合」と見えるように、将軍の代替わりにともなう領知朱印改めに関わって、「御朱印箱」に収納されている最重要史料の中から必要書類が、黒羽城から江戸藩邸へ運搬されるところとなった。この宝暦一〇年八月の運搬時の様子について断片的に物語る史料が、「古帳」の同年八月八日の記録であり、ここには「御朱印江戸御登せ長持寸法不相知候付、立合」と書かれ、その後に五名の藩士名と二名の「当番給人」名が列記されて、さらに「御朱印箱改ニ付、作事大野郡太夫相詰」と書かれている。「御朱印箱」とは別に「長持」と記されており、この「長持」は、通常「御朱印箱」に収納されている最重要史料の中から必要書類を江戸藩邸へ運搬するのに使用された長持と考えられよう。では、江戸藩邸へ運ばれる重要書類は長持に直接収納されていたのであろうか。

この点に関わって、藤實久美子氏は、肥前国大村藩主大村家の事例などにより、領知朱印改めで必要とされた史料や、それらの収納用に幕府の指示に基づき大名家側で用意した箱について次のように述べている[18]。すなわち同改めで必要とされたのは、ⅰ歴代の徳川将軍から受給した全ての領知判物・領知朱印状（原本）、ⅱ改めに一番近い時期の領知目録（原本）、ⅲ領知判物または領知朱印状（ⅰ）の写、ⅳ領知目録（ⅱ）の写、ⅴ郷村帳・同控、ⅵ差出目録（領知目録記載の国郡村のうち幕府に収公された箇所を書き上げた目録）、ⅶ村寄目録、ⅷ手目録（改め用に提出する書類を箇条書きにした目録）の八種類であった。そのうちのⅶは、前回の領知判物（もしくは領知朱印状）及び領知目録発給後に領知替え等があったものの、未だ領知判物（もしくは領知朱印状）及び領知目録が発給されていない場合に提出することになっていた。これら八種類の書類の容器については、まず、Ⅰ前記ⅰを入れる判物・朱印入箱（内箱）とⅡ判物・朱印入箱（外箱）、Ⅲ領知目録入箱（前記ⅱを収納）、Ⅳ判物・朱印・領知目録写入箱（前記ⅲ・ⅳを収納）、Ⅴ村寄目録入箱（ⅶが作成された場合に収納）、Ⅵ郷村帳・同控入箱（前記ⅴを収納）があった。前記箱Ⅱには黒塗りの錠前が一つ付き、「収納にあたっては、革の覆いを掛けてその口を締めて封印をする」こととなっており、「輸送時には水除けのための雨桐油を掛け」た。箱Ⅲの「収納にあたっては判物・朱印入箱の外箱（前掲の箱Ⅱ）の下部に置き、外側を一緒に紫縮緬袷服紗で包み、封印する」ことになっていた。箱Ⅳには、差出目録（前記ⅵ）・手目録（前記ⅷ）も中に入れて、「外側は浅黄羽二重の袷服紗で包み、封印を」していた。そして箱Ⅰ～箱Ⅵを収納するⅦ惣上箱（櫃）があり、長持とも呼ばれていた。この箱Ⅶの「附属品に鍵、水除け用の油単、木枠、屋根、かつぎ棒、居台、差札二枚があ」り、「差札は大名家当主の名前を記したものと、「御判物」・「御朱印」と墨書したものであ」った。この七つの箱の他、箱Ⅱ・Ⅶの鍵を収めるⅧ鍵入箱と、江戸で郷村帳等の不備を指摘された場合を見越して新しく作成された大名家当主の印判を入れるⅨ印判箱も存在していたという。

また、大友一雄氏は安政元年（一八五四）の秋田藩で幕府発給の判物・朱印状を国許から江戸藩邸へ運搬した際の方法について次のように述べている[19]。すなわち、①九通の判物・朱印状を収納するための三段・三列からなる落とし蓋の箱を作成し、各引き出しの各仕切りに一通ずつ収納する。②文書が収められた箱を風呂敷で包み、四角い茶箱のような薬籠蓋の箱に収納。③薬籠蓋の箱に十文字に紐を架け、その結び目に封印を施す。④この封印された箱をさらに大きな箱（鍵付き）に入れて、それを水に濡れぬように油紙で包み、一面に紐を架け真ん中で結ぶ（結び目に封印）。⑤それを扇紋が施された枠に入れて、屋根付きの駕籠に仕上げたという。幕府発給の判物・朱印状等の運搬に際して、実に念入りに厳重に梱包されていたことが知られる。

黒羽藩の場合、運搬の具体的なかたちは不明であるが、重要書類を直接長持に収めたのではなく、まず書類（史料）ごとに内箱に収めた上で、厳重に梱包や封印を施してから、長持に収納していたものと考えられよう。長持にも鍵をかけ、木枠・屋根を付け、差札を立てた上で、かつぎ棒で担いで運搬していたのであろう。

おわりに

以上、下野国黒羽藩主大関家における戦国期～関ヶ原合戦期文書の整理と、それを踏まえた最重要史料の整理・収納及び虫干しの継続実施等「御朱印箱」の保存措置の実態について検討した。

簡単にまとめると、まず、大関家における戦国期～関ヶ原合戦期文書の包紙を仕立てるといった整理作業が、寛文四年の領知朱印改めを契機として、同家による黒羽領支配の正当性を主張する一環でなされたことを明らかにした。

二つめには、文化・文政期において、それら中世以来伝存してきた文書や、江戸時代の大関家と将軍あるいは朝廷との関係によって生じた文書、その他の重要史料が、内箱や包紙・紙袋等に小分け収納された上で、二つの「御朱印箱」に収められていたことを確認し、大関家にとっての最重要史料が特定の櫃に収納されるという状況が、寛文四年の領知朱印状受給頃以来のものと考えられることを述べた。併せて、最重要史料の収納容器としては、「御朱印箱」以前に「御朱印長持」が使用されていたが、宝暦三年六月以降、同一〇年八月以前に、史料の整理・出納という点などでより使い易い二つの「御朱印箱」に移し替えがなされたことも明らかにした。

三つめとしては、これら「御朱印箱」もしくは「御朱印長持」に収納される最重要史料を対象としてほぼ毎年実施されていた「御朱印虫干」について、その実施場所や実施時期・担当者・「立合」者などの実態を検討した上で、通常は二つの「御朱印箱」がより厳重な保管のために長持に収納されて、黒羽城本丸御殿内の「御文庫」に収蔵されていたと考えられることを指摘した。さらに、最重要史料中の必要書類を江戸藩邸へ運搬する際には、書類ごとに内箱に収め、梱包・封印を施し、長持に収納するなどの厳重な保管態勢をとっていたと考えられることにも言及した。

最後になるが、中世文書について考察する際には、江戸時代における中世文書の存在形態について考察することや、中世史料論の一環として什物などモノ資料も含めて考えていくことが重要であると思われ、本稿でもこうした観点をも意識しつつ論を進めてきたものの、至らぬ内容となってしまった。また、中世文書が江戸時代においてどのように大関家の家譜に収載されていったのかという問題など、扱えなかった問題も少なくない[20]。今後の課題としたい。大方のご批判をお願いいする次第である。

（1）新井敦史『下野国黒羽藩主大関氏と史料保存――「大関家文書」の世界を覗く――』（随想舎、二〇〇七年）。

（2）新井敦史「古文書・古典籍を読む3　息子（大関高増）宛ての詠存（大田原資清）書状――黒羽藩主大関家伝来の中世文書――」（『栃木県歴史文化研究会会報　歴文だより』第六〇号、二〇〇六年）。

（3）阿部能久・新井敦史「古文書めぐり　大田原市那須与一伝承館・大田原市黒羽芭蕉の館の収蔵文書」（『古文書研究』第六五号、二〇〇八年）。

（4）黒羽町芭蕉の館第一二回特別企画展図録『黒羽の戦国武将大関高増――勇剛人に越える男の聖と俗――』（黒羽町教育委員会、二〇〇二年）五一頁。

（5）前掲注（1）八七頁。

（6）藤井譲治『徳川将軍家領知宛行制の研究』（思文閣出版、二〇〇八年）第五章「寛文四年の領知朱印改め」。

（7）前掲注（1）一四四～一七一頁。

（8）この三度幕府に提出となった系図の控六冊が直接収納されている紙袋は現存しており、今もこの六冊は、当時の和紙でつくられた丈夫な紙袋に入れられている。

（9）前掲注（1）六七・八六・八七頁。

（10）宮内哲『箱』（ものと人間の文化史67、法政大学出版局、一九九一年）五・六・一九七～一九九頁。

（11）青木睦「近世における史料保存管理に関する一考察――京都門跡寺院妙法院「日記」を素材として――」（『史料館研

究紀要』第二六号、一九九五年）は、江戸時代の妙法院における書籍・記録等の「虫払」「晒書」について、その対象物及び時期と天候の関係、場所と方法、担当者、収納方法、収蔵施設など具体的な運用のあり方を検討しており、渡辺浩一「存在証明文書の実践――近江八幡における「御朱印」の保管と使用――」（『国文学研究資料館紀要アーカイブズ研究篇』第六号、二〇一〇年）は、江戸時代の近江八幡町が保管していた信長・秀次・家康の朱印状等を対象とした保管・使用についての検討の中で、虫干し作業のあり方にも言及している。

(12) 管見の限りでは、文化一三年（一八一六）から文政五年（一八二二）までの記録を確認することはできない。その要因としては、「古帳」に綴られる記録の分量が相応の量になったことにともない、文化一三年、新たな横帳として記録が綴られ始めたものと考えられるが、その横帳が文政五年一〇月三日の黒羽城本丸御殿の火事（栃木県立博物館平成二二年度秋季企画展図録『改革と学問に生きた殿様――黒羽藩主大関増業――』、栃木県立博物館、二〇一〇年、五二頁）によって焼失したという可能性も想定されるのではなかろうか。それによって、翌文政六年の記録から改めて横帳に綴られていき、「出席帳」となったものと考えられる。なお、御用向手控（瀧田勝猶日記）文政五年一〇月三日条によれば（同前図録、五二頁）、同日の火事は「六半時比」（午後七時頃）本丸御殿の祐筆部屋から出火したもので、一一代藩主大関増業は休息口から女中らとともに避難し、「御朱印者権之進かつき出し」となった。つまり、二つの「御朱印箱」については、家臣が担ぎ出したため、無事であったのであり、現存するところとなっている。

(13) 黒羽芭蕉の館平成二〇年度企画展図録『黒羽藩主大関氏と菩提寺――大雄寺の宝物を中心として――』（大田原市黒羽芭蕉の館、二〇〇八年）「7　御本城御住居全図」の資料解説（五二頁）。

(14) 前掲注（1）一八八～一九〇頁。

(15) 前掲注（1）一八九頁。

(16) 笠谷和比古『近世武家文書の研究』（法政大学出版局、一九九八年）二五五頁。なお、同書が大名家文書を「藩侯の文書（家伝の文書）」と「藩庁の文書」に大別しているのに対して、福田千鶴『大名家文書の構造と機能に関する基盤的研究――津軽家文書の分析を中心に――』（平成一一年度～平成一四年度科学研究費補助金（基盤研究（C）（2））研究成果報告書、二〇〇三年）は、「藩侯の文書」を「大名家文書」として、「大名家文書」と「藩庁文書」を合わせたものを「大名文書」と定義している（七・一四頁）。

（17）ただし、『創垂可継』所収『年中行事』（七六六号）によれば、藩主の出府にともなう「御発駕」より、「御朱印」箱は黒羽城本丸御殿内の「松之間」（「表御座敷向」の「大広間」の南西方向に位置していた部屋）に「差置」かれて、「給人当番」が番を勤めることとなり、藩主が帰城すると、「表御書院二之間」において家老列座の中、「給人当番」から「御朱印請取」となって、「給人当番」は役を解かれ、「御朱印」箱も「御朱印置場所」に安置されるところとなっていた。「御文庫」が「御朱印置場所」であったものと思われる。

（18）藤實久美子「江戸時代中後期の「判物・朱印改め」について」（『学習院大学史料館紀要』第一二号、二〇〇三年）。

（19）大友一雄『江戸幕府と情報管理』（臨川書店、二〇〇三年）八二～八四頁。

（20）本稿で扱った時期以降の「御朱印箱」収納史料については、拙稿「江戸時代後期における黒羽藩主大関家の最重要史料について」（『那須文化研究』第二五号、二〇一一年）を参照願いたい。

【付記】本稿は二〇一〇年八月二七日、平成二二年度科学研究費補助金・基盤研究（B）「幕藩政アーカイブズの総合的調査・研究」第二回研究会（於国文学研究資料館）で口頭発表した内容をもとに、その一部を成稿したものである。口頭発表の機会を与えていただいた高橋実氏や、研究会において貴重なご意見・ご教示をいただいた青木睦氏他多くの出席者に御礼を申し上げる。

新田源氏言説の構造――もう一人の猫絵の殿様・新田由良家を中心に――

山澤　学

はじめに

小稿は、みずからを新田源氏の後裔とし、その貴種性を主張する言説（以下、新田源氏言説と称する）が近世から近代に果たした役割、およびその根拠となった史料のあり方について、高家新田由良家の動向を中心に解明することを目的とする。[1]

筆者は近世日光山成立史の研究において、将軍徳川家光が「東照社縁起」の叙述のなかで、将軍家を清和天皇から発した皇胤で、清和源氏、ことに前代の将軍家足利源氏に代わり天皇家を補弼すべき新田源氏とし、東照宮を天皇家の祖先神である宗廟に擬したことを解明した。[2] 新田源氏は、近世においては並び立つ者のない最高の貴種である。徳川将軍家における新田源氏言説は、古くて新しい研究上の課題である。[3]

その貴種性は、落合延孝氏[4]がとりあげた交代寄合岩松家をはじめ新田源氏を称する武家においても発動された。落合氏によれば、岩松家は、関東周辺における村々の鎮守の扁額や講中の供養塔の文字を染筆し、また除札を発行した。一八世紀末ごろから養蚕生糸がさかんになると、新田姓を名乗ることにより呪術的・宗教的機能を発揮した。とくに義寄（温純）・徳純・道純・俊純の四代が描いた猫絵は、鼠除けとなる蚕神として百姓に重宝され、俗に「新田猫」とも称された[5]。

幕末維新期以降に新田義貞は建武中興の功臣として顕彰される[6]。近代になると、新田岩松家の猫絵に擬した猫絵も数多く出現する。明治期と推定される売薬商のちらしとして刷られた猫絵には「抑此猫ハ皆新田先生画かれけるものニして専養蚕家の常に貴へき筆と云々」との文句が付され、猫絵が新田源氏を象徴するものと認識されている[7]。

富岡市立美術博物館・福沢一郎記念美術館が二〇〇六年二月四日から三月一二日まで開催した開館一〇周年記念企画展「蚕の神さまになった猫」では、各種の猫絵が多数展示されたが、そのなかに絵師の正体を未詳とする群馬県立歴史博物館所蔵の一点が含まれていた。同じ手による猫絵は群馬県内に散在するようであり、筆者も一点を収集している（図1）。その署名には「贈正一位源義貞廿五代宗裔　新田源貞康画」とある。結論を先にいうならば、この貞康こそ新田由良家の当主であった。

近世および近代の新田由良家については、幕末維新期の旧臣による新田神社創建過程を考察した巻島隆氏[8]、新田岩松家と異なって華族になれなかった武家として触れた松田敬之氏[9]の断片的な研究があるのみである。それは近代日本史学において、早くは三上参次氏[10]が由良家の始祖貞氏を新田義宗の子とする系図を否定するなど、由良家の新田源氏言説そのものを虚構としてきたことに起因する。しかし、近年の中世武家旧臣・由緒の研究[11]をふまえれば、新田源氏言説を歴史的・構造的に理解することが重要であり、そのなかで旧臣編成のあり方やその根拠としての中世文書が果たした役割も再検討する必要がある。

図1　新田貞康の猫絵

小稿では以上の視点から、新田岩松家と比較しつつ、新田由良家の近世における立場、その立場を立証する新田源氏言説のあり方ならびにその根拠としての史料のあり方、そして新田由良家の旧臣編成、華族不撰後の権威回復運動における新田源氏言説を検討する。これらを通じ、新田源氏言説の歴史的役割とそれらの根拠とされた史料のあり方を究明したい。

一　由良家と岩松家

まず由良家・岩松家の立場を概観しておく(12)。

近世において両家はともに新田源氏の嫡流を自称する。上野国新田荘（現・群馬県太田市周辺）の下司職となった新田本宗家の初代は源義家の孫の義重とされるが、実際にはじめて荘内に入ったのは義重の父義国である。義貞は義重から数えて八代目にあたるが、本宗家は南北朝内乱によってその子義顕・義興・義宗の代で終焉する。この間に四代の政義は、仁治二年（一二四一）には幕府から預かる囚人の逐電によって過怠料三〇〇〇疋を課され、また寛元二年（一二四四）には大番役勤仕のための在京中、仁和寺において六波羅探題・大番役指揮者へ無断で出家したために所領を没収された。その後の政義蟄居の地である由良郷別所に比定され、彼を開基とする群馬県太田市別所町の真言宗円福寺の境内には、政義以降の新田家の供養塔がある。

新田岩松家は、義重の子義兼の女子と足利義純との間に生まれた時兼を始祖とし、鎌倉前期に新田一族内での独立的地位を築き、本宗家が消滅した南北朝・室町期も鎌倉府体制のなかで継続した。ただし上杉禅秀の乱後には礼部・京兆の両家に分裂したが、堀越公方足利政知に組した礼部家の家純が再び統一し、文明元年（一四六九）には金山城（現・太田市）を根拠地とするようになった。しかし家宰の横瀬国繁が台頭し、ついには実権を奪われた。国繁は由良に改姓し、以後、由良郷別所に蟄居した新田政義を由良姓の始まりと称し、また義貞の子義宗の三男である貞氏の末裔と名乗った。

由良国繁は、天正一八年（一五九〇）に豊臣秀吉によって常陸牛久領に転封された。慶長三年（一五九八）正月二七日「常陸国牛久在々目録」[13]によれば、所領は居城のある牛久および柏戸《（田）》・さげ《（酒）》島・岡見（現・茨城県牛久市）・高崎・ゆわ《（岩）》崎（現・同県つくば市）・荒河（現・同県土浦市）・まミあな《（狸穴）》・たか《（高）》岡・足高・野堀（現・つくばみらい市）・かや楠（未詳）の計五四三五石であった。関ヶ原の戦い後には下総国相馬郡内に一六〇〇石余を加増され、その死後は貞繁が跡を襲う。しかし、元和七年（一六二一）三月二三日に貞繁が急逝後に無嗣とされ、改易された。

とはいえ由良家は、「旧家」であるとして翌々九年に貞繁の養子（実弟）の貞長に一〇〇〇石が与えられ、再興された。領知は、常陸国河内郡の梶内、赤塚、下原、新牧田、稲岡、中島、菅間（現・つくば市）、東猯穴、大和田、猪子（現・牛久市）、筑波郡の西狸穴、高岡、西大和田（現・つくばみらい市）の一三か村である。貞長は高家大沢基重に準じて将軍家に近侍し、寛永一六年（一六三九）に継承した子の貞房が寛文五年（一六六五）九月八日に奥高家となった。直前の寛文元年（一六六一）九月に内裏の普請奉行を命じられたさいに、その功によって霊元天皇から歌仙の手鑑、縮緬一〇巻、後水尾法皇から薫物、晒布一〇匹、東福門院徳川和子から照高院道晃筆の色紙雉子をあしらった蒔絵硯箱を賜った。以後は高家として頼繁、貞長、貞整、貞通、貞雄、貞陰、貞靖、貞時と幕末まで続いた。

一方の岩松家は、由良国繁の常陸国転封後、当主の守純が上野国山田郡桐生（現・桐生市）の竜泉庵に退去した。徳川家康の天正一八年関東転封時に書を献じて祝ったところ返書があり、子の豊純をともない川越城（現・埼玉県川越市）で拝謁して系図を台覧に供したものの、失言により帰郷を命ぜられ、新田郡一の井（現・太田市新田市野井町）の感応寺曲輪二〇石を与えられた。のちに世良田（現・太田市）に移され、寛文三年（一六六三）七月二〇日に豊純の子秀純（義純）が「新田の庶流」として下田島（現・同市下田島町）に一〇〇石を加増された。以後幕末までわずか知行高一二〇石のまま、毎年参府する交代寄合として富純、孝純（慶純）、義寄、徳純、道純、俊純と継続した。

二　新田源氏言説の源泉

つぎに由良・岩松両家が新田源氏言説を説くさいの源泉を検討する。

幕府が寛永一八年（一六四一）に命じて編纂した「寛永諸家系図伝」[14]は、嵯峨天皇が弘仁六年（八一五）「新撰姓氏録」を参考に、将軍家との血縁の遠近を基準に大名・旗本の系図を配列、収録した系図集である。もっとも高い位置に置かれたのは、清和源氏のうち源義家流、とくに「新田支流」、すなわち新田源氏であり、由良家もここに位置づけられた。同じく寛政一一年（一七九九）に編纂が開始された「寛政重修諸家譜」においても同様である。その巻末には「寛永諸家系図伝」編纂以降に召し出された家などを「新家」として掲載し、岩松家は「新家」の新田源氏とされた。近世の両家における新田源氏言説は、将軍家との間の血縁の近さを主張する。

とはいえ由良家の場合、一筋縄ではいかない。「寛政重修諸家譜」では「其家系に貞氏を義貞あるひは義宗が子とするがごとき、ひとへに家伝のみにして、官本の系図をよび諸記録に見るところなく疑ふべし、よりて義貞以上は収録せず」と、その新田源氏言説に疑義を挟まれているのである。かかる疑義の初見は、南朝に対し深い同情と追慕を寄せたことでも知られる新井白石が編んだ岩松家の家譜・系図で、享保一〇年（一七二五）三月にその門人土肥元成が跋を付した「岩松家系附録序説」[15]である。その背景には、白石みずからに建武の功臣新田義貞とその一族の流れを汲むとする系譜の自覚があったといわれている。白石は、新井家が上野国新田郡新井村（現・太田市）を本貫とし、新田義重の曾孫義兼の孫義房の第二子荒居禅師覚義に始まる「新田の支族」とする系譜を整理し、また、新田岩松家を本宗家断絶後における新田源氏の「正統」であり、同時に足利源氏の血も引く家と断じた。もちろん新井家が「新田の支族」と認められる確たる史料はない[16]。

白石は、その一方で由良家を「岩松ノ家衰ヘシ時ヲ伺ヒ、私ニ系譜ヲ造リテ、ミダリニ義貞ノ遠孫、源氏ノ正統タル由ヲ称ス」と酷評する。さらに前述した内裏普請のさいに、望みがあれば申せ、関東に沙汰しようとの東福門院の申し出に、「彼造リ置シ系図一巻」を捧げつつ「建武ノ功臣義貞ノ嫡流」と自称し、高家に推挙するよう奏上し、その結果として高家となったと明かす。

白石は、さらにつぎのように述べる。貞享～元禄年間（一六八四～一七〇四）に岩松家の義元・義雄は、江戸麹町善国寺谷（現・東京都千代田区）に住む正木新五右衛門が「新田家ノ旧記」を所持すると聞いて訪ねたところ、上西入道（新田義重）所用の「白紅幅交ノ幌衣」や「岩松代々ノ文書」多数があったというのである。

その訳を尋ねると、正木は以下のように答えた。正木の父は正木庄右衛門と言い、祖父も庄右衛門というが、はじめは新田を名乗り、下野宇都宮藩主本多正純の家中であったが、それ以上は不明であったため、亡父庄右衛門は系図を求めていた。そのころ故由良信濃守（親繁か）から所望されて文書などを披露したところ、殊のほか悦ばれ、「珍シキ物ドモヲ披見イタシテ候、貴殿ハ正シク我等ノ家ノ総領ト相見ヘテ候、系図ノ事ハ我等ノ家ニ持伝ヘ候ヲ委シク写シ進ラスベシ、又我等武運ノ為ニ候ヘバ、貴殿浪人ノ間ハ毎月五人扶持ヲ相贈リ候ベシ」といわれた。ある日に信濃守が再来して「義重ヲ新田荘ノ下司職ニ補セラレ候下文一通」を深く所望されたので、「殊ニ秘蔵ノ物」であるものの断れず、進上した。にもかかわらず、その後は程なく疎遠となり、扶持も系図のことも反故にされた。結局「大切ノ文書ヲダニ取ラレ」、その写のみが手元に残った。岩松家に対しても、先祖の分かれがわかる系図を下さるならば、文書を写して良い。

以上が正木の回答である。岩松家側は、正木家の素性も知れないので系図を渡すことに躊躇したが、結果として、高須松平義行を介し、その父尾張徳川光友による写本を転写することができた、と白石は記す。

このように、由良家も岩松家もみずからの新田源氏言説を補完するために、新田本宗家にかかわる文書や系図を博捜していたことがわかる。それらは現在、正木文書と呼ばれる中世文書群である。しかも由良家は、正木庄右衛門から新田義重の新田荘下司職補任の文書一通を簒奪した。それは、由良文書（安川繁之氏旧蔵）最古の一通である保元二年（一一五七）三月八日の左衛門督家政所下文の原本にほかならない。[17]

残りの正木文書は、享保一六年（一七三一）四月に正木新五右衛門の女子が嫁いだ医師吉田梅庵から将軍徳川吉宗の上覧に付され、献上された。[18]そのうち仁安三年（一一六八）六月二〇日新田義重譲状・置文の二通は、翌一七年閏五月一日に長楽寺へ寄進された。[19]長楽寺は、将軍家の先祖とされる新田義重の末子得川義季が開基した寺院である。

将軍吉宗は、しばしば各大名・旗本や寺社の什物を上覧している。紀伊徳川家から宗家に入った吉宗は、先祖に対する強い関心を有していたのである。[20]「寛政重修諸家譜」によれば、岩松富純は享保一六年に岩松家の系譜と文書を、ついで長楽寺宝蔵の中世文書や絵画を上覧に付している。長楽寺宝蔵の文書は宝永年間（一七〇四～一一）に新井白石によって鑑定、整理されたものである。[21]享保一六年一〇月の寺社奉行井上正之の書状によれ[22]ば、吉宗は長楽寺宝蔵の文書を「重き品」として、上箱を新造して返却している。この間に由良家でも「寛政重修諸家譜」によれば、貞長が享保一二年（一七二七）正月に足利義晴より拝領の長船長光作の昇竜の太刀、貞整が同一六年三月に新田義重所用と伝えられる小刀柄を吉宗の上覧に付している。

このように、由良家・岩松家ともに文書や絵画・刀剣などの什物を吉宗の上覧に供した。先祖の事跡をうかがう吉宗に対し、両家はこれらの文書や什物を根拠にみずからの新田源氏言説を語ったのである。中世文書は、このように具体的で確かな新田源氏言説の源泉とみなされ、それゆえに由良家、岩松家、新井白石、そして将軍吉宗までもが注目した。とはいえこの過程で正木文書の原態は破壊されたのである。

三　幕末期由良家の旧臣編成

上野国とその周辺には、新田家の旧臣を名乗る家が出現した。彼らは由良・岩松両家の新田源氏言説を支持する社会的基盤となった。岩松家の場合、落合延孝氏[23]が解明したように、享保六年（一七二一）正月を初見とし、「古来新田家由緒」、すなわち岩松家の旧臣、または新田の分流を理由とした由緒が出願され、承認する事例が現れる。それは村内身分の上昇を図る村役人級の有力百姓の出現が背景にあり、一八世紀中葉以降に増加した。彼らが結果的には岩松家の新田源氏言説を下支えしたのである。ただし類例に違わず、旧臣といってもその真偽は定かでない。この点については小稿では問題としない。

落合氏の作成した岩松家歴代による染筆石造物一覧表を再分析すると、幕末の俊純の時代にその新田源氏言説を変化させたことがわかる。前代の道純までは「新田」あるいは「新田源」と署名するが、俊純は肩書きに「新田義貞裔」「新田義貞嫡宗十八世」などと表記するのである。それは猫絵の署名においても同様である。その初見は、群馬県藤岡市中大塚の平地《へいち》神社境内にある安政三年（一八五六）正月建立の御嶽山供養塔である。楠木正成に代表される南朝功臣は幕末からさかんに顕彰される。[24]岩松家においても、南朝功臣新田義貞の子孫であることが強調され、同時に天皇の権威に結びついていった。これに対する由良家の旧臣編成の過程をつぎに見ていく。

由良家の旧臣編成は、嘉永年間（一八四八〜五四）以降、貞靖の時代に急展開したとみられる。貞靖は水戸徳川家連枝の守山松平頼亮の実子で、由良貞陰の養子となって文化一一年（一八一四）七月二二日に家督、同年九月二二日に将軍徳川家斉に初御目見し、表高家に任じられる。文政二年（一八一九）一二月二四日に高家に昇進し、嘉永五年（一八五二）五月二六日に高家肝煎となっている。[25]

嘉永六年（一八五三）四月一七日には貞靖を施主とし、由良姓の祖とされる新田政義の六百回忌法会が上野国新田郡別所村（現・太田市別所町）の円福寺において営まれ、その旧臣が「着到」した。その数は「由良入道阿義禅門六百年回忌旧臣着到帳」[26]によると約四六〇名に及ぶ。破損部を除いて郡別の内訳を示せば、上野国では新田郡（現・太田市・みどり市・伊勢崎市）一八九名、佐位郡（現・伊勢崎市）一三六名、那波郡（現・伊勢崎市）二九名、山田郡（現・桐生市・みどり市・太田市・栃木県足利市）四五名、勢多郡（現・みどり市・桐生市）二名、利根川を挟んで対岸の武蔵国では幡羅郡（現・埼玉県深谷市・熊谷市）三〇名、榛沢郡（現・深谷市）一一名、賀美郡（現・児玉郡上里町）二名、そして下野国安蘇郡船津川村（現・栃木県佐野市）一〇名となる。旧臣は、金山を中心に上野国境を越えて分布している。

当該期において、貞靖は、岩松家に先行して「新田贈大納言兼播磨守源義貞卿十九世嫡裔」を自称しはじめる。嘉永三年（一八五〇）五月には、知行所の常陸国梶内村で新田義貞を祭神とし再建中であった新田宮（新田神社、現・つくば市新牧田）の御供田二石八升余を村内の百姓雨海歓重郎に寄進している。[27]また、「新田由良御家御伝略記」[28]なる家伝も編まれている。その文中で貞靖は「当御代の御方」「従四位下由良播磨守貞靖朝臣」と記されるので、その官位表記から判断すると、天保一三年（一八四二）以降、新田政義六百回忌の翌嘉永七年（一八五四）までに成立した家伝である。この家伝では「新田由良の御家」が清和天皇から始まる新田源氏であるとする新田源氏言説が展開される。

このように、由良家は嘉永年間に常陸国内の知行所や上野国の村々における支持を引き出しつつ、着実に新田源氏、ことに新田義貞の後裔であることを岩松家に先行して強調した。かかる支持は、旧領常陸牛久領の周辺においても拡がりを見せ、旧臣が「由緒」の承認を求め始める。由良家では、当主の裏書を付す用人連署の「由緒」の免許状を発給した。

下総国猿島郡幸田村（現・茨城県坂東市）では、近世初頭に帰農し、名主を歴任した篠塚家とその分家が嘉永六年から翌七年にかけて「当家《由良家》先祖新田播磨守義貞公羽翼之臣篠塚伊賀守末流ニ而譜代臣下ニ候、就中天正年間式部大輔国繁新田金山城ゟ常州牛久城江移転之折柄、其家民間ニ罷成」ことを認められ、帯刀・苗字を免許される(29)。その免許状の裏には「新田贈大納言兼播磨守源義貞卿十九世嫡裔　従四位下侍従兼播磨守　由良源朝臣貞靖（花押）」の署名があり、新田義貞後裔の貞靖が認めたことを明記する。

篠塚本家の孫次郎、分家の平八・五郎右衛門・茂左衛門は、梶内村新田宮の春秋祭礼に毎年参詣して貞靖の目にとまったと言い、嘉永六年一〇月に呼び出しを受けた。そのさいの「乍恐以書付奉申上候(30)」では、寛永一六年（一六三九）二月ごろの「常輝院様《由良親繁》御書」、その後の「信濃守親繁様」の御書を文化二年（一八〇五）七月に焼失したものの、「往昔　新田様ゟ之拝領八幡宮御掛物一幅」は現在も所持すると訴える(31)。

さらに興味深いのは、篠塚家が以後に新田家旧臣の編成に深く関与することである。下総国相馬郡高須村（現・茨城県竜ヶ崎市・取手市）の篠塚喜右衛門（重治）・熊蔵（重政）父子は、嘉永七年に「孫次郎殿ゟ之末家」であるとし、篠塚一家（同族）とは遠路のため親交も中絶していたが、今後は「御同姓之御銘々方」と「一廉和親之御盟約」を結ぶことを誓約する(32)。また、鬼怒川沿岸にある下総国豊田郡水海道村（現・茨城県常総市）の有力な江戸廻船積問屋土井喜右衛門は、安政三年正月に「新田　義貞公江奉仕候舟田長門守殿末葉」である先祖船田道喜が寛永年間（一六二四～四四）に由良親繁に御目見したとし、「旧縁之者」である篠塚茂左衛門を介して「由緒」の免許を願い出て許された(33)。

このように、旧牛久領とその周辺における旧臣は、篠塚茂左衛門のような有力百姓がその在地からの出願を仲介して編成された。それは全国的に南朝功臣の顕彰がさかんとなった嘉永年間が画期で、由良貞靖の権威が急浮上したことになる。それはその養子で播磨赤穂藩主森家出身の貞時に引き継がれた。貞時は、慶応三年（一八六七）一〇月に円福寺を修復するために旧臣へ寄附をするように、つぎの用人連署状[34]により依頼している。

上野国新田郡別所村円福寺儀者当家祖　由良入道政義開基ニ而、代々之内古廟、殊ニ　宗良親王・国良親王両　御陵幷同院諸向都而及大破、右ニ付、修覆願出候処、当時節柄一手之世話難行届、依之、新田家江由緒有之輩者多少ニよらす寄附有之候様致度頼入もの也、

慶応三卯十月

由良信濃守内

細　谷　民　也㊞

山　口　勝　太　郎㊞

古　谷　七　郎㊞

新田家

由緒之面々江

（裏書）
「表書之通相違無之者也

由良侍従

源貞時㊞　」

この月には折しも大政奉還が実現している。由良家は、岩松家と同様に早々に朝廷へ帰順して新田に復姓し、中大夫の席に置かれる。貞時は、明治二年（一八六九）に官職・中大夫席などが廃止されても従五位を通称し、有位士族として、無位無官の新田岩松家との違いを示した[35]。この間に慶応四年（一八六八）五月には旧臣二〇人ほどを引き連れて上洛し、その途中で上野国桐生新町（現・桐生市）の新居喜右衛門が旧臣であることを認め、由緒の仮免許状を用人二名の連署により発給している[36]。明治二年一〇月七日には太政官弁事伝達所による「新田

正統取調べ」があり、新田由良家では、由良文書を含む二三七点の什物を展覧に供し、「新田正統は其方家筋に相違無之」とされたと伝承する。[37]

貞時は、明治元年（一八六八）一一月に始まる金山城跡における新田神社の創建にも強く関与し、新田源氏言説を発揮した。新田神社は新田由良家の旧臣が発起人となって同八年（一八七五）三月二一日に本殿の竣工を見た。[38]翌九年一二月一五日には新田義貞に対し、楠木正成への従三位追贈にあわせて正三位が追贈された。[39]

この新田神社創建にさいしては、新田岩松家の俊純も関心を寄せ、「新建新田公祠堂記」の碑の建立を計画した。しかし、発起人の新田由良家旧臣の間でその撰文、すなわち新田岩松家の新田源氏言説を基にした叙述が事実と距たるとして論争され、ついに断念したという。[40]ここに嘉永年間から進められた新田由良家の旧臣編成の意味が浮かびあがる。新田源氏言説は、在地の支持があってこそ、成立するものであったのである。

しかし、新田由良家には不幸な事態が進む。前当主貞靖が明治二年に八五歳の天寿を全うした四年後に貞時が五四歳で没し、その継嗣貞善は明治一〇年（一八七七）に二五歳、その跡を継いだ双生の弟貞観も明治一四年（一八八一）に二九歳で急逝したのである。残された貞観の嫡子貞成（後に義基と改名）はまだ幼少であった。相次ぐ当主の急逝に加えて、由良家は当該期旧武家の類例に漏れず財政難に陥り、しかもそのために旧臣との関係も混乱していく。従軍した西南戦争の軍費に差し支えると、明治一〇年六月に新田源氏言説に不可欠な「保元二年之御下文」（左衛門督家政所下文）や「後醍醐帝之令旨」[41]およびそのほか古書類十数点を新田郡大村（現・太田市新田大町）在住の旧臣荒牧孫三郎に二〇〇円で売却してしまった。[42]由良文書の流出・分割である。「保元二年之御下文」は、先述した正木新五右衛門から簒奪した一通にほかならない。このような売買・質入はしばしばおこなわれたようで、明治七年（一八七四）に貞善が河合徳兵衛に質入れした「家伝ノ宝物」については、明治一七年（一八八四）に購入した荒牧孫三郎が、由良家当主の代人である緑埜郡浄法寺村（現・藤岡市）の加藤浜吉から訴えられ、裁判となっている。[43]自家の新田源氏言説に不可欠な文書や什物の散逸が旧臣との関係を弛緩させていったのである。

四　新田貞康の権威回復運動

新田由良家では、明治一六年（一八八三）に貞康なる人物が若年の貞成を後見し、法制上は養子関係のない「死蹟相続」をしている。この新田貞康こそ、はじめに掲げた猫絵の絵師にほかならない。彼が相続した年に新田岩松家が華族に編入される。貞康は、これに対して新田由良家の権威回復に奔走する。つぎにこの新田貞康の活動とその新田源氏言説をみたい。

貞康の猫絵には、上部に「清和天皇十六代後胤贈正弌位新田源義貞朝臣二十五代宗孫新田源貞康印」（陽刻）、はじめに記した貞康の署名の左に「新田貞康之印」（陰刻）、「金山逸民」（陽刻）という朱の落款が押されている。これらには金山城の旧主で、かつ清和天皇の後胤新田義貞から数えて二五代目の新田源氏の正統であるという新田源氏言説の明確な主張がある。

貞康は、肥後宇土藩細川家家中である武藤又右衛門の次男で、幼名を新造、初名を義知、通称を新八郎と言い、元治元年（一八六四）の天狗党の乱にも参加した勤王派であるという。彼が新田由良家と関係をもった経緯は詳らかでない。このような養子関係は、華族制度の整備途上においても問題視されていた。すなわち華族以外の士族・平民を養子とすることは明治一六年（一八八三）六月二九日に禁じられた。[44]貞康が「死蹟相続」と言い、養子と明言しないのは、この通達を意識したものだろうか。

その前年の明治一五年（一八八二）八月七日には新田義貞に正一位が追贈され、翌一六年八月一三日に「維新以来楠木・新田・菊池・名和等南朝の忠臣を追賞し、崇祀・贈位等屢々恩賞あり、是に於て、更に此れ等諸氏の後を華族に列し、以て名族忠臣の後を顕彰」する明治政府の動きが加速した。そしてこの日に「新田氏の遠裔」と認められて華族に列せられたのは、新田岩松家の俊純であった[45]。俊純は華族令制定の翌日である翌一七年七月八日に男爵の爵位を授けられた[46]。新田由良家は、華族昇格の望みを絶たれ、新田岩松家に敗北した。

しかし、貞康は新田由良家の権威の回復に奔走していく。貞康は、明治二四年（一八九一）一一月の刊記を有する『新田文庫抜萃略伝記』[47]と題した家伝を公刊する（非売品）。これは表紙に「新田家蔵」、すなわち新田由良家伝来の史料であることを明記するとともに、「新田氏印」の朱印、裏表紙には猫絵上部と同じ清和天皇から始まる三二字の朱印が押される。その緒言には、「血統」を明らかにすることが「皇統連綿列聖相承ケ、国民皆忠孝ニ厚ク、信義ヲ重ンジ、敬神愛国ヲ志ニ深シ、是ヲ以、上　天子ヨリ下草莽ノ臣民ニ至ルマデ上下ノ秩序ヲ正フ」することに通じると説きつつ、つぎのような一節を記す。

名家タル新田ノ正統由良氏ハ下ツテ一小士族ニ編シ、其血統出所ヲ審カニセザル岩松氏（姓岩松ハ足利氏ノ一族ニシテ、時ニ新田氏ノ外戚タリシコトアリシト雖トモ、新田氏ヲ継承スベキ由緒血統ナシ、且ツ当時ノ岩松氏ハ三代将軍ノ時代ニ召シ出サレシモノニシテ、其始祖ヨリ今日ニ至ルマデ遺跡・履歴等ノ明白ナルモノハ僅カニ七代ナリトス）ハ却テ華族ニ列セラル、

「世人」が新田岩松家を「新田ノ正統」と「誤認」することを怨み、新田由良家こそが「新田ノ正統」だと主張する。天皇家、そして明治国家に元来連なる貴種という主張である。新田由良家による新田源氏言説がここに再燃し、散逸した由良文書も引用しながら新田由良家の貴種なる「血統」を解き明かすのである。

上述の新田貞康の猫絵も、使用されている朱印から判断すると、明治一六年以降のものとなる。貞康は、新田岩松家により維新前に拡げられた新田源氏の権威を象徴する猫絵を描き、在地の支持を再応獲得し、権威を回復するために配ったのである。貞康は、猫絵だけでなく書も染筆して頒布した。明治二九年（一八九六）には政府

の指令により西御荷鉾山《にしみかぼやま》山麓でミツマタ栽培の視察のため神川村万場（現・群馬県多野郡神流町）を訪れたさいに、多数の書を残したという(48)。在地に支持を求め、新田源氏言説を補強しようとしたのである。

貞康は、『新田文庫抜萃略伝記』を明治三三年（一九〇〇）六月二七日に若干記事を増補のうえ再刊する(49)。緒言の末尾には「是レ啻ニ予ガ幸福耳ニ非ズ、祖先ニ対スルノ義務ナリト信ズ」の文を加える。また、明治二年の什物・由良文書の天覧についても加筆し、皇室・明治国家との接続をさらに主張する。

しかし、形勢は不利なままであった。三上参次(50)をはじめ多くの研究者は由良家の新田源氏言説を否定し、豊国覚堂が明治三九年（一九〇六）に結成した上毛郷土史研究会の機関誌『上毛及上毛人』においても由良家の家伝を抹殺する論考が連なった。大正一一年（一九二二）には正木文書の史料紹介にあわせて新田岩松家の分家である純孝が一文を寄せ(51)、「由良一派」の「新田正伝記」（『新田文庫抜萃略伝記』）等は偽書と断じる。これに対して貞康も、大正一四年（一九二五）から同誌に「由良新田氏系統略記」と題して『新田文庫抜萃略伝記』の初版の表記を改めつつ、五回にわたり分載し(52)、権威回復に躍起となる。

このように、新田貞康は、在地からの下支えをも求めつつ、「新田ノ正統」「血統」を証明する家伝の公刊、猫絵や書の頒布などによって自家の権威回復のために活動した。貞康は、華族になれなかった、もう一人の猫絵の殿様である。そのなかで新田源氏言説は、嘉永年間を画期とする南朝功臣新田義貞の後裔という主張を含み込み、皇室・明治国家へと接続するものとして表明されていたのである。

小括

以上の考察から、新田源氏言説は以下の構造を有していたことが明らかになる。近世における新田源氏言説は、虚像・実像が入り乱れつつも、徳川将軍家の血縁に近いという自家の貴種性を説くものであった。それを立証するためには、新田家の文書である正木文書や什物など具体的な源泉の所持が不可欠であり、由良家、岩松家は、ともにそれらを博捜した。しかし、その正統性を示すうえで何よりも重要であったのは社会からの支持であり、そのために旧臣編成も不可欠であった。

開国を控え、南朝功臣の顕彰がさかんになる嘉永年間になると、由良家、ついで岩松家はともに新田義貞の後裔であることを主張するようになり、新田源氏言説が変質する。それは、天皇家との接続をも意味し、維新期には朝廷に帰順し、新田に「復姓」する。さらに士族から華族へ編入を図ったものの、新田由良家は当主の相次ぐ急逝、そして根拠となる由良文書の散逸を原因とした旧臣編成の弛緩などによって後退した。かわって新田岩松家が華族の栄を受けることになる。しかし、新田由良家の「死蹟相続」人である貞康は、その後も権威の回復に努めて皇室・明治国家へと接続する新田源氏言説を展開し、猫絵や書の頒布、家伝の公刊などを通じ社会に支持を訴えていったのである。

新田源氏言説は、社会的な支持があってこそ成立する。そのためにも正統、血統を明確にしうる文書は有効であった。新田源氏言説を証明する中世の文書は大きな意味をなし、その結果として原態を破壊され、由良文書、正木文書、そして長楽寺文書などの文書群も現在の形へと変貌した。これらの中世の文書群は、近世、そして近代の新田源氏言説のなかで意図的に形づくられ、近世・近代という歴史性を帯び、いわば再生産された文書群である。翻って中世を解くには、これらの経緯から文書を解き放ち、原態に復元していくことが重要である。これによって中世新田源氏の史実がより明確に解明されるものと予想される。

（1）明治元年以降は由良家、岩松家ともに新田に「復姓」する。小稿では新田復姓後の両家を新田由良家、新田岩松家と呼称する。

（2）拙著『日光東照宮の成立――近世日光山の「荘厳」と祭祀・組織――』（思文閣出版、二〇〇九年）。

（3）星野恒「六孫王は清和源氏に非る考追考」（『史学雑誌』一二―一、一九〇一年）、渡辺世祐「徳川氏の姓氏について」（『国史論叢』、文雅堂書店、一九五六年。初出は一九一九年）、中村孝也「新田義貞公」（『建武中興の人々』、有朋堂、一九四四年。初出は一九三三年）、笠谷和比古「徳川家康の源氏改姓問題」（『関ケ原合戦と近世の国制』、思文閣出版、二〇〇〇年。初出は一九九七年）。

（4）落合延孝『猫絵の殿様――領主のフォークロア――』（吉川弘文館、一九九六年）。

（5）猫絵の民俗学的評価は板橋春夫「新田猫と養蚕――岩松新田四代が画いた猫絵をめぐって――」（『民具マンスリー』二一―七、一九八八年）、同「新田猫その後」（『民具マンスリー』二二―五、一九八九年）、井上善治郎「新田の猫絵――養蚕と猫の民俗――」（『蚕糸科学と技術』三一―九、一九九二年）、安中市ふるさと学習館編・発行『養蚕の神々――繭の郷に育まれた信仰――』、二〇〇四年）参照。

（6）手島仁「新田義貞挙兵六百年祭の史的考察」（『群馬県立歴史博物館紀要』二七、二〇〇六年）。

（7）東京農工大学科学博物館所蔵（富岡市立美術博物館・福沢一郎記念美術館開館一〇周年記念企画展『蚕の神さまになった猫』フライヤー、二〇〇六年）。

（8）巻島隆「幕末維新期の「新田家旧臣」による新田神社創建について――新居喜左衛門日記を読む――」（『ぐんま史料研究』二四、二〇〇六年）。

（9）松田敬之「華族の選に漏れた士族達」（『芸林』四六―一、一九九七年）。

（10）三上参次「新田氏勤王事蹟（一）～（十八）」（『上毛及上毛人』一三～三一、一九一七～一九年。初出は一九一一年）。

（11）近年の成果として、とくに以下をあげる。山本英二「浪人・由緒・偽文書・苗字帯刀」（『関東近世史研究』二八、一九九〇年）、久留島浩・吉田伸之編『近世の社会集団――由緒と言説――』（山川出版社、一九九五年）、羽賀祥二『史蹟論――一九世紀日本の地域社会と歴史意識――』（名古屋大学出版会、一九九八年）、井上攻『由緒書と近世の村社会』（大河書房、二〇〇三年）、大友真一「幕末期における結城氏由緒の復興――川越藩松平大和守家と結城氏旧臣町人の動向――」（『日本史研究』四八九、二〇〇三年）、長谷川賢二「阿波足利氏の守札」（『朱』四九、二〇〇六年）、阿部能久「喜連川家と縁切寺東慶寺」（『栃木県立文書館研究紀要』一二、二〇〇八年）、泉正人「領主的「権威」と地域

――近世喜連川家を素材に――」（『国士舘大学教養論集』六五、二〇〇九年）。

(12)　以下、山本隆志『新田義貞――関東を落すことは子細なし――』（ミネルヴァ書房、二〇〇五年）、峰岸純夫『新田義貞』（吉川弘文館、二〇〇五年）、同『新田岩松氏』（中世武士選書七、戎光祥出版、二〇一一年）、高橋浩昭「上野国由良氏の権力構造」（『日本史学集録』五、一九八七年）、「寛政重修諸家譜」巻第七七・一二一六（高柳光寿他編『新訂寛政重修諸家譜』二・一八、続群書類従完成会、一九六四・六五年。以下同様）、牛久市史編さん委員会編『牛久市史』近世編（牛久市、二〇〇二年）、伊奈町史編纂委員会編『伊奈町史』史料編二近世（伊奈町、二〇〇四年）、前掲註(4)落合著書などによる。

(13)　由良文書（牛久市史編さん委員会編『牛久市史料』中世Ⅰ古文書編、牛久市、二〇〇二年）。

(14)　斎木一馬他編『寛永諸家系図伝』一（続群書類従完成会、一九八〇年）。

(15)　今泉定介編『新井白石全集』三（東京活版、一九〇六年）。なお、岩松秀純の将軍家への出仕については、天海・春日局が「深ク其沈淪ヲ憐」んで将軍家光に愁訴したものの整わず、寛文三年に老中・武蔵忍藩主（現・埼玉県行田市）阿部忠秋が改めて推挙したとする。

(16)　宮崎道生「南朝観」（『新井白石の研究』増訂版、吉川弘文館、一九六九年）。

(17)　群馬県史編さん委員会編『群馬県史』資料編四原始古代四（群馬県、一九八五年）。由良文書は現在、安川繁之氏旧蔵（現在所在不明）と東京大学文学部所蔵に分割されている。当文書は、この両者のうち最古の文書である。

(18)　峰岸純夫「正木文書」（群馬県史編さん委員会編『群馬県史』資料編五中世一、群馬県、一九七八年）。

(19)　享保一七年閏五月一日幕府老中松平乗邑・酒井忠音・松平信祝連署副状（太田市世良田町長楽寺文書、小此木輝之編『長楽寺文書』史料纂集古文書編二七、続群書類従完成会、一九九七年）。

(20)　岡崎寛徳「将軍吉宗の諸家什物上覧」（『近世武家社会の儀礼と交際』、校倉書房、二〇〇六年。初出は二〇〇三年）、拙稿「徳川将軍の『家』と日光社参」（徳川記念財団・東京都江戸東京博物館編『日光東照宮と将軍社参』、徳川記念財団、二〇一一年）。

(21)　白石の整理については、峰岸純夫「長楽寺文書」（前掲註17群馬県史編さん委員会編著書）に詳しい。

(22)　長楽寺文書（前掲註19小此木輝之編著書）。

(23) 前掲註(4)落合著書。
(24) 大濱徹也「家郷社会と神社」(桜井徳太郎・大濱徹也編『近代の神道と民俗社会』講座神道三、桜楓社、一九九一年)。
(25)「高家肝煎由良播磨守貞靖明細短冊」(独立行政法人国立公文書館所蔵、熊井保編『改訂新版江戸幕臣人名事典』、新人物往来社、一九九七年)。
(26) 太田市別所町　渡辺一正家文書(群馬県立文書館架蔵写真帳)。
(27) 嘉永三年五月「下知書之事」(つくば市梶内　中山家文書写真、谷田部の歴史編さん委員会編『谷田部の歴史』、谷田部町教育委員会、一九七五年)。
(28) つくばみらい市高岡　川原井弘家文書(前掲註12伊奈町史編纂委員会編著書)。同家は由良家知行所高岡村の名主家である。
(29) 嘉永六年一〇月由良家用人連署免許状(坂東市幸田　篠塚善一郎家文書、岩井市史編さん委員会編『岩井市史』資料近世編Ⅱ、岩井市、一九九五年。以下同様)、嘉永七年二月同免許状(渡辺嘉造伊家文書写真、渡辺かぞい『古人の独り言』、文芸社、二〇〇三年)。前者は茂左衛門家、後者は孫次郎家の家伝文書である。平野哲也「農民生活とイエ」(岩井市史編さん委員会編『岩井市史』通史編、岩井市、二〇〇一年)も参照。
(30) 篠塚善一郎家文書。
(31) この掛物は前掲註(29)渡辺著書に写真が載る。
(32) 嘉永七年「入置申一札之事」(坂東市幸田篠塚重雄家文書、前掲註29岩井市史編さん委員会編『岩井市史』資料近世編Ⅱ)。篠塚平八家の家伝文書である。
(33) 安政三年正月「乍恐以書付奉申上候」、由良家用人連署免許状(いずれも篠塚善一郎家文書)。
(34) 太田市別所町　円福寺文書(群馬県立文書館架蔵写真帳)。
(35) 前掲註(9)松田論文。
(36) 慶応四年七月由良家用人連署仮免許状(桐生市本町　新居貞雄家文書、群馬県立文書館架蔵写真帳)。
(37) 新田貞康『新田文庫抜萃略伝記』。同史料については次節で詳述する。

(38)　前掲註(8)巻島論文。
(39)　宮内庁編『明治天皇紀』三（吉川弘文館、一九六九年）明治九年一二月一五日条。なお、同年一一月七日条によれば、越前国吉田郡藤島郷三ツ屋村（現・福井県福井市）鎮座の新田義貞霊社に新政府から藤島神社の社号と別格官幣社の社格が許されたが、金山の新田神社は県社兼郷社とされた。
(40)　前掲註(8)巻島論文。
(41)　由良文書（東京大学文学部所蔵）のうち元弘三年七月一九日付の二通、建武元年と推定される三月二二日付・四月九日付の各一通の計四通の後醍醐天皇綸旨（群馬県史編さん委員会編『群馬県史』資料編六中世二、群馬県、一九八四年）と推定される。
(42)　明治一〇年六月「差出ス証書」（桐生市本町　新居宝家文書、群馬県立文書館架蔵写真帳。以下同様）。
(43)　明治一七年一〇月前橋始審裁判所「裁判言渡」（新井宝家文書）。
(44)　宮内庁編『明治天皇紀』六（吉川弘文館、一九七一年）明治一六年六月二九日条。
(45)　同右、明治一六年八月一三日条。
(46)　同右、明治一七年七月七日条。
(47)　群馬県立図書館所蔵。
(48)　無署名「新田貞康の書」（かんな文化財探訪三〇、『広報かんな』二〇〇八年正月号、二〇〇八年）。このほか己亥年（明治三二年）の銘のある一軸を確認している。
(49)　国立国会図書館近代デジタルライブラリー http://kindai.ndl.go.jp/info:ndljp/pid/897156（二〇一一年六月三〇日閲覧）。
(50)　前掲註(10)三上論文。
(51)　新田純孝「新田義貞公の血統に就て」（『上毛及上毛人』六一、一九二二年）。
(52)　新田貞康「由良新田氏系統略記（一）〜(五)」（『上毛及上毛人』一〇二〜一〇六、一九二五〜二六年）。そのはじめには豊国覚堂が付したつぎの註記がある。
建武中興の第一人者新田義貞公には挙族節義に殉し、正系全く断絶す。其傍系を引ける高孫に岩松新田、由良新田の両家あり、吾徒今更ら事新らしく其系譜の正閏を論ずる者に非ず、唯由良新田氏の伝統に就て、其の後孫の記する所を紹介し、彼此対照研究の資料に供せんとする微意のみ。因みに往年、星野耕作氏の此事を論じたる一節は、嘗て当誌に掲げたる事ありき。

第二部　政治権力と地域社会

荘園年中行事論ノート

苅米一志

序言

荘園における年中行事については、井原今朝男氏による網羅的かつ国家レベルでの考察が、すでに高い到達点を示している(1)。井原氏は特に五節供に注目し、それが朝廷から地方寺社、さらには荘園における寺社にいたるまで同一の期日に執行され、天皇を中核とする国家的な文化・民衆統合として機能したと指摘する。暦法を定めること自体が王権の発露であり、それを前提として、同一期日に同一の行事を執行させることも同断であろう。

近代国民国家の形成期における軍隊勤務、学校教育、式日祝祭などに照らしても、井原氏の主張は妥当と思うが(2)、一方の荘園住人の側から見た場合、「統合とは何を指すか」という点は必ずしも明らかでない。仮にそれを「何らかの表象を用いることにより、『未知の同胞』という幻想共同体を醸成させる機制」と考えたとしても(3)、それがどのような手順で荘園住人の心意に達するかという点が、明確ではないのである。

これとは別に、天皇という概念の使用についても問題はある。古代国家の成立以来、さまざまな行事の淵源が、天皇を中核とする朝廷にあったことは明らかであろう。それを以て、中世における文化的統合を説いたとしても、問題が融通無碍になる可能性は高い。したがって、生産的な議論のためには、「統合」の範囲やその実質的意義が問題となってくるだろう。[4]こうした点は、井原氏においても決して等閑視されていないが、より小さな地域における行事の意味や、住人諸階層における意義の差異などについては、いまだ考察の余地があるように思う。

近年では、個別行事に対する研究の深まりはもとより、中国古代における年中行事の網羅的な再検討、農村といわれる地域以外の生業暦についての研究なども見られる。[5]それらを組み込むことにより、荘園における年中行事の研究は、どのような可能性を持つのであろうか。本稿では、荘園における年中行事の研究視角と方法について、いくつかの点を指摘して、今後の足がかりとしたい。特に、①行事の起源と変遷、②行事成立の経緯、③行事の場と主体、の三点について、予備的な指摘と考察を行うこととする。

一　行事の起源と変遷

各行事の起源と変遷についての考察は必要であり、今後も古代および近世と関連づけて、考察が進められるべきことはいうまでもない。表1は、八〜一〇世紀を範囲として、在地社会での年中行事を示したものである。あくまで試作の段階にあり、[6]今後の改訂も求められるが、ここでいくつか注意すべき点をあげておきたい。

第一に、期日の問題である。行事が催される月はほぼ決まっているが、しかし期日を特定できないものも相当数存在する。期日が特定されるものは、ほとんど後世の五節供に限定されており、このことはそれが政治権力の導入によって、一律に定められたことを示すであろう。裏を返せば、古代の在地社会においては気候や動植物の推移によって季節を判断していたのであり、本格的な暦日を採用する途上にあったことになる。[7]したがって、在地における年中行事として、期日を導入する端緒は、まず五節供にあったと見るべきであろう。

中世における五節供において特徴的なのは、食物に起源をもつと見られる節料の存在であり、それは在地から公事として徴収される性格をもつ。この点で、行事成立の一つの画期となったのは、おそらく弘仁年間のことではないかと思われる。『政事要略』巻二四、年中行事九月には、九月九日節を三月三日節に准ずることを命じた「天長格抄」の官符の次に弘仁三年（八一二）九月一六日の官符を引き、天武天皇忌日のために停止されていた九月九日節を開始したことが記されている。それに際し、「五畿内志摩近江若狭紀伊淡路等国司」に対して九月九日節御贄の貢納が義務づけられている。ここにおいて九月九日節が加えられ、五節供は完全なものとなったのである。

右にあげた国には、内膳司に贄を貢納する御厨の組織があり、五節供の際には天皇の供御として魚類を献上していた。(8)五節供に際して、在地から何らかの徴収が行われることは、すでに内膳司の所管である諸国御厨において、平安前期には開始されていたのである。これは、御園において生産された蔬菜・果実についても同様であろう。(9)右の御厨・御節がやがて荘園化していくことを考えれば、諸権門における節供料（節料）の徴収は、ここに一つの起源を有すると見てよいだろう。ここでは、内廷経済による徴収が諸権門の家政機関によって模倣されるという筋道が想定できる。

第二に、期日と関連して、行事の周期性の問題である。日本民俗学によって指摘されて久しいが、六月と一二月にそれぞれ祓除・神宴が行われ、のちの水無瀬祓と除夜・追儺の前提となったこと、正月一五日（七草粥）と七月一五日（盂蘭盆）が対応すること、二月・四月・一一月の氏神祭り、などからすると、一年をいくつかに分割し、特に半年を一期とするサイクルがあるように見える。(10)仏教民俗学の常識を持ち出すまでもなく、このことは普遍宗教による行事の前提に、古層としての民間行事が存在するという現象でもある。(11)そのサイクルの基準は、祓除と神宴に顕著なように、一つには穢や罪の除去、もう一つは神祭りであろう。それが半年を一期とするということは、穢や罪が半年で以て充溢し、また神の力が同期間で衰退すると考えられたことを示している。

参考　古代の宮廷年中行事
（出典はおもに『古事類苑』神祇部・歳時部）

正月元日（四方拝、朝賀、小朝拝、元日節会）、子日（若菜摘み）、上卯日（卯杖）
正月７日　白馬節会　正月15日　踏歌節会

２月15日　彼岸会
２月中　祈年祭

３月３日　上巳祓・曲水宴

４月８日　灌仏会

５月５日　五日節会

６月中　月次祭
６月中　水無月祓

７月７日　七日節会
７月15日　盂蘭盆会

９月９日　重陽宴

10月初亥日　亥日餅

11月中　新嘗祭
12月中　仏名会
12月中　月次祭
12月晦日　追儺・節分

表1　8～10世紀の史料にみる民衆の年中行事(カッコ内は出典)

季節・月	行事 (○は民間的、△は宮廷行事からの影響、□は徴税への対応、▲は仏教の影響)
春季	○春菜摘み(万葉集・巻8－1421等)、野焼き(万葉集・巻14－3452)
正月子日	○松引(延長二年宇多法皇六十御賀屏風)
正月15日	△七草粥(宇多天皇御記)
2月	○氏神祭り(類聚三代格・寛平7年12月3日官符)、卯花祭(康保四年源高明大饗屏風)
2月初午	○田返し・荒田打ち(延喜二年中宮御屏風、康保四年源高明大饗屏風)
3月	□正税《しょうぜい》の出挙《すいこ》貸し付け。5月にも。返済は9月(茨城県鹿の子C遺跡出土漆紙文書「出挙帳」)
2月～3月	□年米を春《つ》く(公出挙の利息米を精米して京都に送るため)(霊異記・上－2)
3月3日	△桃花餅(宇多天皇御記)
夏季	
4月中	○女子が桑の葉を取る(養蚕の開始か)(霊異記・中－41)
4月中	○氏神祭り(類聚三代格・寛平7年12月3日官符)
4月15日～	▲夏安居《げあんご》(～7月15日)。僧侶を迎え、法華経を供養する(霊異記・上－11)
5月5日	△菖蒲《あやめ》の節(万葉集・巻10－1955)、五色粽《ちまき》(宇多天皇御記)、薬猟(類聚国史・巻73)
6月中	○祓除《はらえよけ》・神宴《かみあそび》(類聚三代格・貞観8年正月23日官符、延喜六年月次御屏風)
夏節	○河川での毒漁(類聚三代格・元慶6年6月3日官符)
秋季	○早稲田刈り(万葉集・巻8－1624等)・初飯(万葉集・巻8－1634)
7月7日	△七夕(棚機《たなばた》)(万葉集・巻10－2089等)、索餅《さくへい》(宇多天皇御記)
7月15日	▲盂蘭盆(康保四年源高明大饗屏風)、寺参り
7月以降	□蕎麦《そば》の播種(類聚三代格・承和6年7月21日官符)
8月以降	□大麦・小麦の播種(類聚三代格・弘仁11年7月9日官符)
秋季	○秋田刈り。仮廬《かりほ》に宿す(田居《たい》)(万葉集・巻10－2100)
冬季	
10月初亥日	△亥餅《いのこもち》(宇多天皇御記)
11月中卯日	△新嘗会《にいなめのまつり》(万葉集・巻19－4273等)
11月	○氏神祭り(類聚三代格・寛平7年12月3日官符、康保四年源高明大饗屏風)
12月	▲僧侶を招いて方広経を供養する(仏名会か)(霊異記・上－10)
12月中	○祓除《はらえよけ》・神宴《かみあそび》(類聚三代格・貞観8年正月23日官符)
12月晦日	○祖先の魂に「飲食」を供える(霊異記・下－27)、▲僧侶を招いて死者の霊魂を鎮める(霊異記・上－12)

出典：万葉集は高木市之助他校注『日本古典文學大系』4～7(岩波書店、1957～1962)、霊異記は出雲路修校注『新日本古典文学大系』30(岩波書店、1996)、屏風類は家永三郎『改訂版　上代倭絵年表』『改訂版　上代倭絵年表』(墨水書房、1966)、類聚三代格は『新訂増補国史大系』25(吉川弘文館、1952)、類聚国史は『新訂増補国史大系』5・6(吉川弘文館、1965)、宇多天皇御記は『増補史料大成』1(臨川書店、1965)による。

ここで、五節供において、桃・菖蒲・梶葉・菊など、特殊な薬効をもつ植物が随伴している点を合わせ考えてみよう。[12]これらが人体の生命力の強化をもたらすものであるとすれば、古代における年中行事とは、広義の霊力の衰退に対応する、その強化のための儀礼と言い得るかも知れない。では、仮にそういえるとして、翻って中世における年中行事には、どのような周期性と特徴が見られるであろうか。

荘園、特に村落レベルの寺社において特殊な意味づけがなされているように見えるのは、正月と九月の行事である。例えば、播磨国大部荘(東大寺領)では、正月歩射または九月九日祭を経営する免田しか持たない寺社が存在する。[13]また、筑後国瀬高下荘(徳大寺家・円勝寺領)の荘鎮守である鷹尾社においては、春(二月)・冬(一一月)の神祭に加え、九月九日会の行事が最高位に置かれている。[14]このことは、仮に領家からの行事の導入があるにせよ、在地の側がいずれの行事を受け容れるか、という選択の余地があったことを示している。また、その選択とは、在地社会の側における重要性に基づくものであろう。

薗部寿樹氏が、一五世紀の山城国伏見荘、一六世紀の和泉国日根荘の例に基づいて指摘するように、[15]在地社会においては、中世を通じて正月と九月の行事が積極的に選び取られ、定着していくように思われる。そして、現在でも多くの宮座・頭役行事は、正月と九月(旧暦)に集中的に行われるのである。[16]これはおそらく、農耕の開始と収穫祭としての意義を持つものであろう。その起源が修正会と九月九日節(重陽宴)にあるにせよ、在地社会はそれを換骨奪胎させ、独自の農耕年中行事として経営している。その結果、古代における半年一期のサイクルは、正月と九月に始点と終点を置く、一年一期のサイクルを獲得したのである。

極めて大づかみにいえば、古代の年中行事が広義の霊力を問題とするものであるのに対し、中世のそれは人間が手を加えた、直近の自然を問題とするものである。それは、近世に連なる広義の生業暦が形成されたこと、そして人間の注視すべき対象が、生産技術の発展にともなって、霊魂から自然へと拡大したことを示してはいないだろうか。このことは、技術の向上に応じ、自然開発に随伴する観念的危険性が払拭されていく中世成立期のあり方とも通じる問題であるように思われる[17]。

二　行事成立の経緯をめぐって

荘園における年中行事が、如何なる場で、如何なる主体によって行われるか、またどのような過程を踏むかという点は、重要であろう。荘園においては少なくとも、①荘鎮守と拠点寺院（領家の祈願寺）、②村落の寺堂・小社、③在地領主の氏寺・氏神という寺社が存在し、それぞれ個別の存在意義を持つ[18]。これら以外にも、個別に経営される名主百姓などのイエがあり、それらが荘園年中行事の主体となることは間違いない。これらの主体には、一定の組織と経営基盤が存在する。

すでに井原今朝男氏が指摘しているように[19]、荘園における年中行事を観察するための史料として、検注帳の類は重要である。検注においては、実地の検分と測量に基づいて検注取帳が作成され、年貢納入責任者（名主）ごとに面積をまとめる名寄の作業を経て、検注目録が作成される。検注目録の作成では、領家使・荘官および名主百姓が同席して帳簿を読み合わせ、定田および給免田の面積について交渉が行われる[20]。年中行事に関する免田もまたこの場で決定されるが、先に言及した「在地の側がいずれの行事を受け容れるか」という点が鮮明になるのは、おそらくこの読み合わせの場面においてであろう。

領家の側としては、各権門に特徴的な行事を執行させる動機づけが強いであろうし、在地の側では農事慣行をはじめとする生業暦に即した行事を望むことが多いであろう。また、前掲の①に対しては十分な免田が認可されるため、領家による行事執行の要求は通りやすいが、②に対しては免田の面積が僅少であるため、例えば五節供すべての執行を命ずることは難しくなる。ここにおいて、行事の選択がなされる可能性は極めて高いであろう。

なお、③における行事に関しては、原則として領家の干渉はおよばない。このような領家と在地のすり合わせの上に、行事が決定されるのであろうが、仮に領家の側の意志が通ったにしても、それには一定の変圧がかかることが多い。

例えば、先にも触れた筑後国瀬高下荘の鎮守・鷹尾社における例は、行事の伝播とその変容を考える点でも興味深い。同社の数ある年中行事の中でも、重要性が高いのは春（二月）・冬（一一月）の中の卯の日、および九月九日会である。[21]このうち、春・冬の行事においては深夜に舞楽が催されるが、人長舞・試楽・星指・星明などの諸要素からすると、この源流は明らかに宮中の内侍所御神楽なのである。これはもともと、一二月の中旬、宮中の内侍所（賢所）で行われる天皇臨席の神楽であり、楽所の人長（神楽人の長）が楽人の才を試みる試楽から始まり、阿知女の作法、幣・篠・弓など九種類の採物歌、韓神などの神舞で中入りとなる。その後、雑芸が行われて、夜明けに朝倉・其駒・神上などの歌で終了する。[22]荘園の鎮守における祭祀の源流の一つには、明らかに天皇臨席の宮中行事が存在するのである。

この行事が、荘鎮守としての地方神社に伝播する契機は、どこに求められるだろうか。鷹尾社は「高良別宮」とも称されており、筑後国一宮である高良玉垂宮の末社である。同社における祭祀も鷹尾社と同様であり、またそれは同じく末社の一つである三瀦郡および三瀦荘の鎮守である玉垂宮においても確認される。[23]したがって、領家から年中行事が伝播したのではなく、本末関係にそって一宮から祭祀が分有されたと考えるのが妥当であろう。[24]高良玉垂宮に宮中の内侍所御神楽が伝播する経緯については今のところ不明だが、安芸国一宮である厳島社においても同様の行事が確認されることから、[25]一〇世紀末以降、受領国司による国内神社編成の中で、神社側からの宗教的迎合として宮中行事が定着した可能性を指摘しておこう。[26]これは荘園の成立に先立って起こった現象であり、[27]立券前後の検注において、領家（徳大寺家・円勝寺）がその行事に対する免田を追認したのである。

一方、春・冬の祭礼と並ぶ九月九日会については、その内容を見る限り、もはや重陽宴の範囲を逸脱していると見なければならない。その中核は、本殿から浮殿とよばれる旅所への神輿行列であり、現在の九州地方に広く見られる「クンチ」「オクンチ」の行事に他ならない。ここには菊綿（菊の花に溜まった水滴を綿に吸わせ、延命の薬として肌に塗る）などの要素は希薄か皆無であり、九月九日という期日を除いては、宮中行事とは全く異なる神祇行事として転生していると見るべきであろう。各権門における行事の意味づけに注視しつつ、在地における行事を評価していく必要がある(28)。

以上から、二つの点を指摘しておこう。第一に、行事の伝播経路であるが、領家からの単純な下降分有以外にも、本末関係を軸とした寺社の年中行事が、荘園の立券以前に成立していた可能性は極めて高い。領家がそれを追認することも多く、この点で行事の執行は領家によるイデオロギー支配には直結しない。これら以外にも、いくつか伝播の経路を想定する必要があるだろう。

第二に、行事内容のもつ機能の多面性である。これはすでに井原氏によって指摘された行事の地域性・重層性という問題であるが、期日だけは五節供と一致していても、その内容は本来のそれとは隔絶している可能性が高い。前節にあげた、在地における正月・九月行事の重要性を想起されたい。この点については、その行事が如何なる行為・参加主体を有し、執行の過程を通してどのような機能を担ったかについて、優先的に考察がなされるべきであると思われる。

三　行事の場と行為・参加主体

先に掲げた①・②に限っていうと、そこにおける行事の行為主体および参加主体は、①の場合（荘鎮守と拠点寺院）は領家使・荘官および百姓上層としての名主など、②の場合（村落の寺堂・小社）は村落住人である名主百姓および小百姓などであろう。一般に、①の存在意義は惣荘の領域と住人の呪的鎮護、②は村落の領域と住人の呪的鎮護と考えられる。(29) したがって、同一期日に行事が主催されるにしても、それがもたらす心意の共有主体は異なってくる。

①における祭祀・修法において広く確認される祝詞や願文は、「聖朝安穏」「天下泰平」などから始まり、「領家安穏」「荘民快楽」などと続く。字面だけを追えば、天皇などの国家中枢部および国土と、荘園領主・住人および惣荘における安泰・平和が祈願されていることになる。序言に述べたように、「統合」というものを「何らかの表象を用いることにより、『未知の同胞』という幻想共同体を醸成させる機制」と考えるならば、①における行事は、王化した人民全般への共同意識を醸成させるという点で、確かに国家的な統合の契機となり得るだろう。そこでは、王法仏法相依論にも匹敵する「王法人法相依論」とでもいうべき論理が働いていると見られる。②における行事の実態を観察することは難しいが、おそらくは①におけるそれを縮小再生産した内容であろう。類推すれば、「領家安穏」「荘民快楽」に加えて、村落住人の安穏が祈願されていると見られる。ここにおいては、いわゆる国家的な次元にまで参加主体の意識がおよぶことは難しいのではないかと思われる。

再び、①に立ち戻って考えてみよう。「聖朝安穏」「天下泰平」などが祈願されるにしても、行事の参加主体を考えた場合、領家使・荘官など中央との往来を経験する人々と、あくまで在地社会にとどまる人々の間においては、それがもたらす心意は異なるのではないだろうか。つまり、名主百姓層は一方で村落にも帰属しているわけであり、そうした人々が①における行事を、領家使・荘官らと共有することは難しいのではないか。そこでは、朝廷や天皇などの想起は二義的なものにとどまるだろう。

このように考えると、名主百姓の側が行事に何を求めているか、という点を逆照射する作業が必要となる。すでに稲葉継陽氏が指摘するように、荘園政所における七夕儀礼は、七月六日の和市（相場）で最終的な夏麦納法を定める、領家と百姓の合意形成のための伝統的農耕儀礼として変容している。[30] 七夕儀礼は、領家を媒介とした宮中行事の下降分有であるが、そこに籠められた心意は、もはや乞巧奠や梶葉法楽などからは逸脱しているのである。

同様な点は、修正会や正月吉書をめぐっても、さまざまに指摘されてきた。[31] 領家は正月吉書によって荘園住人に対し、神社仏寺の修理、用水設備・農具の充足、農耕と貢納の督励などを命じ、荘鎮守および拠点寺院において開催される修正会への参加を促す。一方、名主百姓の側は、例えば備中国新見荘に見られるように、正月二日の「百姓等節」における清酒料・白酒料・餅料・飯料の免除、「百姓等歳玉紙（牛玉宝印か）」の給付、「歳男」に対する「魚肴」の饗応、正月八日の「百姓等弓事」における白酒料の免除などを望み、これを領家の当為と認識している。[32] この点で、領家と名主百姓には了解・合意の回路が存在する。

また、例えば伊予国弓削島荘は、東寺鎮守八幡宮における「神祭料」として魚年貢（もとは公事。代塩）を負担していたが、この「神祭」はすでに在地においても行われていた。東寺が弓削島荘の漁場に対して新たに年貢を賦課する際、在地における「神祭」を前提として、徴収を正当化する名目として「神祭料」が案出されたのである。[33] 神祭の期日は不明だが、経営のための免田畠も算出され、また開催に当たっては領家（東寺）から「花柄（榼の枝のようなものか）」が給付されることとなっていた。[34] 領家からの給付の要求は、一方で貢納を円滑にする勧農の一環なのである。そして、この神祭料が、やがて名主百姓の身分を保障する年貢（網庭年貢）となっていくことを考えれば、[35] 神祭は領家と名主百姓が年貢の徴収と貢納を確認し合う（互恵的でない）一種の双務契約としての機能を有する。この点で、榎原雅治氏による「公事の、季節の移ろいにあわせて産物をおさめるという行為こそが、年中行事を共同で執行し、社会の安寧についての神仏の加護を祈念しているという意識を醸成させるための核なのではないだろうか。現物であること、季節の共有意識をもてることが公事の核心である。そして公事によって生み出される一体意識が存在するからこそ、年貢の円滑な納入が果たされたのである、と考えるべきではあるまいか」との指摘は、極めて重要であると考える。(36)

以上のように考えられるとすると、荘園における年中行事は、ひとまず領家と荘園住人との関係を第一義とするものであることが確認される。この点を、第一次の「統合」と評価しても良い。しかし、荘園住人がこれを以て直ちに「未知の同胞」なるものを意識するかどうかは、多分に疑問であろう。

しかし、それにも関わらず、天下・国家・聖朝・玉体などの表象は決して無意味ではない。領家・預所および荘官は、間違いなくそうした語句を標榜しており、(37)それは名主百姓層にも極めて利用効果の高い言説となる可能性を秘めているからである。例えば、名主百姓層が預所・荘官に対してその語を使用することにより、行事に付随する免田の獲得は容易になるだろう。他にも、水田開発において「君が代」和歌群が歌われていたとする保立道久氏の指摘は、その二次的な結果を示すものかも知れない。(38)そうであるとすれば、井原氏が提起した「統合」という概念については、次の作業段階として、都鄙往来を担う中間層などにおいて、どのように達成されてきたのかという点が明らかにされなくてはならないだろう。中世初期、名主百姓—荘官—領家—院・摂関家・天皇という系列の個々の結節点において、年中行事がどのように形成され、機能したかを問う方向性が必要とされるのである。(39)

結語

本稿では、結果的に荘園成立期を重視すべきことを指摘した。

古代からの変容、荘園立券以前の行事の様態、荘園住人にとっての行事の意義、いずれもその問題に関わっている。これらについての考察の必要性は至極当然のことであり、今さら指摘すべきことでもないだろう。この他にも、生業暦との関わりや、民衆における時間意識など、考えるべき問題は多い。特に、かつて指摘した「開発をめぐる社会構造が、寺社という建造物と座的結合によって保存・記憶される」という点は、一種の神話の問題としても考えることができる(40)。おそらくは、正月儀礼などにその要素が濃厚なのであろうが(41)、それらについては後考を俟ちたい。

（1）井原今朝男「中世国家の儀礼と国役・公事」、同「中世の五節供と天皇制」（『日本中世の国政と家政』、校倉書房、一九九五年、初出一九八六年および一九九一年）。この他、中世の年中行事について代表的なものとして、遠藤元男・山中裕編『年中行事の歴史学』（弘文堂、一九八一年）、藤木久志「荘園の歳時記」（『週刊朝日百科　日本の歴史　別冊歴史の読み方9　年中行事と民俗』、朝日新聞社、一九八九年）、木村茂光「中世農村と盂蘭盆」（『日本中世・古代畠作史の研究』、校倉書房、一九九二年）、同「中世農民の四季」（『中世民衆の生活史』、青木書店、二〇〇〇年、初出一九九三年）、田中宣一『年中行事の研究』（桜楓社、一九九二年）、大日方克己『古代国家と年中行事』（吉川弘文館、一九九三年）など参照。

（2）I・ウォーラーステイン／山下範久訳『入門・世界システム分析』（藤原書店、二〇〇六年）の知見に拠る。

（3）貫成人『歴史の哲学』（勁草書房、二〇一〇年）。

（4）「統合」の概念に関しては、遠藤基郎『中世王権と王朝儀礼』（東京大学出版会、二〇〇八年）が批判を展開し、井原今朝男氏は「書評　遠藤基郎『中世王権と王朝儀礼』」（『歴史学研究』八七〇、二〇一〇年）において反批判を行っている。

（5）中村喬「九月九日重陽節――中国の年中行事に関する覚書」（『立命館文學』四七二～四、一九八四年）、林芬蓉「端午節供考――中・日民俗儀礼の比較研究」（『比較民俗研究』二、一九九〇年）、菅原嘉孝「五月五日節会（端午）の本質について」（『風俗史学』五、一九九八年）、佐々木康人「憑儀礼の淵源と構造」（『生活文化史』三九、二〇〇一年）、同「五月節供における菖蒲・薬玉の意義」（『生活文化史』五一、二〇〇七年）、吉川美春「重陽節の停廃と復旧について」

（『日本学研究』七、二〇〇四年）、橋本利光「平安時代における重陽節会について」（『風俗史学』一一、二〇〇〇年）、同「五月五日節と『日本書紀』」（『儀礼文化』三八、二〇〇七年）、中村裕一『中国古代の年中行事』第一冊（春）〜第四冊（冬）（汲古書院、二〇〇九〜一一年）、春田直紀「中世海村の生業暦」（『国立歴史民俗博物館研究報告』一五七、二〇一〇年）など参照。

（6）特に「宇多天皇御記」を史料とした五節供の行事については、実際に民間で実施されていたものか、判断に迷うところが多い。井原・前掲註（1）。古代の在地社会における祭祀については、宮城洋一郎「律令制下の村落社会における仏教受容」（『竜谷大学仏教文化研究所紀要』二二、一九八三年）、小倉慈司「古代在地祭祀の再検討」（『ヒストリア』一四四、一九九四年）、佐藤雄一「古代在地社会における信仰と律令祭祀」（『古代文化研究』一七、二〇〇九年）など参照。

（7）岡田芳朗「日本における暦の変遷」（『歴史評論』四三〇、一九八六年）、同『アジアの暦』（大修館書店、二〇〇二年）など参照。なお、儀制令春時祭田条においても、期日は特定されていない。義江彰夫「儀制令春時祭田条の一考察」（井上光貞博士還暦記念会編『古代史論叢』中巻、吉川弘文館、一九七八年）など参照。

（8）苅米「内膳司御厨の展開について」（『延喜式研究』八、一九九三年）、佐藤全敏「古代天皇の食事と贄」（『日本史研究』五〇一、二〇〇四年）、同「奈良・平安時代の贄とその貢納」（『國學院雑誌』一〇九―一一、二〇〇八年）。こうした食物を、内膳司は台盤に盛りつけ、天皇の「御節供」とした（『小右記』天元元年五月五日条）。

（9）柳沢菜々「古代の園と供御蔬菜供給」（『続日本紀研究』三八九、二〇一〇年）など参照。一方、御厨でも蔬菜・果実が生産されたであろうことは、例えば「彦火々出見尊絵巻」において、七月節料として著名な瓜が、大和国吉野御厨から送られていることからも推測される。保立道久「『彦火々出見尊絵巻』と御厨的世界」（田名網宏編『古代国家の支配と構造』、東京堂出版、一九八六年）。

（10）宮本常一『民間暦』（講談社、一九八五年、初出一九四二年）、柳田国男『年中行事覚書』（修道社、一九五五年）など参照。

（11）伊藤唯真編『仏教民俗学大系六　仏教年中行事』（名著出版、一九八六年）など参照。キリスト教文化圏における同様な現象については、田村俶「フランス中世の季節構造」（『思想』七六八、一九八八年）、新谷尚紀・関沢まゆみ『ブルターニュのパルドン祭り』（悠書館、二〇〇八年）など参照。

（12）前掲註（5）の諸論考を参照。
（13）苅米「荘鎮守をめぐる領主権力と在地社会」（『荘園社会における宗教構造』、校倉書房、二〇〇四年）。
（14）苅米「荘鎮守における組織と祭祀」（『民衆史研究』六八、二〇〇四年）。
（15）薗部寿樹「村人の一年」（鬼頭清明・今泉淑夫他『体系日本史叢書一五　生活史Ⅰ』、山川出版社、一九九四年）、同「村落の歳時記」（『日本村落史講座6』、雄山閣出版、一九九一年）、同『村落内身分と村落神話』（校倉書房、二〇〇五年）。
（16）薗部寿樹『日本の村と宮座』（高志書院、二〇一〇年）。
（17）戸田芳実「中世文化形成の前提」（『日本領主制成立史の研究』、岩波書店、一九六七年、初出一九六二年）。
（18）苅米「中世前期における地域社会と宗教秩序」（『歴史学研究』八二〇、二〇〇六年）。領家の祈願寺という概念については、坂本亮太「中世荘園と祈願寺」（『ヒストリア』一九八、二〇〇六年）参照。
（19）井原・前掲註（1）。
（20）富澤清人『中世荘園と検注』（吉川弘文館、一九九六年）。
（21）苅米・前掲註（14）。
（22）松前健「内侍所神楽の成立」（『古代伝承と宮廷祭祀』、塙書房、一九七四年）、木部英弘「内侍所御神楽成立以前の御神楽次第に関する一考察」（『日本歌謡研究』三〇、一九九〇年）。
（23）「隈家文書」永仁四年十二月日筑後国三潴郡鎮守玉垂宮幷大善寺神事記文（『鎌倉遺文』二五・一九二三八）。
（24）高良玉垂宮については、小川信「筑後国府の変遷と一宮高良社（1）（2）」（『政治経済史学』三一三～三一四、一九九二年）、中村知裕「諸国一宮の信仰圏と地域社会」（『七隈史学』三、二〇〇二年）、藤本頼人「中世国衙の一側面」（『日本歴史』六六五、二〇〇三年）など参照。
（25）「厳島神社文書」寛喜四年三月一五日厳島社御戸開節会式目（『鎌倉遺文』六・四二九七）。
（26）横井靖仁「中世成立期の神祇と王権」（『日本史研究』四七五、二〇〇二年）、上島享『日本中世社会の形成と王権』（名古屋大学出版会、二〇一〇年）など参照。また、山路興造は修正会を例として、中央の芸能的要素の伝播に、呪師や田楽法師などによる媒介を想定している。山路「修正会の変容と地方伝播」（『中世芸能の底流』、岩田書院、二〇一〇年、初出一九八八年）。なお、「宗教的迎合」という語は、苅米「中世初期における国衙と寺院」（『就実大学史学論集』二二、二〇〇七年）において使用したが、下からの権力の予期という意味で使用している。大澤眞幸『権力の予期理論』（勁草書房、一九八九年）参照。

（27）瀬高下荘の成立については、苅米・佐伯智広「『筑後鷹尾文書』年月日未詳後鳥羽院庁下文について」（『鎌倉遺文研究』一八、二〇〇六年）参照。

（28）各権門における特徴的な行事については、細川涼一「中世大安寺の年中行事」（『中央大学　經濟學論纂』三五―四、一九九四年）、福島金治「金沢称名寺の年中行事」（『金沢北条氏と称名寺』、吉川弘文館、一九九七年）、中西正幸「伊勢神宮の節供」（『國學院雜誌』一〇六―五、二〇〇五年）、三宅和朗「古代伊勢神宮の年中行事」（『史学』七二―三・四、二〇〇三年）など参照。

（29）苅米・前掲註（18）。

（30）稲葉継陽「荘園政所の七夕と夏麦納法」（『日本歴史』六三〇、二〇〇〇年）。

（31）井原・前掲註（1）、薗部・前掲註（15）などの他、遠藤基郎「モノを介する吉書」（『東北中世史研究会会報』一一、一九九九年）。

（32）『備中国新見庄史料』三三号文書。

（33）苅米「荘園社会における生業の展開と宗教支配」（『史境』五一、二〇〇五年）。当初は、一種の公事であった。

（34）『日本塩業大系』史料編一、一三二号・一七〇号文書。

（35）年貢・公事貢納が名主百姓の身分保障であることについては、網野善彦「中世の負担体系――年貢について」（永原慶二他編『中世・近世の国家と社会』、東京大学出版会、一九八六年）、薗部寿樹「中世前期の百姓身分について」（『日本史学集録』二〇、一九九四年）など参照。

（36）榎原雅治「中世後期の社会思想」（宮地正人・河内祥輔・藤井譲治・栄沢幸二編『新体系日本史四　政治社会思想史』、山川出版社、二〇一〇年）。

（37）荘鎮守や拠点寺院に対する寄進状において、これらの語句は最もよく確認される。苅米「荘園社会における寺社と宗教構造」（前掲註13著書）。

（38）　保立道久「和歌史料と水田稲作社会」（『歴史学をみつめ直す』、校倉書房、二〇〇四年）。
（39）　文化伝播において在京上番が重要であることは、すでに井原今朝男も指摘している。井原「田舎から見た天皇・摂関家」（前掲註1著書）。
（40）　苅米・前掲註（18）。超歴史的・神話的な「はじめの時」の再現・反復によってのみ、儀礼に対して聖なる意味と実在性が与えられ、「はじめの時」が繰り返される「周期」が重要視される。結果として人間は、直線的な時間ではなく、円環としての神話的時間を生きることになる。笹尾典代「『歴史的時間における神話』と『神話的時間における歴史』」（『筑波大学　地域研究』一四、一九九六年）参照。
（41）　薗部・前掲註（15）。

鎌倉期武士社会における烏帽子親子関係

山野龍太郎

はじめに

中世の武士は、主従関係・血縁関係・婚姻関係・養子関係など、多様な関係を結びながら、社会的な勢力として成長を遂げた存在だった。したがって、武士を相互に媒介する関係性の解明は、武士の活動を理解する前提の一つであり、今後も積極的に追究を進めるべき課題である。

本稿では、こうした認識に立って、武士を結びつける関係性の一つである烏帽子親子関係について検討することにしたい。烏帽子親子関係とは、武士が元服するときに結ばれる関係のことである。鎌倉期の武士は、基本的に一〇歳から一五歳ごろに元服を行っており、そうした元服の場で、烏帽子をかぶせる加冠役を勤めたのが烏帽子親である。烏帽子親は、元服を主導する重要な役回りであり、その子の将来を託すべき有力者に委嘱されるのが通例だった。こうして元服を遂げた子は烏帽子子と呼ばれて、烏帽子親と擬制的な親子関係で結ばれることになった。これが、いわゆる烏帽子親子関係である。

また、元服に当たっては、それまでの童名が廃されて、烏帽子親から仮名と実名が与えられた。その際、烏帽子親から実名の一字（偏諱）が付与されることも多く、共通する一字に着目することは、烏帽子親子関係を推測する有力な手段となる。こうして、烏帽子親子関係が成立すると、烏帽子親は烏帽子子を保護する立場となり、その関係は将来にわたって維持されたという[1]。

なお、鎌倉期の烏帽子親子関係に関する研究としては、北条氏の嫡流である得宗家が、烏帽子親子関係による一字付与を利用して、有力な御家人を統制したことが指摘されており[2]、そうした統制の主体である烏帽子親が、将軍から得宗へ移行したという見解も提示されている[3]。

これらの研究は、烏帽子親子関係を幕府政治史に位置づけて理解する志向性を有しているが、現状では烏帽子親子関係それ自体に対する認識が不足しており、まずは確実な史料をもとにして、基礎的な事実を積み上げる必要があると思われる。また、従来は一字付与の問題に関心が集まってきたが、研究史の現状では、その前提となる烏帽子親子の多面的な社会関係そのものを分析する作業が求められている。

そこで以下では、鎌倉期の元服の事例を中心にしながら、武士社会における烏帽子親子関係の実態について考察していきたいと思う[4]。

一　御家人の烏帽子親子関係

1　将軍による烏帽子親子関係

まずは、(A)将軍が烏帽子親を勤めたケースについて検討してみたい。将軍は、幕府秩序の頂点に推戴される存在であり、多くの御家人が将軍を烏帽子親に迎えることを望んでいたと思われる。そこで、具体的な事例を探ってみると、(A)①〜⑨の元服をあげることができるだろう[5]（表1）。

(A)⑥五日癸卯。武州孫子。匠作嫡男。歳十一。於御所。被加首服。相州。布衣。武州。同。越後守。式部大夫。政ー。前民部権少輔。摂津守師員。駿河前司義村。出羽前司家長。大夫判官基綱。上野介朝光等着西侍。若公水干。同侍南座。有小時。以藤内左衛門尉定員。被召之。若公被参于寝殿西向簾中。其後応召。武州参給。式部大夫。前民部権少輔。左近大夫将監佐房。左衛門大夫泰秀。右馬権助仲能等勤所役。次理髪相州。次御加冠。号北条弥四郎経時。次八条少将取御剣。授新冠賜之。退出于休所。次両国司已下人々着座庭上。将軍家出御南面。八条少将実清朝臣候御簾。次被進御引出物。御剣。御鎧。御馬等云云。其後被垂御簾。新冠已下人々。又堂上有垸飯儀。一如元三。武州退出之後。被引進竜蹄於相州。平左衛門尉盛綱為御使。又以尾藤左近将監入道。諏方兵衛尉等。今日役人面々。被賀仰云々。

ここでは、天福二年（一二三四）三月五日、幕府の御所で北条経時の元服が行われたという(A)⑥の事例を提示した。多くの御家人が西侍に着座して、所役の勤仕などに当たっており、理髪役は北条時房が勤めている。加冠役については「御加冠」と記されているため、将軍の九条頼経だったと推定される。また、烏帽子子は経時と命名されており、頼経と〝経〟の字が共通するので、一字を付与されたものと推測される。経時は、将軍を烏帽子

表1　将軍が烏帽子親を勤めたケース

(A)	和暦年月日	西暦	烏帽子親	理髪役	烏帽子子	典拠
①	治承4年10月2日	一一八〇	源頼朝		結城朝光	『吾妻鏡』
②	建久4年10月10日	一一九三	源頼朝		野本基員子息	『吾妻鏡』
③	建久5年2月2日	一一九四	源頼朝		北条泰時	『吾妻鏡』
④	建永元年10月24日	一二〇六	源実朝		名越朝時	『吾妻鏡』
⑤	建保2年10月3日	一二一四	源実朝	大内惟義	金沢実泰	『吾妻鏡』
⑥	天福2年3月5日	一二三四	九条頼経	北条時房	北条経時	『吾妻鏡』
⑦	嘉禎3年4月22日	一二三七	九条頼経	三浦義村	北条時頼	『吾妻鏡』
⑧	康元2年2月26日	一二五七	宗尊親王	赤橋長時	北条時宗	『吾妻鏡』
⑨	建治3年12月2日	一二七七	惟康親王	北条宗政	北条貞時	『建治三年記』

親に迎えて元服した人物といえるだろう。

このように、有力御家人の元服では、しばしば将軍が烏帽子親を勤めていた。これは、御家人の側でも、将軍を烏帽子親に期待する声が大きかったことの表れと考えられる。

2　将軍が指名した烏帽子親子関係

次に、(a)将軍から指名された人物が烏帽子親を勤めたケースについて検討してみたい。これは、将軍本人が烏帽子親だった事例とは区別しなければならないが、将軍が元服を主導するという意味では共通しているので、それに準ずるものとして位置づけられるだろう。その具体的な事例としては、(a)①〜③の元服をあげることができる（表2）。

(a)①十八日庚寅。北条殿三男十五歳。於御所被加首服。秉燭之程。於西侍有此儀。武州。駿河守広綱。遠江守義定。参河守範頼。江間殿。新田蔵人義兼。千葉介常胤。三浦介義澄。同十郎義連。畠山次郎重忠。小山田三郎重成。八田右衛門尉知家。足立右馬允遠元。工藤庄司景光。梶原平三景時。和田太郎義盛。土肥次郎実平。岡崎四郎義実。宇佐美三郎祐茂等着座。東上。二品出御。先三献。江間殿令取御杓給。千葉小太郎成胤相代役之。次童形依召被参進。御前蹲居。次三浦十郎義連被仰可為加冠之由。義連頻敬屈。頗有辞退之気。重仰曰。只今上首多祗候之間。辞退一旦可然。但先年御出三浦之時。故広常与義実諍論。義連依宥之無為。其心操尤被感思食キ。此小童。御台所殊憐愍給之間。至将来。欲令為方人之故。所被計仰也。此上不及子細。小山七郎朝光。八田太郎朝重取脂燭進寄。梶原源太左衛門尉景季。同平次兵衛尉景高。持参雑具。義連候加冠。名字時連五郎。云々。今夜加冠役事。兼日不被定之間。思儲之輩多雖候。当座御計。不能左右事歟。

ここでは、文治五年（一一八九）四月一八日、御所の西侍で北条時連（のちの時房）の元服が行われたという(a)

表2　将軍が烏帽子親を指名したケース

(a)	和暦年月日	西暦	烏帽子親	理髪役	烏帽子子	典拠
①	文治5年4月18日	一一八九	三浦義連		北条時房	『吾妻鏡』
②	文治5年8月12日	一一八九	小笠原長清		河村秀清	『吾妻鏡』
③	建保元年12月28日	一二一三	三浦義村		北条政村	『吾妻鏡』

①の事例を提示した。御家人が西侍に着座してから、源頼朝が出御しており、群参する御家人の中から、三浦義連を加冠役に指名している。義連は、かつて上総広常と岡崎義実の争いを仲裁したことがあり、それが評価されて烏帽子親に選ばれたという。多くの御家人が加冠役を望んでいたという記述は、烏帽子親を名誉とみる意識の表れとしても注目される。なお、烏帽子子は時連と命名されている。義連と〝連〟の字が共通しており、一字を付与されたことがうかがえる。このように、将軍が烏帽子親を指名して元服が行われるケースもあったのである。

以上のように、将軍が元服を主導する場合、みずからが烏帽子親を勤めるケースと、別の人物を烏帽子親に指名するケースの二通りがあったことが了解されるだろう。

3　北条氏による烏帽子親子関係

続いて、(B)北条氏が烏帽子親を勤めたケースについて検討してみたい。北条氏の嫡流は、有力な御家人に一字を付与したといわれており、元服において烏帽子親を勤める機会も多かったのではないかと思われる。そこで、確実な史料を探ると、(6) (B)①〜③の元服をあげることができる（表3）。

表3　北条氏が烏帽子親を勤めたケース

(B)	和暦年月日	西暦	烏帽子親	理髪役	烏帽子子	典拠
①	建久元年9月7日	一一九〇	北条時政		曾我時致	『吾妻鏡』
②	天福元年12月29日	一二三三	北条泰時		金沢実時	『吾妻鏡』
③	建長2年12月3日	一二五〇	北条時頼		六角頼綱	『吾妻鏡』

(B)②廿九日己亥。陸奥五郎子息小童。十歳。於武州御亭元服。号太郎実時。如駿河前司在座。一事以上。亭主御経営也。即又為加冠。是非兼日之構。有所存俄及此儀之由。被仰云々。

ここでは、天福元年（一二三三）一二月二九日、北条泰時の邸宅で金沢実時の元服が行われたという(B)②の事例を提示した。この元服は、亭主の泰時によって経営されており、加冠役も泰時だったことが読みとれる。よって、北条氏が烏帽子親を勤めていたことは明らかだろう。

このように、御家人の元服において、北条氏が烏帽子親を勤めるケースも少なくなかったと考えられる。

4　北条氏が指名した烏帽子親子関係

最後に、(b)北条氏から指名された人物が烏帽子親を勤めたケースについて検討してみたい。これは、本人が烏帽子親を勤めた事例とは区別されるが、どちらも元服を主導している点では共通するので、それに準ずるものとして解することができるだろう。ただし、具体的な事例としては、(b)①があげられるのみである（表4）。

(b)①廿三日甲戌。晴。酉剋。越後守実時朝臣息男十歳。於相州禅室御亭元服。号越後四郎時方。理髪丹後守頼景。加冠相模太郎。七歳。

正嘉元年（一二五七）一一月二三日、北条時頼の邸宅で金沢時方（のち顕時）の元服が行われたという。加冠役を勤めたのは北条時宗だが、当時は七歳の少年であり、元服の儀を主導するような立場にあったとは考えにくい。よって、それとは別に、時宗を烏帽子親に指名した人物がいたとみるべきだろう。それが誰かといえば、元服の場となった邸宅の持主であり、時宗

表4　北条氏が烏帽子親を指名したケース

(b)	和暦年月日	西暦	烏帽子親	理髪役	烏帽子子	典拠
①	正嘉元年11月23日	一二五七	北条時宗	関戸頼景	金沢顕時	『吾妻鏡』

の父親でもあった家督の時頼と考える以外はないだろう。つまり時頼は、自身の邸宅において元服の準備をして、息子の時宗を烏帽子親に指名したのである。

以上のように、北条氏についても、北条氏がみずから烏帽子親になるケースと、別の人物を烏帽子親に指名するケースの二通りがあったことが確認できた。

こうした北条氏の事例は、東国武士が従来から形成してきた烏帽子親子関係の作法を踏襲したものと推察される。将軍が主導した元服にも共通する性格があり、将軍や北条氏による烏帽子親子関係は、東国武士の伝統に由来するものだったと考えられる。

二　烏帽子親子関係の社会的性格

1　烏帽子親からみた元服の場

御家人の元服について、(A)将軍が烏帽子親を勤めたケース・(a)将軍が烏帽子親を指名したケース・(B)北条氏が烏帽子親を勤めたケース・(b)北条氏が烏帽子親を指名したケースに類型化したが、こうした(A)〜(b)における元服は、どのような場を利用して行われたのだろうか。ここでは、元服が主催される場に注目しながら、烏帽子親子関係の問題について考えていきたい。元服の場は、儀礼を主導する烏帽子親によって設営されるので、そうした場の特質を明らかにすることで、烏帽子親子関係の性格を見極められると考えるからである。

まずは、(A)将軍が烏帽子親を勤めたケースからみていきたい。(A)③北条泰時の元服は、「幕府」で行われたとあり、「西侍」に御家人が祗候していた。よって、御所の西侍で行われたことが判明する。また、(A)②野本基員の子息の元服も「幕府」で行われており、これも幕府の御所を指しているとみられる。(A)④名越朝時の元服は、「御所」で行われたことが明白である。(A)⑥北条経時の元服は、「御所」の「西侍」で行われている。(A)⑧北条時宗の元服は、「西侍」「二棟御所」とあるので、二棟御所の西侍で行われたことがわかる。二棟御所とは、御所の南西部分にあたる二棟造の建物である。Ⓐ⑨北条貞時の元服も、「二棟御所……西御格子、西御侍」とあり、二棟御所の西侍が用いられていた。このように、Ⓐ将軍が烏帽子親だった元服の場は、ほとんどが幕府の御所であり、とくに西侍が利用される傾向が強かったようである。

ただし、Ⓐのなかには、元服の場を特定できない事例もある。たとえば、Ⓐ⑤金沢実泰の元服や、Ⓐ⑦北条時頼の元服は、「御前」で行われているが、詳しい場所については明記されていない。しかし、Ⓐにおける元服は、ほぼ幕府の御所に限られるので、これらも将軍の御所で行われたと推断してよいだろう。このように、将軍が烏帽子親を勤めたケースでは、幕府の御所が元服の場として利用されていたのである。

次に、ⓐ将軍が烏帽子親を指定したケースをみると、ⓐ①北条時房の元服は、「御所」の「西侍」が用いられており、ⓐ③北条政村の元服も、「御所」で行われている。とすれば、将軍が烏帽子親を指名したケースでも、同様に幕府の御所が利用されていたことがわかる。

このように、Ⓐ・ⓐの元服は、幕府の御所（主に西侍）で主催される慣例が成立していたと考えられる。ちなみに西侍とは、鎌倉大番役で諸国の御家人が祗候する場であり、侍所の別当によって管轄されていたという。御家人の元服に西侍が利用されたのも、御家人を統制する侍所が奉行したことによるのだろう。

続いて、Ⓑ北条氏が烏帽子親を勤めたケースをみていきたい。Ⓑ①曾我時致の元服は、北条時政の「御前」だったとあるのみだが、『真名本曾我物語』には「北条殿の御宿所」で元服したと記されている[7]。よって、北条時政の邸宅で行われたと判断できるだろう。Ⓑ②金沢実時の元服については、「武州御亭」とあり、こちらは北条泰時の邸宅が用いられたことが確実である。Ⓑ③六角頼綱の元服は、「相州御亭」とあり、こちらも北条時頼の邸宅で行われていた。このように、北条氏が烏帽子親を勤めたケースでは、例外なく北条氏の邸宅が元服の場として利用されていたことがわかる。[8]

また、(b)北条氏が烏帽子親を指定したケースをみると、(b)①金沢顕時の元服は、「相州禅室御亭」とあり、北条時頼の邸宅で行われている。したがって、北条氏が烏帽子親を指名したケースでも、北条氏の邸宅が元服の場として利用されていたことになる。

表5　烏帽子親と元服の場

	烏帽子親	元服の場	事例
(A)	将軍	幕府の御所	②・③・④・⑥・⑧・⑨
(a)	将軍が指名	幕府の御所	①・③
(B)	北条氏	北条氏の邸宅	①・②・③
(b)	北条氏が指名	北条氏の邸宅	①

このように、(B)・(b)の元服については、北条氏の邸宅で主催される慣例が成立していたと考えられる。

以上の検討を踏まえて、(A)~(b)における元服の場をまとめると、表5のように整理できる。この表によると、烏帽子親と元服の場とのあいだには、明確な対応関係があったことが確かめられるだろう。すなわち、将軍が烏帽子親を勤仕・指名して元服が行われた場合には、幕府の御所が元服の場として用いられており、北条氏が烏帽子親を勤仕・指名した場合には、北条氏の邸宅が用いられているのである。

こうした元服の場にみられる使い分けは、烏帽子親の立場や性格の差異に対応するものと思われるので、この点を手がかりにして、さらに烏帽子親子関係の本質について分析することにしたい。

2　烏帽子親子関係成立の意味

烏帽子親を指標にして元服の場を検証した結果、(A)・(a)将軍が烏帽子親を勤仕・指名した場合には幕府の御所で行われ、(B)・(b)北条氏が烏帽子親を勤仕・指名した場合には北条氏の邸宅で行われたことが明らかになった。従来、将軍や北条氏によって主催される元服の儀は、幕府の公式な行事であると漠然と考えられてきた。しかし、烏帽子親の立場によって元服の場が異なる事実は、こうした認識にも再考を求めるものと考えられる。

ここでとくに重視したいのは、(B)・(b)の北条氏による烏帽子親子関係である。何となれば、北条氏が主導した元服の場が、北条氏の邸宅だったという事実は、北条氏による烏帽子親子関係が、邸宅に限定された私的な関係だったことを意味するからである。すなわち、北条氏が烏帽子親となった元服の儀は、幕府の公式な行事とは区別して、北条氏の私邸で営まれた私的な行事だったと解釈できるだろう。このように、烏帽子親を勤仕・指名する立場にあった北条氏は、自身の邸宅を利用して元服を行ったのであり、北条氏による烏帽子親子関係とは、そもそも私邸を基盤とする個人的な紐帯だったと位置づけられる。

とすれば、(A)・(a)の将軍による烏帽子親子関係についても、同様に解釈する余地がありそうである。将軍が元服を主導した場合、御所の西侍に御家人を動員して主催しており、一見すると公式な行事として実施されているかにみえる。しかし、北条氏の事例を参照すれば、そうしたケースでも、将軍との個人的な関係が基礎になっていた可能性が高いのではないだろうか。

ここで参考になるのが、御所でない場で行われた元服の事例である。たとえば、(A)①結城朝光の元服は、進軍中の隅田宿において、源頼朝の御前に召されて行われており、(a)②河村秀清の元服も、奥州合戦の船迫駅において、頼朝が指名した烏帽子親によって行われている。これらの元服は、戦場で急に設営されたものであり、幕府の行事らしい体裁は備わっていない。しかし、そうした形式の不備が問題になった様子もない。御家人にとって重要なのは、将軍の御前であったか否かという点であり、列参者や引出物などは、あくまで副次的な問題にすぎなかったのである。

したがって、将軍が烏帽子親となった元服の儀も、本来的には将軍と御家人との私的な関係に基づいていたと考えられる。元服の場としては、幕府の御所が利用されていくが、それも将軍の私邸と解するべきであり、将軍による烏帽子親子関係についても、やはり個人的な紐帯に基づいていたと結論づけられるだろう。

元服によって設定される烏帽子親子関係は、私邸を基盤とする個人的な交流によっていたのであり、そうした私的な性格が、元服の主催される場にも如実に反映されていたのである。

3　烏帽子親子関係と列参者

烏帽子親子は個人的な紐帯に基づくものだったが、元服の場には、烏帽子親子や親族だけでなく、それ以外の御家人も列席していた。そうした列参者は、ただ見物に集まったわけではなく、何らかの然るべき役割を帯びて配置されたものと考えられる。そこで、元服の場に列参した人々が、烏帽子親子関係の成立に果たした意義について検討することにしたい。

まずは、烏帽子親に次いで重視された理髪役を勤めた御家人があげられる。将軍が烏帽子親だった事例からみると、(A)⑧北条時宗の元服で理髪役を勤めた赤橋長時は、幕府の執権として幕政の中心にいた人物である。(A)⑥北条経時の元服で理髪役を勤めた北条時房は、幕府の連署だった人物で、やはり幕政を支えた有力者だった。(A)⑦北条時頼の元服における三浦義村や、(A)⑨北条貞時の元服における北条宗政は、幕府の評定衆として活躍していた。(A)⑤金沢実泰の元服で理髪役だった大内惟義は、西国の守護職を数多く得ており、後鳥羽上皇の信頼も厚かった指折りの御家人だった。こうした状況は、北条氏が烏帽子親を指名した場合についても同様である。(b)①金沢顕時の元服で理髪役を勤めた関戸頼景は、幕府の引付衆だった人物で、後に六波羅評定衆に転任している。このように、元服における理髪役は、幕府の重職を占める有力者から選ばれることが多かったのである。

その他にも、元服には多くの役割が設定されており、それぞれに有力な御家人を配置していた。(A)⑥北条経時の元服では、北条政村・伊具有時・大江佐房・長井泰秀・伊賀仲能が所役を勤めたとある。また、脂燭《しそく》を取って祗候する役をみると、(A)③北条泰時の元服では平賀義信・千葉常胤、(a)①北条時房の元服では結城朝光・八田知重が勤めている。いずれも将軍と縁の深い御家人であり、これらの役人は烏帽子親との関係によって選ばれたと推定される。

また、元服の際に雑具を持参する役も、有力な御家人によって勤仕されていた。(A)⑦北条時頼の元服では安達義景・大曾禰長泰、(a)①北条時房の元服では梶原景季・梶原景高が持参しており、(A)⑧北条時宗の元服では、安達泰盛が烏帽子、六角泰綱が乱箱《みだればこ》、武藤景頼が坩盃をそれぞれ持参している。また、(A)⑨北条貞時の元服でも、安達泰盛が烏帽子、京極氏信が広蓋、長井時秀が湯摩杯を担当しており、これらの役は、評定衆クラスの御家人が勤仕する先例が確立していたようである。

特定の諸役を勤めない御家人でも、元服の場に列参することは少なくなかった。(A)③北条泰時の元服では、御家人が三列に分かれて着座しており、(A)⑥北条経時の元服では、北条時房・北条泰時・名越朝時・北条政村・伊具有時・中原師員・三浦義村・中条家長・後藤基綱・結城朝光らが西侍に着座している。(A)⑧北条時宗の元服でも、連署の北条政村を始めとした御家人が西侍に着座しており、(A)⑨北条貞時の元服では、評定衆の太田康有らが末席に連なって、貴重な元服の記録を残している。もちろん北条氏が烏帽子親を勤めた場合についても同様である。(B)②金沢実時の元服では、評定衆の三浦義村が列参しており、(B)③六角頼綱の元服では、一門衆が群参して所役に従って、連署の極楽寺重時や寄合衆の安達義景らが参会したという。

このように、元服の場には、一族を含めた多くの御家人が参加していたのである。先に烏帽子親子関係の性格について、個人的な紐帯に基づいていたことを指摘したが、元服は必ずしも個人的な関係者のみで完結していたわけではない。むしろ、多くの御家人を元服の場に同席させて、烏帽子親子の関係が成立するのを見守らせることで、社会的な関係として承認されるものだったのではないか。こうした列参者の招集は、元服の場を提供する烏帽子親が主体となって、烏帽子子の一族とも連携しながら進めていたと推察される。御家人たちが、将軍を烏帽子親に迎えることを望んだ背景には、幕府の御所を利用して、多くの御家人に披露される形式に魅力を感じていたこともあったのだろう。

烏帽子親子関係は、元服の場で人々に支持されることで、正当な関係として認められたのであり、元服に列参した御家人は、烏帽子親子の個人的な紐帯を、社会的な関係へと昇華させる役割を担っていたのである。

三　烏帽子親子関係の広がり

1　烏帽子親子関係の契機

烏帽子親子関係は、どのような関係を契機として結ばれたのだろうか。ここでは、烏帽子親が選ばれた背景について考えていきたい。

烏帽子親が決定される契機として、もっとも多かったのは、親族の推挙によって烏帽子親子が対面するケースだったと思われる。まずは、乳母を通じた関係によって烏帽子親となった事例があげられる。(A)①の結城朝光は、母の寒河尼に連れられて、源頼朝の御前で元服を遂げている。寒河尼は、源頼朝の乳母だった人物であり、この場合は乳兄弟のあいだで烏帽子親子関係が結ばれたことになる。このように、乳母を通じた関係が契機となって、烏帽子親が選ばれるケースがあったのである。

次に、妻を通じた関係によって烏帽子親子関係が結ばれた事例が指摘できる。(a)①の北条時房は、頼朝が烏帽子親を指名して元服を遂げているが、『吾妻鏡』の記述によれば、時房は北条政子が特別に目を掛けている小童だったという。とすれば、政子の希望によって、夫の頼朝に烏帽子親の選定が託されたと推量できるのではないか。この場合は、妻を通じた関係が契機となって、烏帽子親が定められたケースといえるだろう。

さらに、義父などの親族関係を通じて烏帽子親が選ばれた事例も考えられる。(A)③の北条泰時は、頼朝を烏帽子親として元服しているが、当日は祖父の時政に連れられて参着したという。この関係が象徴しているように、泰時の元服で奔走したのは時政であり、おそらく頼朝に働きかけて烏帽子親の了解を得たものと思われる。時政は、頼朝の義父なので、こうした関係が烏帽子親の選択にも意味を持ったのだろう。また、泰時の母は「御所女房阿波局」であり、将軍の御所に祗候する女房だった[9]。とすれば、こうした母を通じた関係が、烏帽子親の決定に作用していた可能性も否定できないだろう。

烏帽子親の決定に、兄弟を通じた関係が影響することもあった。(B)①の曾我時致は、兄の祐成が北条時政に参勤していた関係から、北条時政の邸宅に連れられて元服を遂げている。この場合は、兄が仲介役になって、主人と仰ぐ人物に烏帽子親を依頼したことになる。このように、兄弟を通じた関係が媒体となって、烏帽子親が決められるケースもあった。烏帽子親子関係は、さまざまな親族関係を契機として結ばれるものだったのである。

こうした関係とは別に、幕府の職務を通じた交流によって、烏帽子親子関係が結ばれたケースも散見される。北条氏の嫡流は、歴代の将軍と烏帽子親子関係を結んでいたが、(A)⑥北条経時、(A)⑦北条時頼、(A)⑧北条時宗、(A)⑨北条貞時については、摂家将軍や親王将軍の時代であり、親族関係を直接の契機にしたものとは思われない。この場合は、日常的な職務を通じた交流を重視するべきだろう。北条氏は、幕府の執権として将軍に接することが多く、子息の元服にあたって烏帽子親を依頼するのが容易な立場にあった。これらは、幕府の職務に基づいた烏帽子親子関係の成立として把握できるだろう。

一方、京都の六波羅探題でも、職務を通じて烏帽子親子関係が結ばれた事例を確認できる[10]。まず、六波羅評定衆の小田時知は、六波羅奉行人である津戸兵部丞の烏帽子親だった。評定衆と奉行人は、同じ番の引付に編制されていれば、日常的に顔を合わせる機会があった。また、六波羅奉行人の斎藤基任は、丹波国を拠点とする中沢直基の烏帽子親だった。中沢氏は、六波羅探題の両使として所見する一族であり、在京して奉行人と接触する機会が多かったと思われる。このように、六波羅評定衆・六波羅奉行人・六波羅両使のあいだには、職務を通じた交流が生まれやすい地盤があり、烏帽子親子関係や血縁関係などによって、相互に親密な関係が形成されていたのである(11)。これらは、六波羅探題における職務が契機となって、烏帽子親が選ばれた事例と考えられる。烏帽子親子関係には、職務を通じた交流が契機となって成立するケースも珍しくなかったのである。

以上のように、烏帽子親子関係は、日常的に接触のある関係者の範囲で結ばれることが多かった。むろん、烏帽子親が選ばれる経緯は多様であり、そこに一貫した法則性を見出すことは難しい。しかし、それは裏を返せば、烏帽子親子関係が複合的な要素に支えられていたことの表れでもあるだろう。こうした多様な間柄に適用できる柔軟性こそが、烏帽子親子関係の最大の特質だったといってよい。

2　烏帽子親子関係の裾野

では、武士社会における烏帽子親子関係は、どのような広がりを持っていたのだろうか。元服の具体的な史料は、将軍や北条氏に関するものばかりで、一般の御家人が烏帽子親を勤めた事例はあまり見られない(12)。しかし、烏帽子親子関係が、一部の支配層に限られていたとみるのは難しく、むしろ武士社会に広範に形成されていたのではないかと想像される。ここでは、その他の史料から知られる烏帽子親子関係について確認していきたい。

安達氏は、盛長を家祖として活躍した一族だが、家人と烏帽子親子関係を結んでいた可能性がある。鎌倉の甘縄にあった安達泰盛の邸宅には、恩賞を求める御家人が押しかけていたが、そこでは玉村泰清という武士が出仕して応対していた(13)。また、肥後国の守護代だった安達盛宗は、蒙古襲来の弘安合戦において、玉村盛清という武士を従えて出陣していた(14)。玉村氏は、上野国玉村御厨を本領とする武士であり、安達氏が上野国を基盤にしていた関係から、主従関係を結んで被官化していたのである。玉村泰清は、安達泰盛と〝泰〟の字が共通しており、玉村盛清は、安達盛宗と〝盛〟の字が共通している。これは、安達氏が玉村氏に一字を付与した結果とみられ、両者のあいだには烏帽子親子関係が結ばれていたと考えられる[15]。

また、畠山重忠は、武蔵国に本領があった平姓秩父氏の人物だが、同様に家人と烏帽子親子関係を結んでいた徴証がある。寿永三年（一一八四）正月の宇治川合戦において、重忠が烏帽子子の大串重親を助けて、先陣として渡河させたという有名な場面がある[16]。これを信用すれば、畠山重忠は、大串重親と烏帽子親子関係を結んでいたことになる。大串氏は、武蔵国吉見郡大串郷を本領とする横山党の武士であり、文治五年（一一八九）の奥州合戦では、重親が重忠の軍勢に従って活動している[17]。大串氏は、畠山氏の家人として編制されていたのであり、そうした主従関係を根拠として、烏帽子親子関係が結ばれたものと考えられる。

それ以外にも、源義経の郎党として活躍した伊勢義盛は、義経を烏帽子親として〝義〟の字を付与されたといわれている[18]。また『沙石集』には、上総国の地頭が息子を元服させるために鎌倉に上ったという説話がある[19]。これは若僧が見た夢の内容であり、もとより史実ではないが、こうした説話が流布していたこと自体、鎌倉で有力者を烏帽子親として元服する慣例が、武士社会に広まっていた事情を物語るものだろう。

このように、烏帽子親子関係は、多くの武士のあいだに形成されていたと推定される。現存する元服の史料による限り、将軍や北条氏に関するものが大半だが、だからといって烏帽子親子関係が幕府の支配層に独占されていたわけではない。というより、武士社会に網の目のように広がっている状況こそが、烏帽子親子関係の実態だったと思われる。鎌倉幕府の基盤である御家人制の裏側には、制度に拘束されない烏帽子親子などの関係が、重層的に張り巡らされていたのである。

では、烏帽子親子関係は、どのような社会的意義や機能を持っていたのだろうか。まず指摘できるのは、烏帽子親子関係によって、親族に類するような親密な関係が醸成された側面である。それを端的に示しているのが、幕府の評定における退座の規定である。すなわち、文暦二年（一二三五）閏六月の追加法では、祖父母・父母・養父母・子孫・養子孫・兄弟・姉妹・聟・舅・相舅・伯叔父・甥姪・従父兄弟・小舅・夫といった親族に加えて、烏帽子子が記されている。[20]この規定は、寛元二年（一二四四）一〇月の追加法でも再認されており、[21]鎌倉後期の『沙汰未練書』にも同様の記載がみられる。[22]

このように、烏帽子親子は、血縁のある親族に準じる存在として認識されていたのである。そのため、こうした烏帽子親子関係の機能を積極的に活用しようとする動きも確認できる。たとえば、曾我兄弟の継父にあたる曾我祐信は、祐成の元服にあたって烏帽子親を勧めたという。[23]これは、後妻の連子という疎遠な間柄に対して、烏帽子親子関係を重ねることで、連帯を強化することを意図した行為といえるだろう。

また、烏帽子親子関係には、政治的な連携を強化する働きもあった。(a)①では、元服する北条時房を将来も方人《かたうど》にしたいと述べており、有望な若者として期待していたことが看取される。また、(a)②では、河村秀清の奮闘ぶりに感心して、その場で元服を行っており、やはり将来的な戦力として見込んでいたことがうかがえる。これらは、いずれも頼朝が烏帽子親を指名した事例だが、御家人同士の烏帽子親子関係を演出して、相互の連携を促進している点に、御家人の争いを調停する将軍の姿勢が表れているように思われる。

さらに(A)①では、結城朝光が昵近奉公を望んで頼朝の烏帽子子になっており、その関係を裏づけるかのように、治承五年（一一八一）四月には、頼朝の寝所祗候人として選抜されている。[24]また、安達泰盛の烏帽子子とみられる玉村泰清は、鎌倉で安達氏の邸宅に参勤しており、やはり烏帽子親の身辺に祗候していた。守護正員と守護代、地頭と地頭代などの間には、しばしば共通する一字が見出されるが、それらも烏帽子親子関係の痕跡である可能性が高いだろう。このように、烏帽子親子関係には、烏帽子親に仕える側近や家人を確保する意義があり、政治的な勢力が形成される前提になっていたのである。

こうして養われた連帯関係は、当然ながら軍事的な機会にも大きな効果を発揮した。前述した通り、宇治川合戦や奥州合戦では、畠山重忠が烏帽子子の大串重親を従えて参戦しており、蒙古襲来による弘安合戦では、安達盛宗が烏帽子子の玉村盛清を従えて戦場に向かっている。源義経の烏帽子子だった伊勢義盛が、義経の麾下で数々の戦功をあげていることなども想起されるだろう。

また、御家人による軍事行動とは区別されるが、摂津国粟生荘の土民だった十郎兵衛は、烏帽子子の道祖若三郎と連携して、悪党を率いて勝尾寺の付近で強盗活動を働いている[25]。さらに、伊賀国に本領があった柘植氏は、佐介流北条氏の被官として在京を続ける過程で、大江氏貞次流と烏帽子親子関係を結んでおり、伊賀国黒田荘の悪党として連合しながら活動していたという[26]。このように、烏帽子親子は軍事的にも共闘している場面が多く、ことに生死を共にする戦場においては、烏帽子親子を通じた関係が有効に機能していたと評価できるだろう。

以上のように、烏帽子親子関係には、親族にも類似した連携をもたらす効果があり、それは政治や軍事などの局面でも、親和的な勢力を形成する役割を果たしていたのである。

おわりに

本稿では、鎌倉期の元服の事例を中心にしながら、武士社会における烏帽子親子関係の実態について考察してきた。

鎌倉期の元服を、烏帽子親の立場に注意しながら整理すると、将軍が烏帽子親を勤仕・指名したケースと、北条氏が烏帽子親を勤仕・指名したケースに大別できる。そして、将軍が主導した元服の場は幕府の御所であり、北条氏が主導した元服の場は北条氏の邸宅であった。こうした対応関係は、それぞれの烏帽子親が、自身の邸宅を元服に提供した結果であり、烏帽子親子関係は、私邸を基盤とする個人的な紐帯だったと考えられる。そうした私的な関係は、元服の場に多くの御家人を列席させて、正当性を保証されることによって、初めて社会的な関係として承認されたのである。

烏帽子親子関係は、武士社会に広範に巡らされる関係であり、その契機としては、乳母・母・妻・義父・兄弟などの親族を通じた推挙や、幕府の職務を通じた交流などがあった。また、烏帽子親子関係には、親族にも類する連帯感を形成して、政治的な連携を強化する働きがあった。むろん軍事的な局面においても、そうした烏帽子親子関係は有効に機能したのである。

以上のように、烏帽子親子関係は、武士を相互に媒介する関係であり、いわば武士社会を裏側から支える役割を果たしていたといえるだろう。武士の子息が元服する場合、その家の持てる人脈を最大限に活用して、烏帽子親に相応しい人物が選ばれたのであり、武士の社会的な活動は、こうした烏帽子親の保護と保証のもとで展開したのである。

ただし、武士を媒介する関係性には、主従関係・血縁関係・婚姻関係・養子関係など多様な要素があり、ここで考察した烏帽子親子関係は、その端緒となるべきものである。したがって、今後は武士の多様な関係性に留意して、より総体的な把握を目指す必要があるだろう。また、武士の家が烏帽子親を選択する場合、人脈や職務による制約があったはずで、おのずと政治的な力量に応じたランクが形成されていた可能性がある。こうした烏帽子親に応じた家格の存在などを確認する作業も、今後の課題となるだろう(27)。

もっとも、烏帽子親子関係が歴史の表面に現れることはきわめて稀であり、より詳細に分析しようとすれば、ただちに史料的な限界に直面することが予期される。だが、烏帽子親子を含めた関係性の解明が、武士に対する理解を深める一助となることは疑いなく、今後も粘り強く検討を続けていく必要があるだろう。

（1）武士社会の元服については、二木謙一『中世武家の作法』（吉川弘文館、一九九九年）、森茂暁『中世日本の政治と文化』（思文閣出版、二〇〇六年）などに言及がある。
（2）紺戸淳「武家社会における加冠と一字付与の政治性について」（『中央史学』二、一九七九年）。
（3）角田朋彦「偏諱の話」（『段かづら』三・四、二〇〇四年）。
（4）鎌倉期の武士社会では、将軍が元服した事例も見出されるが、本稿では御家人の元服を中心に論じることにしたい。
（5）系図や家譜には、烏帽子親を明記したものが少なくない。たとえば『平賀氏系譜』によれば、建保二年（一二一四）四月一九日、将軍の源実朝が烏帽子親となって、平賀実宗（のち朝宗）の元服が行われているが、史料の性格を考慮して採用しなかった。『平賀氏系譜』（「平賀家文書」、『大日本古文書』家わけ第十四平賀家文書二四八号）、七二七頁。
（6）表3以外の事例としては、貞永元年（一二三二）七月一一日、平賀惟泰が北条泰時の邸宅で元服したことや、その弟の平賀惟時が北条時頼の邸宅で元服したことがあげられる。前掲註（5）史料。また、平安末期の事例だが、伊東祐親の息子である九郎助長は、北条時政を烏帽子親にしていたという。『真名本曾我物語』巻第二（青木晃・池田敬子・北川忠彦編『真名本曾我物語1』、東洋文庫四六八、平凡社、一九八七年、一〇一～一〇二頁）。
（7）『真名本曾我物語』巻第五（前掲註6青木他編書、二五三頁）。
（8）平賀惟泰や平賀惟時が元服した時にも、北条氏の邸宅が利用されていた。前掲註（5）史料。
（9）『武家年代記』承久三年（一二二一）条。細川重男『鎌倉政権得宗専制論』（吉川弘文館、二〇〇〇年）。
（10）（正和四年〈一三一五〉ヵ）丹波宮田荘雑掌申状案（「近衛家文書」、『鎌倉遺文』三三巻二五六七三号）。
（11）森幸夫『六波羅探題の研究』（続群書類従完成会、二〇〇五年）、七八～七九頁。
（12）建長八年（一二五六）八月一一日、足利利氏（のち頼氏）が烏帽子親となって、北条時利（のち時輔）の元服が行われている。将軍や北条氏に指名された可能性もあるが、一般の御家人が烏帽子親を勤めた事例として注目される。『吾妻鏡』康元元年（一二五六）八月一一日条。
（13）『蒙古襲来絵詞』上巻八段（小松茂美編『蒙古襲来絵詞』日本絵巻大成一四、中央公論社、一九七八年）。
（14）『蒙古襲来絵詞』下巻十四段（前掲註13小松編書）。
（15）山本隆志「安達氏の上野経営」（『群馬県史研究』一六、一九八二年）。

(16)『高野本平家物語』巻第九「宇治川先陣」(新編日本古典文学全集四六、小学館、一六八頁)。
(17)『吾妻鏡』文治五年(一一八九)七月一九日条。なお、畠山重忠が〝重〟の字を付与したことも明らかだろう。
(18)『古活字本平治物語』巻下「牛若奥州下りの事」(日本古典文学大系三一、岩波書店、四六三～四六四頁)。
(19)『沙石集』巻第一ノ九「和光の方便にて妄念を止めたる事」(新編日本古典文学全集五二、小学館)。
(20)佐藤進一・池内義賢編『中世法制史料集』第一巻「鎌倉幕府法」(岩波書店、一九五五年)、追加法第七一条、九四頁。
(21)前掲註(20)佐藤・池内編書、追加法第二二九条、一五二頁。
(22)『沙汰未練書』(佐藤進一・池内義賢編『中世法制史料集』第二巻「室町幕府法」、岩波書店、一九五七年、三七三頁)。
(23)前掲註(7)史料、二一一頁。坂井孝一『曽我物語の史実と虚構』(吉川弘文館、二〇〇〇年)、一一七～一一八頁。
(24)『吾妻鏡』養和元年(一一八一)四月七日条。結城朝光は、源頼朝の近臣として、もっとも代表的な存在だったという。菱沼一憲『中世地域社会と将軍権力』(汲古書院、二〇一一年)、一八五頁。
(25)正応二年(一二八九)三月日京都清水坂寂静院住侶等申状案(「勝尾寺文書」、『鎌倉遺文』二二巻一六九四三号)。
(26)嘉暦二年(一三二七)六月日伊賀国黒田荘悪党縁者交名注文(「東大寺文書」、『鎌倉遺文』三八巻二九八七八号)。清水亮「伊賀国における武士団結合の展開と京都」(同『鎌倉幕府御家人制の政治史的研究』、校倉書房、二〇〇七年)。
(27)こうした家格の存在は、北条氏の一族に顕著である。たとえば、嫡流である得宗家の烏帽子親をみると、泰時が源頼朝、経時・時頼が九条頼経、時宗が宗尊親王、貞時が惟康親王であり、高時の嫡子邦時も、守邦親王から一字を付与されている。得宗家は、将軍を烏帽子親とする家系だったと考えられる。赤橋家は、義宗―久時―守時という流れだが、宗尊親王・久明親王・守邦親王から一字を付与されており、将軍を烏帽子親としていた。赤橋家は得宗家に準じる家格だったが、それは烏帽子親の観点からも裏づけられるだろう。次に金沢家の烏帽子親をみると、実義(のち実泰)は源実朝だが、後に泰時から一字を付与されて改名したらしく、それ以降の烏帽子親は、実時が泰時、顕時が時宗となっている。また貞顕も貞時から一字を付与されており、金沢家は得宗家を烏帽子親とする家系だった。大仏家は、宗宣―維貞―高宣という流れだが、時宗―貞時―高時から一字を付与されており、やはり得宗家を烏帽子親としていた。以上のように、北条氏が選択した烏帽子親を整理すると、将軍を推戴する得宗家・赤橋家と、得宗を推戴する金沢家・大仏家という明確な基準が判明する。この事実は、烏帽子親のランクに応じた家格が存在したことを示唆するだろう。

中近世転換期における地方修験の存在形態——八槻別当を事例として——

佐々木倫朗

はじめに

中世における地方寺社は、地域の信仰を束ねる存在として、地域に生きる人々の結びつきに関わり、その結節点ともなる存在であった。地方寺社や寺社を担う僧侶・修験等が、どのように在地領主や領主権力と対峙し、どのような存在形態であったのかという問題は、その信仰や地域社会、地域に生きる民衆を考察する上で重要な意味を持っている。そのため、地方寺社の存在形態に関する考察は、存在形態の究明自体が重要な分析であるとともに、地域社会と領主権力がどのような関わりを持ったのかという点で欠かせない視点を提示するものと思われる。

そして、戦国期において、荘園制・在地領主制の解体と止揚、大名領国制の成立の中で宗教勢力も大きな変化を迫られる。その寺社等の宗教勢力の変化の質の問題も、転換期を考える上で重要な論点であると思われる。

本稿では、そのような転換期における宗教勢力・地域権力・在地社会の三者の問題を考えるために、陸奥国高野郡に存在した八槻《やつき》近津《ちかつ》神社の別当で修験である八槻大善院を中心に検討してみたい。

一　八槻社と高野郡

現在、福島県東白川郡棚倉町に所在する八槻都々古別《つつこわけ》神社は、近世以前は近津神社を称し、同じく棚倉町に所在する馬場都々古別神社(1)と茨城県大子町下野宮に所在する近津神社とともに近津三社といわれてきた。八槻社(2)・馬場社については建鉾山（三森）に関わる縁起を伝えており、八溝山麓に位置する大子町所在の近津神社とは、少し系統を異にすると考えられる。しかし、三社に共通するものとして、江戸期には自らの祭祀圏を桝廻し等の神事を通じて組織し、現在にいたるまで地域に根強い近津信仰を集めていた。

その中で、八槻社は、応永に神主高野氏が退転した後に神主職となった左衛門大夫高盛が駒石先達から修験職を譲られることによって修験化して、神主職と別当職を兼帯して社の中心となった。高盛の子孫が以後、八槻社の別当を世襲し、のちに大善院を称する八槻氏であると考えられている。以後、八槻社は八槻別当を中心として存続する。(3)

その八槻社の社人・神人組織を考える上での手がかりを与えてくれるのは、応永三二年（一四二五）一〇月二二日付白河氏朝壁書(4)である。

【史料A】

右、近津の御神事の時、もとよりさたまりて候ハんする社人より外ニ一人にても候へ、出仕あるへからす候、出仕候ハムする神人共も、しもへ（下部）一人の外ハつれ候ましく候、別当代くわん（官）ハ三人もつれ候へく候、社人ともとうや（頭屋）又みやもと（宮本）にて、らうせき（狼藉）をいたし候ハゝ、きうめい（糺明）候て社人の分をめしはなされ候へく候、そうして御まつりの用意ハむかしのことくたるへく候、近年御まつりのようい、おひたゝしく候なる、しかるへからす候、仍壁書如件

応永三十二年十月廿五日　（氏朝花押）

壁書には、神事への参加への制限が記されており、社人の場合は社人本人のみ、神人の場合は下僕一人の随伴を許可され、別当と代官は三人を許可されている。このことから、社人・神人には八槻社の祭祀組織における身分の違いが存在していたことがわかる。また社人による頭屋や宮本における狼藉に対して、究明した上での社人身分からの召し放ちの規定が記されている。

この壁書の文言を考察する上で示唆的な神事として、八槻社に桝廻しの神事がある。御神体である桝を一定の期間当番となった村や集落が引き取って保管し、期間が過ぎると、次の当番となった村に引き渡す神事である。また、この神事が村落内の頭屋神事と結びつくかたちで行われることから、一つの村落の枠組みを越えた地域の頭屋神事的性格を持っていた。

この神事に関して、金沢文書[5]に永禄一二年（一五六九）にこの神事を行ったさいの文書が残されていること[6]から、中世にその遡源となった神事が存在していたことがわかる。また八槻社では、江戸時代に高野郡南九郷全域にわたってこの桝廻しの神事を組織化していたので、中世に由来する神事が、近世になってより広域に組織されていったことをうかがうことができる。

前述の社人による頭屋における狼藉とは、桝廻しの神事等の八槻社以外で行われる神事のさいに発生する狼藉沙汰と考えられ、社人が地域の村落における神事に深く関わっていたことを示している。従って、社人とは、村落内に属しながら頭屋等を務め、地域において社人としての地位から都々古別社の祭祀に深く関わっている村落に属する上層農民を指すものと考えることができる。彼ら村落の上層農民である社人は、応永二年（一三九五）二月五日付社家等契状[7]では社家の惣談合を以て宝殿の移転に関して決定されることが取り決められており、社人を意味すると考えられる社家が社の実務的運営に携わっていることがうかがえる。

これに対して、神人は、村落上層農民も含まれる場合もあったが、菅生周辺の桝廻し神事の例(8)を考えると、数集落を束ねる在地領主的性格を持った存在であったと考えられる。

以上のように地域の村落上層農民や在地領主が参加する八槻社の祭祀組織は、地域社会を担う階層の結合的性格を持つことから、地域社会において強い影響力を持っていたことを想定することができる。そのことを確認できるのが次の史料である。(9)

【史料B】

人足之義附而致侘言候、尤社人中之事者、可指置候、家中之事者、可申付候、為後日一筆遣之候也、付而、自身赤館出馬之時分、万一不審餘候者、可被相頼候、於其時者、五三日も罷出　可申候

永禄七年甲子拾月日　（盛氏花押）

馬場社人中へ

史料Bには、人足役負担に関して社人中に対しては免除し、家中に関しては負担を求めることが確認されている。このことから、村落上層農民たちによって構成される社人層が、近津社の祭祀組織に属することを通じて領主権力の負担に対して猶予を引き出していることがわかる。盛氏判物に関しては馬場社の事例であるが、八槻社の場合は、別当と神主職を八槻氏が兼帯していたことから、その祭祀組織を通じた求心力は馬場社よりも強いものがあったと考えられる。

また戦国期であるが、田村盛顕(10)や佐竹義隣(11)は八槻社に対して高野郡通行のさいの保護を求めており、八槻社が高野郡の通行に関して実質的な検断権を保持していたことが確認できる。地域結合的性格を持った祭祀組織を組織した八槻社の実力を物語る事実である。

二　八槻別当と白川氏

前節でみたような高野郡における近津社の存在に対して、中世後期にこれに対峙したのが白川氏であった[12]。白川氏は、建武二年（一三三五）一〇月に依上保知行および高野郡・依上保の検断奉行職を宛行・補任され、また貞治六年（一三六七）二月に足利義詮より高野郡の知行権を確認されており、南北朝期から高野郡の支配を行っていた。本領を白河庄とする白川氏にとっては、南北朝期の勢力拡大に伴って支配を開始するという新たな支配の場としての性格を高野郡は持っていたことがわかる。そのため、白川氏が高野郡支配における大きな課題となったのが、地域掌握であり、それはとりも直さず、近津信仰を通じて強い結びつきを持った地域社会との関わりであった。その意味で注目できるのが、次の史料である[13]。

【史料C】

奥州白河一家・同家風・地下人等、熊野幷二所参詣先達職之事、任相続之旨、引導不可有相違由、乗々院大僧都御房御奉行所候也、仍執達如件

応永廿五年八月十二日　　　権律師慶鎮(花押)

少納言阿闍梨御房

史料Cは、八槻氏に対して「奥州白河一家・同家風・地下人等、熊野幷二所参詣先達職」の相続を認め、その引導を任せた文書である。この先達職は白川氏一門に加えて白川氏に従属する在地領主層、その支配下に属する在家百姓層をも含むかたちの先達職であり、極めて広い範囲にわたる権益を含むものである。この先達職が八槻氏によって相続されるためには、引導を受ける白川氏の承認を受けていることが前提となることは想像に難しくない。この文書以前の白川氏に対する熊野先達職に関する文書が残されていないため成立時期を確定できない

が、「任相続之旨」という文言の存在を考えれば、宛所の少納言阿闍梨御房より以前の段階、少なくとも応永年間早期において成立していたことが予想される。前述のように、八槻氏は、応永年間に八槻社内で台頭してきたのであり、その時期は、先達職の成立に前後する時期にあたっている。白川氏による高野郡支配がそれに若干先行するかたちではあるが、同時期に開始されている。その意味で、八槻氏の台頭と白川氏一門以下の引導を行う先達職の成立とは、密接不可分なものであったと考えられる。白川氏は八槻氏と結ぶかたちで都々古別信仰が根付く高野郡の地域社会の掌握を企図し、八槻氏は自らの都々古別信仰における地位の確立を目的とする中で、八槻氏を通じた白川氏の高野郡掌握が進められたものと思われる。

八槻氏所蔵の文書をみると、八槻別当の役割が、熊野先達としての役割にとどまるものではなかったことがわかる。先達職所持の立場に基づきながら、八槻別当は、熊野参詣のみならず白川氏の上洛や伊勢参詣を引導しており[14]、白川氏の大永二年（一五二二）の官途補任へ深い関わりをみせている[15]。そのため、本来の先達職よりも広範な活動を行って、白川氏と畿内の都鄙の結びつきの面で重要な役割を果たしていたのである。

八槻別当と白川氏の密接な結びつきは、永正一四年（一五二七）六月に八槻別当良賢の弟来福寺と同行の山伏が小峯氏によって殺害される事件[16]が発生することに示されている。この事件は、白川氏の一族小峯氏が宗家白川氏を攻撃した白川永正の変に関わって発生したものと考えられ、白川氏の内紛で八槻別当の一族が殺害される人物が出るほどに、深く別当が白川氏に関わっていたことがわかる。

そのような活動を行っていた八槻別当にとって、「白河一家・同家風」以下の先達職の成立は、大きな意味を持った。それをうかがうことができるのが、次の史料である[17]。

【史料D】

奥州別当与《ヤツキ》別当与《タカヌキ》先達職相論之事

右、就彼旦那、別当《ヤツキ》被申候次第者、白川殿依為先達職、石川ハ白川殿為御拝領間、可申引導由、雖被申候、別当《タカヌキ》石川之先達職於任普代所持旨、依為太法令下知上者、猶後日不可違乱下知状如件

寛正三（一四六二）壬午年九月廿四日本宮衆徒

公文所道繁（花押）

権在庁則実（花押）

在庁所光能（花押）

三昧別当道玉（花押）　権政所良則

正政所長久（花押）

惣検校常全（花押）　検校代之賢（花押）

史料Dは、八槻別当と石川郡の古殿神社の別当で石川氏の先達を務めていた竹貫別当との間の著名な相論に関する史料である。相論の趣旨は、八槻別当側は石川郡を白川氏が拝領＝所領化することにより石川郡の自己の先達職所有の場となったことを主張し、これに対して竹貫別当は石川郡の先達職を「普代」に所持していると主張したものであり、この段階においては竹貫別当側の主張が認められた相論であった。ここで注目したいのが、八槻側の主張の根拠である。その主張とは、白川一門以下の先達職所有を根拠に白川氏の所領拡大が自らの先達職の対象範囲の拡大となることを主張したものであった。結果的に八槻側の主張は否定されることになるが、「白河一家・同家風」以下の先達職が持つ意味は、白川氏が支配する領域全域への先達職であると八槻別当によって拡大解釈されていることがわかる。八槻別当は、白川氏の領域支配に深く結びつくことを通じた勢力拡大を図っていたのである。

寛正三年（一四六二）段階では竹貫別当の主張が認められるかたちとなったが、相論は継続し、文明一六年

（一四八四）には、石川氏の一族である赤坂・大寺・小高氏が白川氏への改姓を果たした上での八槻別当の檀那化が乗々院役者連署奉書で認められている。[18] 八槻別当の「白河一家・同家風」以下の先達職を根拠とする石川郡進出の意図は、継続して展開されていたのであった。

そのような八槻別当の動きに対して、竹貫別当は、乗々院の意向を無視し、石川氏の檀那引導を継続して激しく乗々院と対立した。[19] 檀那である石川氏も、次のような一家同心状を熊野三山の宿坊中に送っている。[20]

【史料E】

態令啓上候、抑白川之先達八槻別当企無理相論、当庄之先達於京都被失生涯候、甚以遺恨之次第也、無先達者、一門家風拝　三御山事、不可有之、是偏歎存候、三山之衆徒様以御談合速　聖護院様江被達上聞、民部僧都遺跡被成下御判候者、可畏入候、此旨無御信用者、　三所権現於当庄江可奉勧請者也、懸意趣之趣、為申届、一家同心之状如件、恐々謹言

八月四日　　前駿河権守成光在判

（中略）

謹上　三山宿坊御中

（裏書）
「明応六年三月廿一日　　慶俊（花押）
　　　　　　　　　　　　慶乗（花押）」

この文書は、石川氏が中略部分にある一家同心の傘連判を以て、当庄の先達＝民部僧都宥印[21]が白川の先達である八槻別当によって無理の相論を企てられて「生涯」を失ってしまったことは甚だ「遺恨之次第」であるとし、三山衆徒の談合によって聖護院へ上申することを求めて愁訴した内容である。その中で、竹貫別当の先達なくして石川氏一門家風が熊野三山を拝することができないことが述べられており、石川氏による竹貫別当支持を明確

に読み取ることができる。このような檀那石川氏の意志表明もあり、明応八年（一四九九）に「石河六拾六郷之内源家一族熊野参詣先達職」が竹貫別当に安堵されたのだが、以後も八槻・竹貫別当の相論は継続して行われていくのである。

永正六年（一五〇九）には、乗々院役僧から竹貫別当の逮捕が八槻別当に指示されるとともに、役僧の秀栄から石川氏の一族大寺氏に対して、熊野参詣についての確認を行うために上洛を促す文書が出されている。相論が継続しつつも、八槻別当の石川一族の保護の下で、竹貫別当の檀那引導が継続していたことがうかがえる。[22] [23]

このように両別当の激しい相論が長期間にわたって継続して行われた大きな要因として、八槻と竹貫という両者を支持する領主権力の存在があげられる。前述したように八槻別当がその社人・神人組織によって白川氏の高野郡支配において重要な役割を果たすとともに、白川氏の都鄙の結びつきの面でも重要な役割を担っていた。竹貫別当も史料的に確認できないが、石川氏の石川郡支配において社人組織などを介して一定の役割を担っていたと考えられ、都鄙の結びつきという点でも、八槻別当と同様な役割を果たしていたものと考えることができる。そのため、石川氏にとって、竹貫別当の存在自身が自らの地域支配や都鄙の関わりの面で欠くことのできない存在であったと考えられる。そのような竹貫別当の存在を脅かす八槻別当の石川郡進出は単なる宗教的な範疇の問題にとどまるものではなく、自らの領主支配自体を揺るがす問題であったと考えることができる。その意味で、石川氏が、一家同心をもって竹貫別当の先達職継続を支持したことは必然的なことであったと思われる。見方をかえれば、八槻別当と竹貫別当の長期にわたる相論の継続は、白川氏と石川氏の領主権力同士の対立と結びついた結果であった。[24]

またもう一点注目できることとして、相論の続く中で、乗々院からたびかさなる八槻別当の引導の指示が出されている。この文書発給には、乗々院の意向を無視するかたちで、現実的に竹貫別当が石川氏等の檀那引導を継続していたことが示されている[25]。陸奥国より熊野への檀那引導には、その道筋の修験の協力や宿坊の利用等が必要不可欠であり、また熊野三山滞在にさいしても同様のことが必要となる。竹貫別当の檀那引導の継続自体が、乗々院の意向を無視する行動を黙認する熊野修験内部の支持者が存在したことを示しているのである。また見方をかえれば、竹貫別当の檀那引導は、先達職の当知行ともいうべき事態であった。実力によって所領支配の継続が保証される中世において、先達職の継続も、実力行動によって支えられていた可能性が示されている。

以上のように室町期から戦国初期にかけての八槻大善院とそれに対峙した領主権力白川氏の関係を中心に検討を加えてきた。その中で浮かびあがってきたことは、在地社会に宗教的な面から深く関わっている側面を生かし、領主権力とその先達職を獲得することによって結びつき、領内の修験統制を行う八槻別当と、その別当の宗教的権威と結びつくことによって領主支配を補完し、先達としての別当の都鄙との関わりを利用する白川氏の姿であった。八槻別当と竹貫別当の相論との関わりから考える限り、白川氏のような修験との結びつきを保持する領主の存在形態は、八槻別当と白川氏の例に限られることなく、少なくとも南奥において一定の普遍性[26]を持っていたものと思われる。

三　佐竹氏と八槻別当

前節まで、白川氏と強く結びついた八槻大善院の姿を明らかにしたが、本節では、戦国期におけるその動向を追うこととする。

八槻社が所在する陸奥国高野郡の戦国期における変化をあげると、常陸国北部を根拠地とする佐竹氏の進出があげられる。佐竹氏は、永正年間に山入氏との一族内紛を克服すると、陸奥国依上保（茨城県大子町）に進出を開始する。依上保は、応永年間まで山入氏の所領が存在していたこともあり、佐竹氏にとってはその旧領の接収・確保が目的であった。これに対して、佐竹氏と山入氏の対立の中で依上保の支配権を獲得していた白川氏は、激しく対立した。

白川氏と佐竹氏の激しい対立の中で、佐竹氏による依上保域の支配が決定的な状況になるのは、天文一〇年（一五四一）一〇月の東館の破却である。現在の茨城県と福島県の県境に位置する矢祭町の東館は、高野郡の南端に位置しており、依上保や高野郡に隣接する常陸国小里郷（常陸太田市）へ進出・支配の足がかりとなる白川氏の重要な政治・軍事拠点であった。依上保の支配権の安定的な確保を目指す佐竹氏は、これを包囲し天文一〇年に破却するにいたる。その城郭としての性格を考えれば、東館の破却は、白川氏の依上保支配の放棄に直結する事態であった。

前節でみたように、白川氏と深く結びつく中でその活動を展開していた八槻別当は、高野郡に隣接する依上保にもその勢力をおよぼすようになっており、保域の修験に対して影響力を行使していた。その東館の破却の翌年に乗々院において御教書発給に携わる法眼秀栄と法橋快弘から、次のような奉書が八槻別当に宛てて発給されている(27)。

依神保内同行幷熊野同二所参詣檀那等事、如先々無相違可有成敗候也、仍執達如件

（異筆）「天文十二」

七月廿四日　　　秀栄（花押）

快弘（花押）

八槻別当

少納言御房

この史料は、文言にあるように、八槻別当に対して以前同様に依上保域の檀那引導の権利を安堵する内容であ

り、同日付で「白川一家同家風地下人等」の熊野・二所参詣先達職を安堵する御教書も出されている。[28]文言中に「如先々」とあることから考えて、天文一一年以前も先達として依上保域の檀那引導にあたる権利は、別当が掌握していたものと考えられるが、同年になって従来の「白川一家」先達職安堵の御教書の他に、新たに依上保域の権利を安堵する連署奉書が発給されたことは注目できる事実である。天文一〇年に白川氏の依上保支配の放棄が決定的になると、白川氏と結びつくかたちで影響力を行使していた八槻別当の依上保域の檀那や修験への影響力も減退したことが想定できる。連署奉書の発給は、その事態に対応したもので、別当の保域の権益を確保する試みと考えることができる。領主権力の白川氏と結びついて活動を拡大していった八槻別当の活動が、白川氏の勢力の減退と結ぶついて縮小していることを示すものと思われる。

依上保を確保した佐竹氏の北上は継続し、永禄年間の寺山城（福島県棚倉町）攻略、天正年間の高野郡北部の要衝赤館城（棚倉町）攻略によって、佐竹氏による高野郡支配は確定的なものとなっていく。その間の八槻別当と佐竹氏の関係に関しては、史料的な面から追うことは難しいが、永禄年間と考えられる佐竹義重書状に、八槻大膳亮の「身躰」を安堵する文言があったり、高野郡支配を担当した佐竹義久から数度にわたって別当の神主職、[29]別当自身の「身躰」[30]や八槻社の「宮本之仕置」[31]を安堵されている。そのことから考えると、佐竹氏の進出に対して、八槻別当が積極的に対応して自らの持つ権益の安堵を早期に受けたわけではなく、白川氏との旧来の関係から消極的な対応となり、繰り返される白川氏やそれを支援する勢力と佐竹氏の間の激しい戦闘の中で、佐竹氏との関係が不安定なものとなり、そのためもあって、数度にわたる別当の権益のさまざまなかたちをとっての安堵として文書が残されたものと思われる。

そして、注目しなければならないことは、佐竹氏は、八槻別当を八槻社の別当や神主として把握していたのではなく、別当本人を「大膳亮」として把握している事実である。これは、八槻氏の宗教的な側面ばかりではなく、地域社会における立場や保持する所領等の世俗的側面を考慮したものと考えられ、「白川一家」の先達としての宗教的地位を認められていた白川氏と対応が大きく異なるものと思われる。

また八槻別当と佐竹氏の関係を考える上で重要なこととして、佐竹氏の一族であり、修験でもある今宮氏の寺山城(棚倉町字流)入城である。今宮氏は、佐竹義舜の庶子永義より始まり、永義が常陸真壁の常蓮院で授法されることによって修験となり、白羽神社(常陸太田市)の別当を務めていた。今宮氏は、その所伝によれば配下の修験を葛城衆として把握して佐竹氏の軍事行動にも参加する聖俗双方の活動を行う存在であった。今宮氏の庶流である今宮義僚は、佐竹氏より軍勢催促を受け、その功績によって高野郡岡田(棚倉町)を充て行われている(32)。

今宮氏の入城した寺山城は、高野郡中部の軍事拠点であり、永禄期にはこの城をめぐって激しい攻防戦が展開された。そして、寺山城は、地理的に八槻社に近接しており、佐竹氏が八槻別当牽制の意図を持って今宮氏を入城させたことを想定することができる。また近世においても同地域で「佐竹殿いとこ山伏ニ而候(33)」と記憶される今宮氏の存在は、八槻別当が先達職の補任を通じて領主権力と結びつく存在形態を佐竹氏の下では不可能とさせるものであった。

そのような状況を示すと思われるのが次の史料である(34)。

【史料F】

以上

今度為入峯参洛之段、神妙思召候、就其白川本領之内年行事職之事、如前々無御別儀之旨被成奉書訖、自然其方拝領之内違乱族候者、此方へ可被申越候、堅可申達候、保内・小里両郷之儀、近年彼表乱入故不知行之段、無是非次第候、只今被成奉書上者、是又急度可被申付候、萬一非分之儀申輩有之者、重而可被仰付候、

恐々謹言

天正拾六　　二半慶

七月廿三日　　慶忠(花押)

(奥上書)
八槻別当御房

この史料は、乗々院で御教書の奉者を務める慶忠が、八槻別当に対して白川本領内の年行事職安堵の奉書発給を伝えるとともに、保内(依上保)と小里郷については「近年彼表乱入故不知行」となっている状況を記し、奉書発給を受けて修験統制を行うことが指示されている。「近年彼表乱入故不知行」は、佐竹氏の依上保・高野郡進出を具体的に指すものと思われ、進出を受けた地域の修験が八槻別当の統制を離れている事態を示す。八槻・佐竹・今宮氏等の個別な関係によると思われるが、別当の統制を離れた修験の掌握が佐竹氏の支配の下で今宮氏によって行われていた可能性を指摘できる。先に触れたように、別当にとって白川氏領への佐竹氏の進出が、自らの修験の統制権の地域的範囲の縮小に直結していく側面を明確に示している。

これに対して、寺山城へ入部した今宮氏が修験を編成する動きを見せていたことは、史料的にも確認できる。天正期の今宮氏の当主であった光義は、天正一三年(一五八五)に依上保の修験観養坊に対して、檀那に関する安堵状を発給したり(35)、その翌年には三光院に対して金襴地の許可状を発給している(36)、慶忠書状の文言「乱入故不知行」の具体像がそこからうかがえる。また、高野郡における佐竹氏の支配が次第に安定化すると、依上保や小里郷ばかりでなく、その活動は拡大した。時期は若干下るが、光義は、慶長三年(一五九八)に馬場社配下の修験と考えられる峰之坊を権少僧都に補任しており(37)、高野郡の修験を自らの下に編成する動きを見せている。佐竹氏の進出とともに、八槻別当の修験統制が危機に瀕していたことがうかがえる。

ここで注目できることは、この文書が「白川本領之内年行事職」の安堵をめぐって出されている点である。年行事職安堵は、八槻社に関してはこの文書を初見としている。年行事職とは、「所定地域の檀那の熊野などの参詣案内や祈禱さらにその地域内の山伏を支配する権限を有し[38]」た職とされ、領域内の修験統制権を意味する職である。八槻別当が従来保持していた「白河一家・同家風・地下人等[39]」(史料C)という先達職とは性質を異にする職である。既述のように、別当は、白川氏段階では、領主権力の先達職獲得を通じて領内の修験掌握・統制を行っていたと考えられる。しかし、八槻氏は、佐竹氏の進出によって白川氏の領域支配が縮小・後退する状況の中で、従来行っていた修験に対する統制の領域的・質的縮小を迫られていた。また加えて、佐竹氏系修験の今宮氏の入部もあり、檀那である領主権力と強く結びつく存在形態自体に変容を迫られていた。その意味で、八槻氏が、自らの修験統制権の根拠とした職を、先達職から年行事職へ転換させる必然性があったように思われる。

また、もう一点指摘できることとして、佐竹氏の高野郡支配が、八槻氏にとって深刻な問題を引き起こしていたことが、近世の史料[40]からわかる。

【史料G】

一、上中居と申候ハ今ニ御座候屋村ニて候、蔵人おやをゑびね土佐と申候而代々中居頭百姓候、佐竹殿給人旗元衆大山隠岐と申人知行ニ取申候、此段流村之次郎右衛門申候、正年七十七

一、下中居と申ハ今御座候屋村より少西へ立退西向之屋作ニて候、寺山村より斎藤河内申百姓中居へうつり居申候、是も佐竹殿給人岩堀遠江と申ニて旗元衆知行ニ取申候、蔵人時分之儀ニ候間定而可存候、此段関口村之勘解由正年七十三・寺山村之藤次左衛門正年七十四、此者かたく覚申候由申候事

この史料は、正保三年(一六四六)に中居村(棚倉町)の近津神社の祭礼をめぐる相論の史料であるが、右記の条書は、従来の祭礼の維持が困難となった理由を述べた部分に書かれている。上中居村は「ゑびね土佐」という人物が代々頭百姓を務めていたのだが、海老根土佐は佐竹氏家臣の大山義種の知行人になってしまったことが

述べられ、次に下中居村は寺山村から移った「斎藤河内」という人物が居住し、おそらく頭百姓を務めていたのだが、その斎藤河内も佐竹氏家臣の岩堀遠江守の知行人になってしまったことが述べられている。この文言が相論の主張としてとりあげられた理由は、従来の村落祭祀を担ってきた頭百姓層「ゑびね土佐」「斎藤河内」が佐竹氏の支配の中で給人化してしまい、その後の佐竹氏の転封によって村落を離脱して祭祀が維持できなくなったことが相論の原因であると主張されたことからである。相論では、この主張部分はあくまでも「申分」として典拠のない古老の記憶として述べられているが、斎藤河内については、文禄四年（一五九五）八月二八日付で四〇石の知行を佐竹氏から与えられており、子孫は秋田久保田藩士として佐竹氏に仕えていることが確認できる[41]。そのため、古老の記憶が現実に対応したものであったことがわかる。

この史料は、頭百姓層の給人化・離脱に伴って、村落祭祀の維持が困難となったことを語っている。これを村落祭祀を通じて地域を掌握していた八槻社の視点から見れば、従来の村落祭祀を担う社人にあたる階層の村落離脱を意味する。そして、そのことは、従来の社人層を通じた地域掌握が困難化することに直結する事態である。社人層や村落祭祀を通じた強固な地域社会との結びつきを保持することによって、八槻氏は、領主権力に対して影響力を保持していたのであり、祭祀の危機は、存在形態の存立基盤の危機に繋がるものであった。

戦国期に行われた佐竹氏の進出は、八槻氏にとって、檀那としての保護を与えていた白川氏の勢力を駆逐するとともに、村落上層の給人化による離脱を促して、村落祭祀を通じた地域掌握に変化を生じさせたことを意味している。地域社会への影響力を通じて檀那の保護を獲得するという領主権力との結びつきによって勢力保持を行っていた存在形態自体に破綻が生じていたことがうかがえるのである。

このように、白川氏と結びつくことを通じて自らの活動を強化していた八槻別当にとって、佐竹氏の白川領への進出は、深刻な意味を持っていた。そのことを示すかのように、佐竹氏が慶長七年（一六〇二）に秋田に移封されると、次の御教書が聖護院から発給される(42)。

【史料H】

奥州白川本領幷保内小里惣年行事職之儀、任前々奉書旨無別儀上者、同行道者以下堅可申付候、自然違乱之族雖在之、聊相違有間敷之由、依　聖護院御門跡御気色、執達如件

慶長七年七月廿八日　法眼(花押)

法印(花押)

八槻別当

御坊

この史料は、佐竹氏の移封直後に聖護院から八槻別当に宛てて、白川本領と天正一六年（一五八八）の書状で問題となっていた「保内・小里」の年行事職を安堵するものである(史料F)。佐竹氏の移封決定直後に、この御教書が発給されることは、八槻別当が佐竹氏の移封という政治情勢の変化の中で戦国期以前の自らの勢力範囲の回復・維持を目指して、積極的に聖護院に御教書発給を働きかけたことを示している。八槻別当が、佐竹氏の支配の下で逼塞を迫られていたことをうかがうことができる。

結びにかえて

以上のように、八槻別当の中世から近世にかけての存在形態に検討を加えてきたが、室町期から戦国前期段階において、八槻別当は、領主権力白川氏の先達職を獲得することを通じて、その職を媒介としてその活動を行っていた。その別当の活動の背景には、高野郡の地域社会と信仰を通じて深く結びついているという事情が存在していた。また先達としての八槻別当の活動は、熊野参詣ばかりではなく、広く白川氏の京都との結びつきに深く

関与しており、白川氏としては、そのことを前提として別当と結んでいたものと思われる。しかし、戦国期に佐竹氏の進出・支配が本格化する中で、白川氏との強い結びつきは、逆に別当にとって不利な状況となり、佐竹氏の下で逼塞を迫られる。その状況下に、佐竹氏の先達化を果たせない八槻別当は、先達職に代わる年行事職を獲得して、修験統制権の確保を目指した可能性を指摘した。

先達職から年行事職への職の転換については、師檀関係を中心とする組織から年行事を中心とする組織への変化であるという宮家準氏の重要な指摘がある。しかし、依然として在地領主制に基づく領主権力が機能し、その領主権力と結びつく中での修験への統制が行われて先達職が十分に機能している状況であれば、自ら存在形態に大きく変容を迫る職の転換を行う必然性は少ないように思われる。

南奥における年行事職の安堵の初見は、永正年間と考えられる勝仙院澄存による石川八大坊に対する安堵であるが、乗々院ないし聖護院よりは、天文二〇年（一五五二）に相馬上之坊、同二一年に田村大聖院[43]、前述のように天正一六年（一五八八）に八槻別当、慶長一四年（一六〇九）に石川八大坊[44]に与えられている。一見して、安堵の時期がかなりの時代幅を持っていることがわかる[45]。本稿では、八槻別当の場合には、年行事職安堵への転換は、佐竹氏の進出によって自らの修験統制が危機にさらされた結果であったと考察した。このことには、地方修験の要請に応じて、年行事職の安堵が行われた可能性が示されている。そのことから類推すれば、先達職から年行事職への転換が緩やかに進む理由は、各地方修験のおかれた状況によって職の変化への対応が修験個々によって異なった結果であった可能性を考えることができる。これは、年行事職への職の転換において、本山側の組織編成の論理のみでは語れない側面が存在したことを示しているのである。

中世後期から近世初期にかけて修験の世界も大きな変革の時期を迎え、本山派・当山派という大きな系列化が進められていく。その成立の過程を明らかにすること[46]は、それ自体が重要な意味を持つことはいうまでもない。

しかし、その変革の過程で、変革を受容するのみであったかにみえる各地域の修験個々に、その変革を受容するべき事情や状況が存在したことも見逃せない事実である。本質的には、その事情や状況自体が変革を必然化させるものである。従って、その側面を明らかにすることなくして、変革の意味を十分に捉えることはできないのであり、中世から近世への転換期における宗教界の再編の動きを捉えるためにも、地域の宗教勢力のあり方を今一度十分に捉え直す必要があるように思われてならない。

(1) 八槻社と同様に、近世以前は近津神社を称した。福島県教育委員会『都々古別三社報告』(一九八五年)・藤田定興「八溝山信仰と近津修験」(『日光山と関東の修験』、名著出版、一九七九年)・同『近世修験道の地域的展開』(岩田書院、一九九六年)。
(2) 以下、八槻都々古別神社を略す。
(3) これに対して馬場社は、別当不動院とは別の存在が神主職を継承し、八槻氏を中心とする八槻社とは異なる展開を遂げていたと考えられる。
(4)『棚倉町史』二巻、八槻文書一五号(以下『棚町』と略す)。
(5)『棚町』所収。
(6) 近津都々古別神社祭礼日記(『棚町』金沢文書二号)。
(7)『棚町』八槻文書七号。
(8) 菅生衡誉押書(『棚町』八槻文書一〇四号)。
(9) 蘆名盛氏判物(『棚町』馬場都々古別神社文書二号)。
(10) 田村盛顕書状(『棚町』八槻文書一八一号)。
(11) 佐竹義里(義隣)書状(同右一八五号)。
(12) 白川氏と八槻社の関わりについては、小林清治「結城白川氏と八槻別当」(『福島の研究』2、清文堂出版、一九八六年)・奥野中彦「白河結城氏と修験組織」(『地方史研究』一六五、一九八〇年)の先行研究がある。また、山本隆志

「室町時代の白河氏・那須氏と南奥政治情勢」(『中世東国武家文書の研究』、高志書院、二〇〇八年)でも触れられている。しかし、白川氏の先達職・斑目周防守をめぐる史料解釈については、見解を異にしている。
(13) 『棚町』八槻文書一一号。
(14) 寛正四年九月二八日付室町幕府奉行連署下知状(『棚町』八槻文書三一号)・明応四年八月一五日付室町幕府奉行連署過所(同四六号)。
(15) 寺町通隆書状(『福島県史』七、遠藤白川文書六九号、以下『福県』と略す)・富松氏久書状(同上、伊勢結城文書一八七号)。
(16) 永正一四年六月一〇日付乗々院御房御教書(『棚町』八槻文書七六~八五号)。
(17) 熊野総検校等連署下知状(『石川町史』三、石川大蔵院文書二一一号、以下『石町』と略す)。
(18) 乗々院役者連署奉書(『棚町』八槻文書三五号)。
(19) 慶乗・慶俊連署書状(同右四三号)。
(20) 石川一家同心状案(同右五一号)。
(21) 人名比定については明応八年九月十六日付乗々院役者連署奉書(『石町』石川大蔵院文書二二二号)を参照した。
(22) 永正六年八月三日付善順・秀栄連署書状(『棚町』八槻文書六八号)。
(23) 永正六年八月二四日付秀栄奉書(同右六九号)。
(24) 石川氏の事例ではないが、修験が八槻別当と同様の役割を果たしていたことは、小林清治「板東屋富松と奥州大名」(『福大史学』四〇号、一九八六年)・新城美恵子「坂東屋富松について――有力熊野先達の成立と商人の介入――」(『本山派修験と熊野先達』、岩田書院、一九九九年)でもとりあげられている。
(25) 延徳元年一〇月八日付慶乗・慶俊連署書状(『棚町』八槻文書四三号)参照。
(26) 田村氏に関しては、応永三年八月二三日付乗々院役僧奉書(『福県』青山文書四号)で、「奥州田村庄司遠末一家先達職事」が成立しており、白川氏のような一家先達職が一般的なあり方であった可能性が高い。
(27) 快弘・秀栄連署奉書(『棚町』八槻文書一〇二号)。
(28) 乗々院御房御教書(同右一〇一号)。

(29) 佐竹義久書状（同右一一二号）。
(30) 佐竹義久書状（同右一一五号）。
(31) 佐竹義久書状（同右一三一号）。
(32) 佐竹義宣知行充行状写（『茨城県史料』秋田藩家蔵文書一六―三五号）。
(33) 正保三年二月近津明神祭礼につき中井村祭礼破り一件（『福島県史』10下、八槻近津大明神領四四号、八槻文書）。
(34) 慶忠書状（『棚町』八槻文書一一九号）。
(35) 今宮光義判物（『大子町史』資料編上、吉成勤文書六三号）。
(36) 今宮光義金襴地許可状（同右、吉成勤文書六四号）。
(37) 法印道義補任状写（『棚町』高松文書七号）。
(38) 宮家準『修験道組織の研究』（春秋社、一九九九年）。
(39) 『棚町』八槻文書一一号。
(40) 正保三年二月近津明神祭礼につき中井村祭礼破り一件（前掲註33）。
(41) 和田昭為・人見藤通連署奉書（『茨城県史料』中世編Ⅳ、秋田藩家蔵文書五―八一号）。
(42) 聖護院門跡御教書（『棚町』八槻文書一四三号）。
(43) 『福県』青山文書三三号。
(44) 『福県』石川頼賢文書一一号。
(45) たとえば、八槻氏との相論の中で先達職を停止された石川氏に関する場合は、より早期に年行事職が成立する。
(46) 近年の成果としては、近藤祐介「修験道本山派における戦国期的構造の出現」（『史学雑誌』一一九―四、二〇一〇年）があげられる。

〔付記〕本稿は、一九九三年度に筑波大学に提出した修士論文の一部をもとに、二〇一〇年に歴史学研究会中世部会サマーセミナーにおいて報告した内容をまとめたものである。その間にさまざまな方から御指導・御指摘をいただいた。記して感謝の意を表したい。

会津田島にみる戦国期城下町の形成と市・宗教

須賀忠芳

はじめに

会津田島がその中核をなす陸奥国南山は、摂籙渡荘目録に「陸奥国長江庄」としてみえる勧学院領長江庄に由来する地域で、現在の福島県会津若松市南部・南会津郡下郷町・南会津町東部（旧田島町・旧舘岩村）、栃木県日光市北部（旧藤原町の一部）からなる大川（阿賀川）流域沿いの村落を中心に構成されている（図1）。南山は、長沼宗政が、その地頭職を得て以降、東国における長沼氏の有力な所領の一つとして推移した。[1]

陸奥国南山をめぐっては、会津田島において、一九八〇年代に『田島町史』が刊行され、南北朝期から戦国期における当地域のあり方について多くの知見が示されたことを契機としつつ、従来、否定的に捉えられることが多かった長沼惣領系の長沼庄（現、栃木県真岡市）から南山への拠点の移動をめぐっても、それが強行されたであろうことは確実視され、その背景について、南山の、関東と奥州をつなぐ結節点にある地理的有意性や、室町幕府と鎌倉府の両属関係を保持した長沼氏惣領系のあり方などから論じられている。[2]

一方で、長沼惣領系の南山移転をめぐっては、長沼庄還補までの一時的なもの、あるいはその目的実現のための便宜的なものとする方向性が強く、南山とりわけその拠点である会津田島における所領経営のあり方について

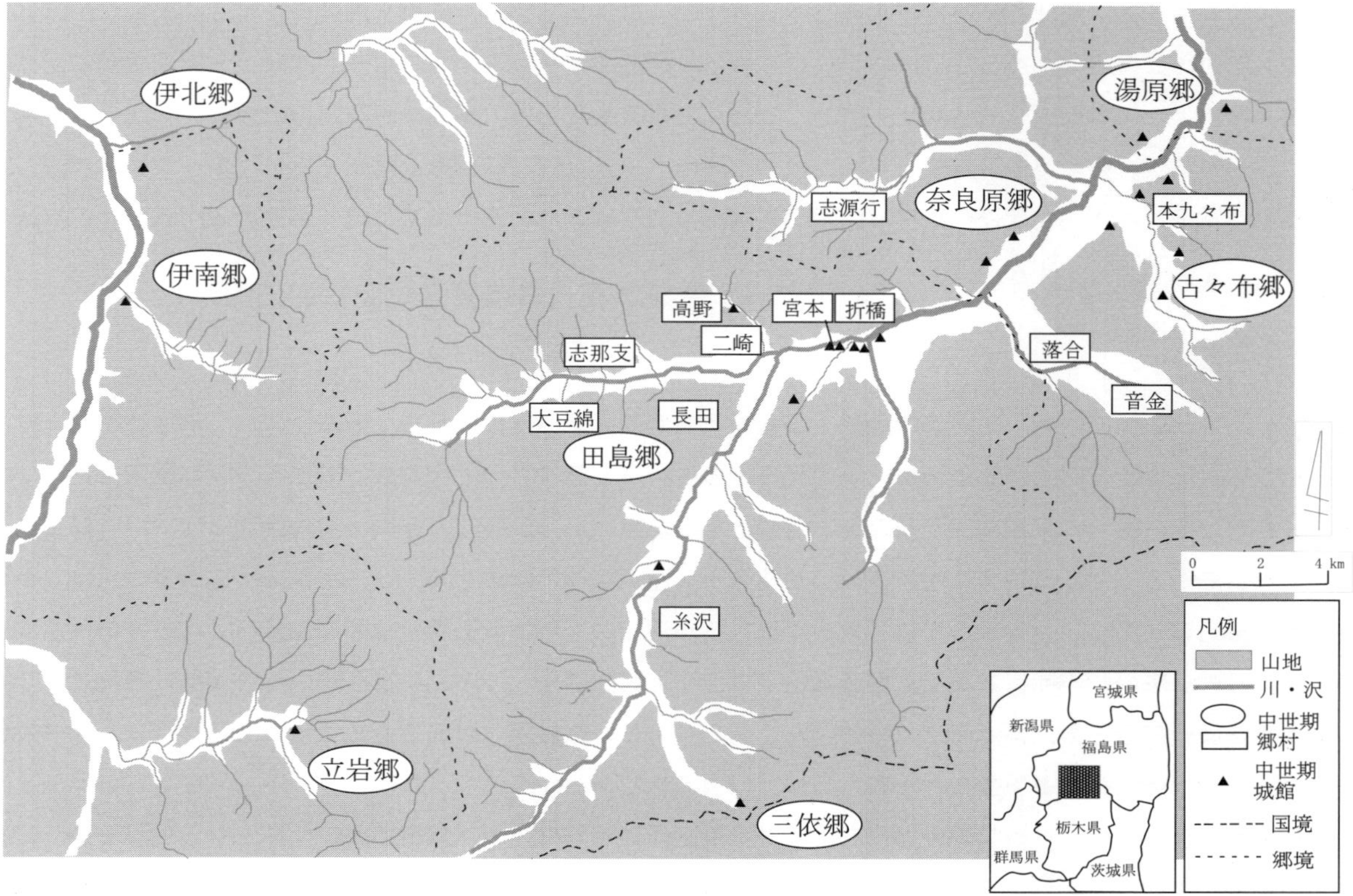

図1　陸奥国南山における中世期郷村と城館

はわずかに室井康弘氏の論が提示された程度で、[3]ほとんど論じられてはこなかった。特に、一五世紀前半に長沼庄の一円支配が回復し、惣領系が下野国に再移転したと想定される中、それ以降、会津田島に残存した長沼氏勢力は、会津黒川の葦名氏、白河の結城氏らと対峙する戦国期領主として成長を遂げることとなるが、その所領支配のあり方については明らかにされていないところが多い。[4]これまで、ほとんど顧みられることのなかった中世期後半とりわけ戦国期における会津田島の所領経営のあり方、およびそこで形成された戦国期城下町のあり方について、改めて論及する必要がある。また、小島道裕氏がいわゆる戦国期城下町の二元性論を提示[5]して以来、戦国期城下町をめぐって活発な論議が展開されながら、陸奥国における戦国都市のあり方については、史料的制約もあって、小林清治・大石直正の両氏が論及した程度で、[6]その解明はほとんどなされていないのが現状である。

本稿は、こうした問題意識をもとに、南山の主要領域である現在の南会津町田島地区に、領主権力によって設営された戦国期城下町の形成の過程と、それに関わる在地勢力のあり方、および市や寺社のあり方について論考を加え、あわせて、これを東国、南奥における戦国期城下町形成の一類型とも捉え、考察を試みていくものである。

一　会津田島にみる戦国期城下町の様相

当地において、戦国期城下町の形成を明示する同時代の史料は、決して多くはない。そうした中で、長沼家時代に執り行われていた牛頭天王祭（祇園祭）が、天正一七年（一五八九）の伊達政宗の会津入部以来中断し、長沼家も付き従った政宗退去後の蒲生氏郷・秀行の蒲生時代（天正一八＝一五九〇年から慶長三＝一五九八年）を経て上杉景勝所領下の慶長五年（一六〇〇）から途絶えてしまっていることについて、町の有力者らが「新規之事ニ無之、旧例ニ而言上申候間、御免ニ被仰付可然哉」として、その復興を強く求めた慶長八年四月付祇園祭復興願[7]は、中世後期における長沼氏の在地支配について示唆に富むものがある。当史料からは、長沼家が、祭にさいして永楽銭二貫文を下付して御輿を造らせたり、配下の「野士給人」らに対してその行列に参加して御輿に付き従うように申し渡したり、行列に城中から長器(長刀または行器か)などを貸し与えるなど、祭を全面的に支援してその盛行を支えているのがわかるほか、一年ずつ交替で祭礼の奉行人を勤めている堂本左近・室井主膳・渡部外記のほか、連署人の湯田右近・渡部外記・室井杢左衛門をはじめ、星備中・長沼蔵人・児山甚兵衛・猪又(股)縫殿助ら当史料に立ち表れる、当時の在地有力者と想定される者は、いずれも「長沼殿江由緒」のある者、すなわち長沼家旧被官であると目されている[8]。

長沼家と祇園祭との関わりについて、祭の主体である牛頭天王社の勧請の経緯は明らかではないが、祖家・小山氏以来の祇園信仰を背景としつつ長沼家により城中鎮護の守護神として勧請されたとする見方が一般的である[9]。牛頭天王は当地馬市の市神としても史料に表れ[10]、祇園祭もこれに関連する馬市も、長沼家退去後は断絶しており、それらの祭礼・市が長沼家の積極的な関与のもとに執り行われていたことを類推させるものがある。また、その復興を期す当時の町場有力者層は、長沼家旧被官の系統で、領主の退去後も当地に残り、町場有力者として町人化した存在であったこともうかがえる。こうした事実は、祇園祭の盛行と同時に、長沼氏が戦国期城下町の基盤づくりを積極的に進め、そこに被官層が重要な関わりを保持していたことを推論させるものがある。

当地における戦国期城下町形成をめぐって、猪股氏に伝存する次の史料も興味深い。

【史料1】 永禄一一年(一五六八)正月吉日付某公事免許判物[11]

町く地の事、いの又

ぬいの助ニこめんに出し候、

一切之事、於向後別条

あるまじく候、仍為後日、
如件、

（花押）

永禄十一年つちのへたつ　正月吉日

当史料は、永禄一一年、「いの又ぬいの助（猪股縫殿助）」が、領主から、町公事の免除を受けているものである。縫殿助の町公事免除対象地は定かではないが、江戸期前半の町並みを示す「享保五年田島地図」[12]（以下、「田島地図」と記す）において、「（猪股）縫殿助」は町場の主要な場所に敷地を持っており、永禄期以来の権限をその係累が相伝し、町方の主要な位置付けを保持したものとも考えられよう。なおかつ、公事免を受ける契機は、町場整備の功績によるものとも思われる。猪股氏に代表される、祇園祭復興願にも登場してくる人々は、「田島地図」においても町の有力者層として確認できる。実際、享和三年（一八〇三）八月宮本熊野神社書上帳[13]によれば、元禄三年（一六九〇）三月熊野神社棟札に、検断として室井氏の系統の黒川作右衛門、郷頭《ごうがしら》（会津藩独特の制度で複数の肝煎の上に立つ地方役人）に星傳左衛門、名主（上組）に猪股平七郎、同（下組）に児山彦左衛門の名前がみえる。また、問屋は猪股家が勤めていた。彼らは、長沼家被官当時に縫殿助と同様に町公事の永代免除がなされ、それ以来、一族としてその権限を保持しながら推移してきたとする見方が妥当であろう。これらは、旧長沼家被官層の町人化と町場への定着を明示するものであり、あわせて、永禄一一年に、猪股縫殿助が、町公事の永代免除がなされていることを考え合わせれば、この時期に、近世期には宿駅として発展した会津田島の町並みに継承される、戦国期における長沼氏による町場の形成が進行していたものとも考えられる。

長沼氏による戦国期城下町の形成を示唆するものとしては史料2も興味深い。

【史料2】『忠春日記』明和四年（一七六七）条[14]

(前略)田嶋町堀、往古は切通しより大乗院前へ出、後町薬師堂前迠一筋有之而已にて町用水無之候所、宮田喜八様と申若松御代官様御扱節、新町より水戸迠堀を高く水戸より下上へ引わけ候由也。其れ以前は春水などねごやより流候分之堀かた纔に有之□石かき積み候には古城之堀石など用候と云。(以下略)

当史料は、一八世紀の猪股忠春の日記の記載によるものである。史料中の宮田喜八は、万治二年(一六五九)から寛文四年(一六六四)または五年まで在勤した田島代官であり[15]、承応四年(一六五五)の田島村検地帳[16]に、宿駅としての会津田島の町割りをすでに確認することができることから、本史料は、一七世紀半ばを画期とし、その前後の町方の用水のあり方を指し示したものである。それによれば、一七世紀半ば以前の用水として、「切通しより大乗院前へ出、後町薬師堂前迠一筋」のものがすでにあったことがわかる。この用水は、現在も会津田島の市街地用水及び市街地北側の水田灌漑用水として用いられる、荒海川から引水する田島堰によるものである。

室井康弘氏は、文禄三年(一五九四)蒲生氏高目録帳[17]において、のちの田島村に相応すると思われる宮本分一三三六石五斗七升が、一七世紀末でもほぼ同量であることから、その開発は文禄三年以前、すなわち長沼氏時代には完成していたことを推論している[18]。室井氏はこうした事例を荒海川西岸の永田村にも見出し、長沼氏時代の積極的な新田開発のあり方を論じるが、おおむねその指摘は妥当といえよう。室井氏の指摘も勘案しつつ「田島地図」を基に、田島堰に拠る史料中の用水の流れを追い、当時の状況を想定すれば、「切通し」から「大乗院前」に出て「後町薬師堂前」に流れていたとされるその用水は、図2における地点AからB・C・Dまでの流れをさすものと思われる[19]。それを宮田喜八が一七世紀半ばに、石垣で水路を嵩上げして地点B′まで引水することに成功し、町の用水として用いるようになったというのである。この時、用水は、地点B′から街道と合流するC′まで引かれ、それを起点に「下上へ引わけ」て、街道の中央部を東西に引き分かれて流し込んだということになる。

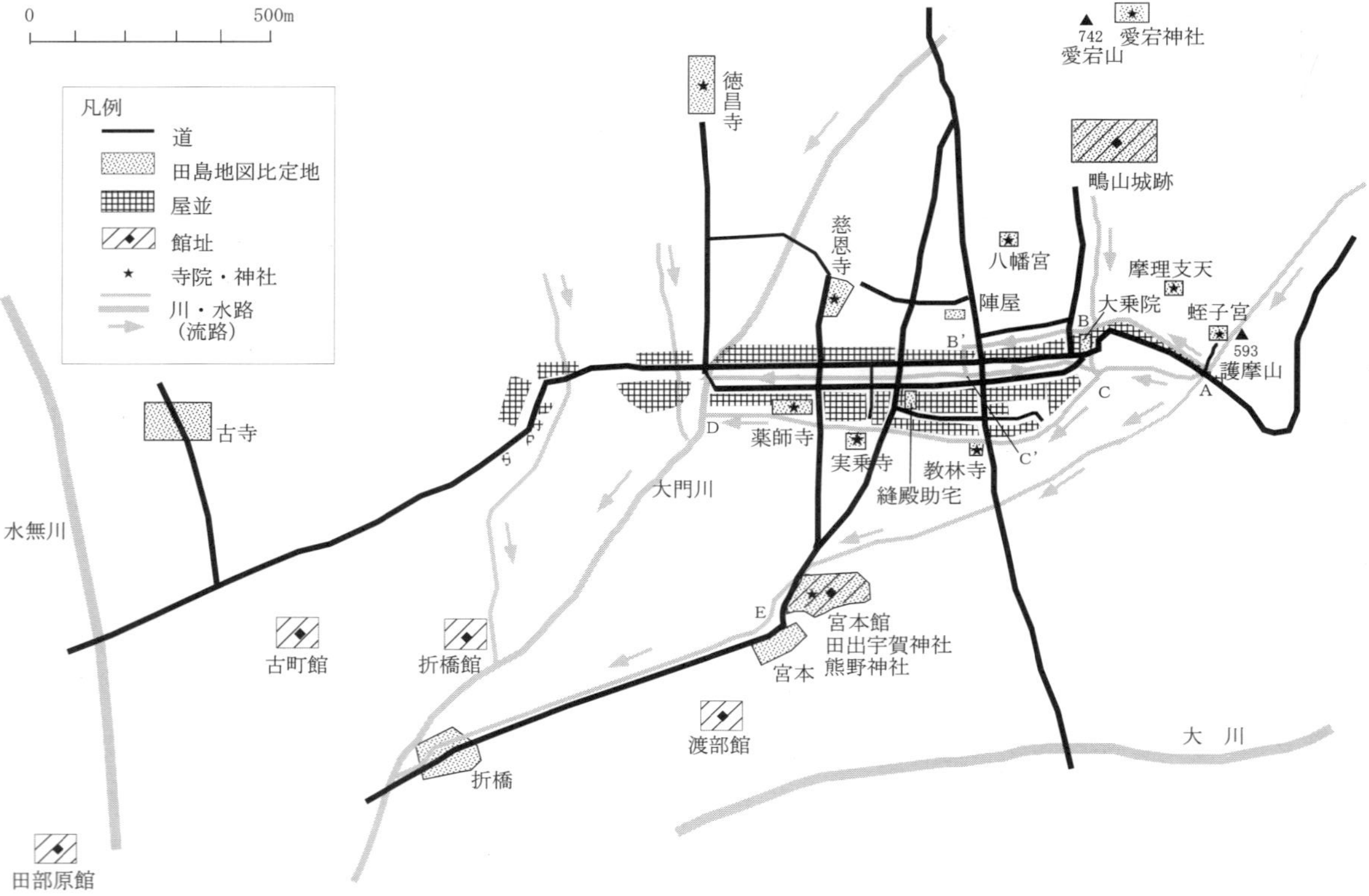

図２　享保期の田島村予想概観図
（「享保五年田島地図」、『田島町史２』及び現地での聞きとりをもとに作図）

「ねごや」から流れ込んだという用水は、『新編会津風土記』に「鳴山ノ半腹」にある清水として表れるとともに、[20]明治期の編纂物には「愛宕清水」として、「城趾ノ東ニ在リ著名ノ清泉ナリ」「甘冽大旱ト雖モ泉源涸レス」と記され、[21]近世期を通じて利用されたことがわかるが、「城趾」から「ねごや」を経由して町方へ流れる流路からみて、長沼家時代以来のものと想定することもできる。「田島地図」にみえる、地点Aから宮本方面のEまで流れる用水も、近世初めの田島の町並みを描いた別図（「近世初期田島町古絵図」）にみえることから、「町堀」の範疇外のものとして長沼家時代にさかのぼることも可能だろう。この別図では、当用水は宮本を経て折橋まで流れ込んで大門川と合流している。

長沼氏は、大永元年（一五二一）以来、葦名氏との間で数度にわたる戦闘を繰り返し、永禄年間には、その対立状況はピークに達したとされる。[22]長沼氏による町場の形成と用水の開削は、こうした事態において企図されたことを想定することができ、それにともなって、積極的な開発がなされたことも考えられる。一六世紀半ば、長沼氏は、会津田島において、積極的な田地開発と並行して、その拠点としての戦国期城下町の形成に取り組んでいくのである。

二　会津田島における戦国期所領支配の動向

戦国期における会津田島とその周辺における長沼氏の所領支配をみる時、その被官として、星（折橋）玄蕃（以下、星玄蕃と記す）及び前述の猪股縫殿助は、際立った存在感を示していることがわかる。本節では、玄蕃・縫殿助を主体としながら、当地における星氏と猪股氏の動向についてふれ、この時期の長沼氏による所領支配のあり方について論述する。

まず、星玄蕃は、次の史料にみえるように、当地における連雀頭として表れてくる。

【史料3】　貞享二年（一六八五）風俗帳[23]

（前略）

三月

一、朔日ハ田嶋の市初日、惣て市ハ一六の日也。盆前節季の見セ賃、内見世ニ居ル者五十文宛、外ニ居者ハ人ヲ出シ十銭、二十銭宛取ル。但し内見世ニ居ル者ニハ賄ヲスル。市の始め古ヨリ不分明、古ハ上郷、下郷の連雀頭ハ田嶋の端村折橋の玄蕃ニテ諸商売人正月廿日、十月廿日ニ玄蕃方へ礼ヲ勤シ也。今ニ日光ニハ折橋玄蕃見世場トテこれ有り。勿論売買支配の地ニテハ頭見世ヲ打也。（以下略）

星玄蕃は、連雀頭として六斎市を主宰して市銭を徴収し、「諸商売人」は正月・一〇月の年二回、玄蕃の下に「礼ヲ勤」めることが課せられており、なおかつ、玄蕃は日光に「見世場」を持ち「頭見世ヲ打」つことも行っている。星玄蕃は、南山の連雀頭として田島市を統制するとともに、その活動範囲は日光にまでおよぶ広域商人の一人であった。東照宮鎮座以前の「日光古町」の一つである日光・鉢石町の古道には会津道とよばれる道があったとされている[24]。そこに立つ市こそは、星玄蕃が「見世場」を保持した場所にちがいない。桜井英治氏の指摘によれば、一六世紀以来、葦名氏の下で会津黒川の商人司としての地位を保持したとされる簗田氏は、磐城・二本松・相馬・米沢・仙台といった広い範囲で商圏を確保するとともに、宇都宮の商人司・貞林（庭林）氏とも提携していたことが想定されている[25]。星玄蕃も、おそらくは簗田氏の動きと連携するかたちで、盛んな商業活動に従事したのである。

会津田島の中世城館には、長沼氏の拠点的城館とされる鴫山城に加えて、大川の河岸段丘上に、宮本館・渡部館・古町館・折橋館・田部原館が確認できるが、星玄蕃は、折橋館を拠点とした在地領主である[26]。折橋地区に残る安永二年（一七七三）の供養碑には文亀三年（一五〇四）から天正一二年（一五八四）にいたる生没年も刻まれており、その没年は、その係累になる星明人氏所蔵の過去帳とも一致しており[27]、その活動時期の中心は、一六世紀半ばごろであったかとも思われる。供養碑には、「折橋邑元祖」と記されるほか、前記過去帳でも「太祖」と記されており、一族内ではもちろん地域全体においても、後世、当地の画期をなした人物として評されていたことがわかる。

近年、星荒典氏によって、星明人氏所蔵になる、長沼盛秀から「星玄番」にあてられた発給文書（史料4）が明らかとなった[28]。

【史料4】　長沼盛秀書状[29]

地行之事

一　志けんきうかいごめん

是相違候ハヽ、同前之所江

盛秀（花押）

六月十四日

星玄番殿へ

当史料の発給者と思われる長沼盛秀は、一五世紀末から一六世紀初めに足跡のみえる者（以下、盛秀Aと記す）と、一六世紀後半に活躍し、伊達政宗から「無手延人ニ候条、心安候[30]」と評される者（同、盛秀Bと記す）とが確認できるが、そのいずれとも花押の形式が異なる点や、特殊ともいえる文書形式から、その史料としての正当性に留保すべき点はあり、あるいは後世の写とも考えることはできるが、史料伝存の経過からみて、折橋の星玄蕃に関わる史料であることはまちがいない。また、その内容でも、星玄蕃が、領主から「志けんきう」の給免を受けているという新たな事実は、星氏及び長沼氏全体におけるこの時期の所領支配のあり方を推し量ることができる点で史料的価値は高い。「志けんきう」とはいかなる場所を指すかが議論の的となるが、それについて、星荒典氏が、現下郷町志源行（図1参照）に比定したことは卓見といえよう。志源行は、奈良原郷に属し、「寛永一九年高之定」[31]によればその石高は六三石一升に過ぎず、『新編会津風土記』（巻三八）の記載でも「家数十四軒」と、周辺村落と比較して村落規模は大きくはない。しかしながら、折橋地区と志源行地区は峠をはさんだ直線距離二キロメートル程度に隣接し、折橋地区から藤生地区を経て志源行地区にいたる経路は、聞き取りによれば、近隣村落への近道として現在でも用いられることはあるという。また、『新編会津風土記』（巻三八）楢原村の項目に、館跡として「天正年中長沼氏の臣星玄蕃某と云者住せしと云伝ふ」とする記載が見え、このことは、星玄蕃の影響力が折橋からその北に隣接する奈良原郷一帯におよんでいたことの類推を可能とするものである。また、星氏には、文安三年（一四四六）に「宮本熊野本宮産社」と明記して熊野神社に懸仏を納める人物（星弾正）も確認でき[32]、田島郷北部の折橋・宮本地区一帯において影響力を保持していたこともうかがえる。

一方、一五世紀末から、長沼盛秀（盛秀A）は、所領再編に積極的に関わっていることが史料からはうかがえる。明応三年（一四九四）に田島郷から西方の立岩郷井下田の鹿島神社を修築し[33]、大永六年（一五二六）には立岩郷湯野入村の日光神社に「つのう《（角生）》村」二百八刈の田を寄進しているほか[34]、天文二年（一五三三）、田島郷高野村の大竹右京亮に知行充行状を発している[35]。年未詳ながら、葦名家家臣と目される七宮平兵衛尉に書状を送っているのも[36]、花押の形状から盛秀Aと思われる。この時、盛秀Aは、葦名家との間で対立と連携をくり返しながら、近隣郷村への影響力の拡大と、知行の再編に積極的に取り組んでいることがうかがえる。こうした流れの一環としてみた時、星玄蕃への知行充行状の発給者は盛秀Aであるにちがいない。星氏は、奈良原郷に隣接する古々布郷村落においても、在地領主としてその名を見出すことができ[37]、星玄蕃に代表される星氏は、奈良原郷・古々布郷から田島郷北部にかけて、その所領支配の一端を担っていたことがわかる。盛秀Aによる、星玄蕃への奈良原郷志源行の知行充行は、旧来からの知行権が改めて安堵されたとみることができようか。星氏のあり方からは、長沼氏の被官として給地を受ける武士的な側面と、会津田島はもちろん日光にまで影響力をおよぼす連雀頭としての商人的な側面とを見出すことができる。一方で、星氏の連雀頭としての地位をめぐっては、領主との関係性を確認できないことから、長沼氏によって新規に与えられたものではなく、その独自の位置付けにおいて伝統的に確保してきたものとも思われる。(38)星氏が、長沼氏被官でありながら、独自の広範な商業活動に従事できた背景には何があるのだろうか。

星玄蕃と思われる人物は、藤沢清浄光寺の過去帳に、教林寺の旦那「星氏某」として記載されている。(39)当地における唯一の時宗寺院、教林寺は、旧来、折橋の道場平《どじょうだいら》にあり、折橋に拠点をおく星氏は、教林寺と密接な関係をもったものと考えられ、星氏がその檀那としても位置付けられていたことを想定することに違和感はない。聞き取りによれば、寺院の移設により距離は隔たっていながらも、現在でも折橋地区住民のほとんどは教林寺の檀家であるという。また、先に触れた星玄蕃の供養塔にみえる院号が「橋梁院」であることも時宗との関わりを示唆するものである。時衆教団が土木事業に携わっていることはすでにさまざまな指摘があるが、同時に商業に関与する面が強くみられることも明らかにされている。(40)玄蕃の院号は、まさに時宗との強い関係性を示すものであり、その活動の背景に時衆教団の存在感がみてとれる。なおかつ、先に触れた熊野神社とのつながりから熊野修験との関係性も見出せる。星氏は、そうした宗教勢力による影響力を背景としつつ、領主から半ば自立した広域商人としての立場を強めていったものと考えることができる。一方で、応永二五年（一四一八）の清浄光寺時衆過去帳に「南山長沼」がみえ、(41)教林寺は領主である長沼氏との関わりも深い。ここにおいて、教林寺を通した星氏と長沼家との関係性を見出すことも可能である。

一六世紀半ばごろ、星玄蕃が連雀頭としての活躍を見せる一方で、前記史料1にみえるように、永禄一一年

（一五六八）、猪股縫殿助に対して、領主（盛秀Bか）から町公事免が出されるという新たな動きが起こってくる。

長沼氏被官としての猪股家の来歴は、星家とは異なることがうかがえる。当地における猪股氏の最初の足跡としては、猪俣憲頼が、永享四年（一四三二）に田島郷二崎（近世期は高野組下塩沢村宮下）の鷲神社に、その大旦那として鰐口を奉納していることが確認できる。[42]「猪俣」氏が猪股家と同族であるかどうかは明らかではなく、同地区内では、現在も「猪俣」姓が多く「猪股」姓はないとされるものの、やはり鷲神社を鎮守社として祀る滝原地区には、同社境内に「猪股長右衛門」を施主とする文政一二年（一八二九）の湯殿山碑が確認できることから、「猪俣」と「猪股」とが混同して表記され、両者が同族であると考えることもできるだろう。[43]同時に、二つの地区に共通する猪俣氏と鷲神社の組み合わせは、猪俣氏による鷲神社の勧請を類推させ、これは、関東に多く所在する鷲神社を、後述するように、関東からの流入勢力としての猪俣氏がその機縁をもって勧請したものとみることもできる。そして、猪俣家は、永享年間にはすでにその勢力を田島郷二崎に定着させていることがわかり、これは、前述の星家が田島郷宮本周辺に所領を保持しているのとほぼ同時期である。

猪股家に伝存する「猪股系図」覚書[44]によれば、猪股氏の来歴として、後北条家の被官として上野国沼田に所領を持っていたものの、何らかの理由があって、初代・土佐則久が沼田を離れ、日光を経て「田島に落居」するにいたったとされている。同じ系図中で、史料1の公事免を受けた人物は、土佐則久の長子としてみえる縫殿助則吉とされており、この記載に基づけば、土佐則久が関東から田島に定着するのは、少なくとも永禄一一年（一五六八）より以前ということになる。「猪股系図」覚書には、「信州の真田安房と云人と領地取かへの事」とする文言もみえ、天正一七年（一五八九）のいわゆる沼田領分割問題[45]が意識化されている。「猪股系図」の成立年代は明らかではなく、すでにその始まりは「不伝事跡も亦詳ならす」とされる中、猪股家の田島定着が永禄一一年以前とすれば、沼田領分割問題に猪股家が直接関わったとは考えられないものの、沼田領分割問題が当家の伝承に表れるのは、その渦中の猪俣邦憲に対して同族としての意識を強く持っていたことを示すことによるものではないだろうか。そう考えれば、猪股氏が、後北条家の被官であることや、その所領から日光を経て田島に落ち着いたとする伝えは事実としてみることもできるのではあるまいか。その技量を買われて、長沼家被官としての位置を占めることになるのである。なおかつ、永享四年に、田島郷にその足跡のみえる猪俣憲頼が、猪俣邦憲と同族であることをその通字から想定するならば、猪俣邦憲との関係を通してみても、「猪俣」氏と「猪股」氏を同族としてみることは容易であるといえる。関東流入勢力としての猪俣氏は、永享年間にすでに田島郷に勢力を扶植しており、それに依拠するかたちで同族の猪股氏が新たに入り込み、後北条家被官として形成された技量を発揮しつつ、長沼家において重きをなしていくのである[46]。

その一方で、土佐則久の次の世代は極めて特徴的な位置づけがなされていることが「猪股系図」からうかがえる。すなわち、長子である縫殿助則吉は「是より町屋に住居す」とされ、史料1にみえる町公事免を領主である長沼家から得る存在になるのであり、次子の半助則忠は、その死にさいして譜代の家来が殉死していることからも長沼家被官として推移したことが類推される存在である。室井家の養子となる三男・杢左衛門は、中世期末から近世期にかけて検断職を務めたこともわかる。とりわけ、史料1からは、縫殿助則吉に対して、町場における有力者としての立場が、この時与えられたものとみていくことができる。そうした猪股氏の状況は、小林清治・大石直正の両氏が指摘する「奥羽における兵商未分離の状態」をまさに明示するものであり[47]、なおかつ、市村高男氏が中世後期における城下の商職人上層部を「同一の個人が同時に武士であり、また商職人でもあった[48]」と定義づけるその範疇に一族をあげて該当する存在である。同時に、そうした状況は星氏も同様であったといえる。

「兵商未分離の状態」の下で同一視できる星氏と猪股氏の立場は、一方で、次の点で対称的な存在であるともいえる。星玄蕃に代表される星氏が、奈良原郷・古々布郷から田島郷北部にかけて、その所領支配を担う、旧来からの在地領主であり、同時に会津田島はもちろん、日光にまで影響力をおよぼす、おそらくは伝統的な地位としての連雀頭としての立場を保持してきたのに対して、猪股氏は、関東から流入する新興勢力であり、田島郷にその勢力を扶植していく経過は類推できるが、その所領のあり方は定かではない。近世期の動向においても、猪股氏が、永禄一一年（一五六八）の町公事免を背景として、あるいは町場を形成しつつ、その後の中心的な位置を占めることとなるのに対して、星氏が影響力を保持した折橋・宮本は、近世期においては田島村の端村としての位置づけを占めるにすぎない。長沼氏が主体となった牛頭天王祭を継承した、当所における田島祇園祭においても、現在、折橋地区が関わることは一切ない。こうした両者の差異をどう捉えるべきであろうか。

三　戦国期城下町における町場と宗教

星氏が拠点をおいた折橋館の東方に古町館がある。古町は現在地名では残存していないが、文政年間にとりまとめられた長沼氏系図の覚書によれば、「田島以前之在所」として「古町」がみえ、長沼氏がここを在所とし、屋敷を置いたという(49)。古町館の南の山裾には、近世期田島村の端村で、「田島地図」にもその地名がみえる古寺《ふんでら》があり、ここには、薬師寺があったと伝えられている(50)。薬師寺は、真言宗寺院であるとともに熊野先達職を有し、当地において強い影響力を持った寺院であった(51)。また、折橋の東の水無川岸、道場平《どじょうだいら》には、前述した時宗の教林寺があり、折橋には折橋稲荷社もある。有力居館である古町館・折橋館を有する当地区は、同時に寺社の配置された宗教空間としても機能していたことがわかる（図3における「古町」一帯）。

ところで、市庭の空間構成が神仏の配置によって意味づけられていることは、会津高田の市庭空間を記した「連雀之大事」が千葉徳爾氏によって公表されて以来(52)、注目されることとなった。この時、古町・折橋における

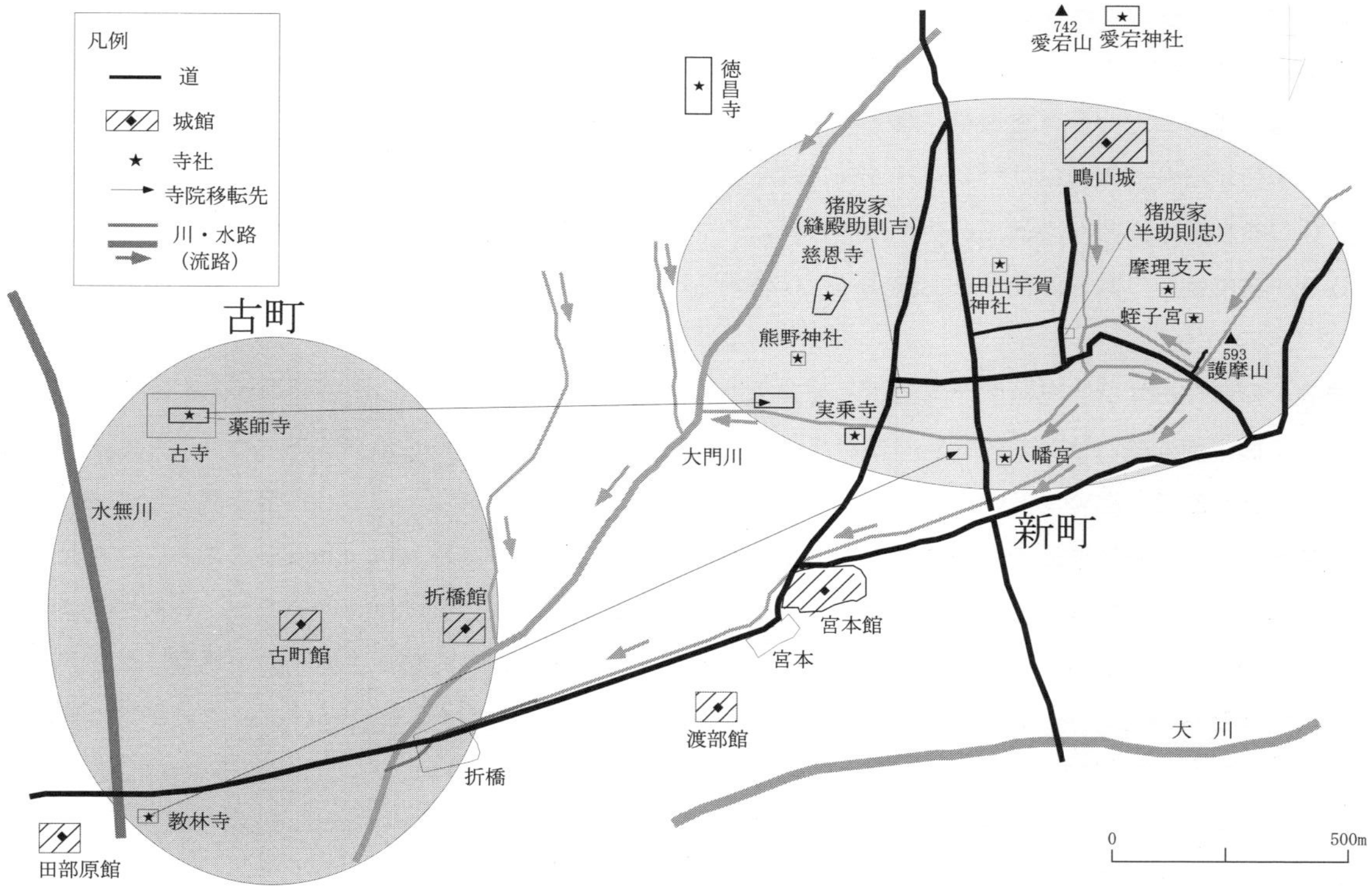

図３　永禄期の会津田島主要部予想概観図
（「享保五年田島地図」、『田島町史１』、永禄11年正月日付某公事免許判物、文禄２年宮本室井左近書留、『忠春日記』及び現地での聞きとりをもとに作図）

薬師寺・教林寺の位置づけは、まさに星氏の主管する市庭空間の位置づけを示すものにほかならないものと考えることができる。星氏が、時宗及び熊野修験と関係の深い、きわめて特徴的な「宗教的存在」であることはすでに述べた。同時に、前記「連雀之大事」は南山の熊野山龍福寺から授与されたものとされており[53]、当地における熊野修験が、あるいは会津地域全体において商人に影響を与えたことも類推できる。こうして形成された宗教空間こそは、当地の有力者であった星玄蕃をして市の催行を可能ならしめたのであり、同時に、星氏はそうした寺社との関係性を保持することで市庭を維持したものと考えることもできる。そして、その連雀頭としての権限は、すでに長く認められてきたものであるとともに、商業活動における権限や、市庭について、領主の干渉からはある程度独立したものであったと思われる。その点において、星玄蕃は、その強い存在感を発揮しえたのであり、なおかつ、星氏の主導の下に、折橋を中心に、領主権力から自立した市庭空間が形成されていたのである。そうした中世の市庭空間について、伊藤正義氏は、中世市庭遺跡の共通要素として、交通の要衝でありながら、街道の付け替えにより、近世以降の交通路からは、ややはずれている点をあげているが[54]、中世期における交通の要衝で六斎市も立てられる市庭でありながら、近世期には本村に対する端村として把握される折橋は、中世市庭遺跡の様相にまさに合致するものであるともいえる。

一方で、長沼家は、古町を経て、一六世紀半ばに、その要害として機能していた鴫山城に改修を加えつつ、そこを領国経営の拠点として定め、新たな町場の形成に着手したものと思われる[55]。町立と領主の関わりについて、池上裕子氏は、領主層の要求の強い馬市にともなう市立が領主層によってなされたことを示す史料が多いことをあげて、これを「領主が市立・町立の主体となる場合のあったことを示唆する事例」とし、領主層の城館近くの市町の多くのものも「領主が何らかの形で『立てる』行為にかかわったもの」とみて、その延長線上に戦国から近世にかけての城下町建設をみているが[56]、前述した、南山における牛頭天王を市神とした長沼氏主体の馬市開設もそうした事例と同一のものとして位置づけることができる。この市神を祀った祭礼こそは、田島祇園祭の原型となるが、祇園祭の現状をみる時、前述したように、これに、星氏が連雀頭として市庭を設けた折橋地区は、全く関与していない。このことは、領主権力の主催する市、あるいは市祭りとは別個のかたちで、星氏の市庭が存在したことを示すものであり、逆にいえば、星氏の市庭に領主権力が干渉することはできず、その市庭と領主の主催する馬市とは、いわば併存した状態で存在していたことになる。

小島道裕氏は、戦国期城下町のあり方について、「大名に直属する商工業者の居住区と市町という、二つの町屋部分を持つ」「前者は家臣団居住区と一体になった、大名と主従制結合を持つ人間によって作られた空間、即ち広い意味での給人居住域であり、市町はそれに対する非主従的な空間」からなるとする、いわゆる戦国期城下町の二元性論を提唱したが(57)、それに対して、齋藤慎一氏は、東国における事例を主としながら、小島氏のいう二元的な空間構成を戦国期城下町の成立以前に見出し、居館周辺の町場の存在と、それと連関する領主本拠の空間構成のあり方について論及した。さらに、その形成段階について、「一五世紀中頃以降に前代以来の本拠の空間に加えて要害も恒常的に持つようになり、併存の時代が現出」し、「一五世紀の末から一六世紀初頭の頃に居館の空間が移転し、要害と一体化し、いわゆる戦国期城下町の形成が開始」したと体系づけた。また、居館と要害が併存した要因について、「従前の都市空間を容易には止揚」できず、「領主と町場との競合関係が併存の関係を創出させた」と想定した(58)。齋藤氏の言をいれるなら、星氏の主導する折橋を中心とした市庭空間の克服と解消のための一元化の方策こそは、長沼氏による戦国期城下町の形成であり、そこに登用されていく存在こそが、新興勢力としての猪股氏なのではないだろうか。

一方で、仁木宏氏が、戦国期城下町における二元的構造について理解を示しつつも、それが主従制・イエ支配と楽市に起因するとする小島氏の論を厳しく批判し、独立した市場としての旧来の伝統を前提とした楽市のあり方を提示するなど、楽市及び戦国期城下町のあり方の再検討の必要を論じるのに対して[59]、小島氏は城下における振興策としての楽市のあり方や主従制的支配体系をめぐる従来の立場を堅持しつつ反論を加えている[60]。本稿においてその論争に立ち入ることは留保したいが、両者の議論において、戦国期城下町及び市の形成における宗教的側面がなんらかえりみられていない点は、大きな課題ではないかと考える。その観点において、市村高男氏が、中世城郭が寺院・神社や墓などとの深い結びつきを有していることをあげ、城郭・要害、館について、「占拠する空間＝『場』を一種の『聖域』としようという意図」があったと論じたことをもとに[61]、中澤克昭氏が、中世城郭について「籠城主体の呪術的な信仰と密接不可分であった」とし、とりわけ、修験山伏との関係性について、山岳信仰との関係性を軸としながら、「聖なる山に城郭を構える」ことの導者として、また、用水の便や山岳信仰のネットワークを活用すること、さらには海城との関わりについても、それが重視されていたことを広範な事例を通じて明らかにしている点は傾聴に値する[62]。

鳴山城改修にともなう戦国期城下町の創出において、その意図の明瞭な点は、星氏の市庭空間を規定した薬師寺と教林寺の移転がなされたことにある（図3）。その時期は定かではないが、長沼家時代のいずれかの時期に、両寺院は、古町・折橋地内から鳴山城近くに移転しているという事実がある。会津田島において形成された戦国期城下町のあり方をみる時、薬師寺（真言宗、本山派修験）・教林寺（時宗）が改めて配され、その用水は、鳴山城を主体とした「ねごや（根小屋）」をめぐるものや宮本館など周辺城館をめぐるものに加えて、大乗院（本山派修験）から八幡宮、実乗寺（南岳院（本山派修験大先達）旧地）も経由してめぐらされていることがわかる。鳴山城が置かれた愛宕山には、薬師寺に由来する愛宕神社が祀られ、その町の東を大門川が、西を護摩山が区切るという空間構成からは、商業ネットワークにも起因する修験をとりこみつつ、まさに、「聖域」としての空間がここに形成されたことがうかがえる（図3における「新町」一帯[63]）。同時に、戦国期城下町において、その聖域化こそが不可欠であったことをうかがわせるものともなっている。

市村高男氏の指摘によれば、永禄年間から、各地で城下に新たな宿・町を建設する動きとともに、一部特権的商人を重用することで領域内の流通統制を強化する動きがあるという[64]。さらに市村氏は、そうした城下の宿・町への経済諸機能の集中は、「在郷の宿・町・市場の機能に対する抑止策」であり、「下からの動きを中心に形成された在郷の宿・町や新宿、直接にはそこに立つ六斎市が領主権力によって法的に否定された」ものとみている[65]。長沼氏による、永禄期を中心とした、戦国期城下町形成の動向は、領主権力のおよばなかった、従来の六斎市とそれを主管する星氏の連雀頭としての権限とを根こそぎ否定するものであり、なおかつ、新興勢力としての猪股氏に町場における特権を付与することもまた、そうした動きの一環として読みとることができよう。その一方で、新たな経済拠点を創出するためには、宗教を背景とした商業ネットワークの活用を企図しつつ、その聖域化を図ることが不可欠で、宗教勢力と密接な関係を有した旧来の勢力と距離をおきつつもそれをとりこみながら、その影響力を新興勢力に継承させることも必要であった。そこにおいて、領主権力によって、新興勢力に新たな特権が付与されるとともに、半ば強引とも思える寺社の再配置がなされ、その「聖的空間」が担保されることによって、戦国期城下町は完成されるのである。

おわりに

長沼氏による会津田島における戦国期城下町の形成を通して、戦国期城下町の形成の過程と、それに関わる在地勢力のあり方、及びその聖域化をめぐる市や寺社のあり方について考察した。会津黒川（のちの会津若松）をはじめ、戦国期城下町のあり方が明確ではないことの多い南奥にあって、会津田島の事例は、東国、南奥における戦国期城下町の一類型として見出すことができるものと思われる。

一方で、同様に南奥の事例として、田村氏が、弘治三年（一五五七）、天正一〇年（一五八二）の福聚寺への掟書で、その聖域的治外法権を否定、停止し、中世的な寺社との関わりから脱却を図る動向もみてとれる。それをもって、小林清治氏は「戦国時代は、宗教の権威の卓越する中世から、世俗権力の確定する近世への移行の時代であった」と断じる。[66]また、会津若松の事例で顕著なように、近世城下町は、郭内から寺社を排除し、軍事的目的も加味しながら、その縁辺に配置していくことはよく知られている。[67]戦国期から近世期にかけての、城下町におけるその聖域化の動向と、それに相反する寺社排除の動向とをどのように解釈すべきであろうか。まさにその変化の過程において、長沼氏による戦国期城下町の形成がなされたものの、長沼氏の退転にともない、長沼氏によって形成された「聖的空間」は、結果的に残存することとなったとする解釈も可能かとも考えられる。

戦国期城下町として創出された鳴山城下の空間は、その後、天正一八年（一五九〇）の長沼家退転後、一七世紀半ばごろには、その町場を基礎とした宿駅の形成がなされ、残存した長沼家旧被官層が有力町人として町場運営に主導的役割を果たしていく。そうした中で、猪股家と星家とは婚姻関係を通じて結びついていくことになる。[68]星玄蕃から三代目にあたる、星与次右衛門は「田島に出ル」人物として認識されており、[69]これを折橋から田島町場へ出る意と捉えることもできようか。星氏の連雀頭としての権限を、一面では否定しながらも、また一面では継承するかたちで形成された田島の町場に、星氏自身が入り込んでいく時、会津田島の町場は、一方で残存し続けた中世的側面の一つを消失させつつも、その一方では、中世期の強いつながりを保持しながら、近世期の宿駅として、新たな都市的展開を迎えることになるのである。

（1）『田島町史　第五巻　自然・原始・古代・中世史料』文献編七四（一九八一年、以下、『町史五』と記す）。同様に、以下の『田島町史』については巻数のみを記すこととする。『田島町史　第一巻　通史Ⅰ　原始・古代・中世・近世初

期』(一九八五年)、『田島町史　第二巻　通史Ⅱ　近世』(一九八八年)、『田島町史　第四巻　民俗編』(一九七七年)、『田島町史　第六巻(上)　近世史料Ⅰ』(一九八六年)、『田島町史　第六巻(下)　近世史料Ⅱ』(一九八七年)、『田島町史　第一〇巻　地誌・人物・史料補遺・目次・史料目録』(一九九二年)。

(2)　そうした観点からの先行研究には、江田郁夫「十五世紀の下野長沼氏について」(『栃木県立文書館研究紀要』一、一九九七年、のち「鎌倉府体制下の長沼氏」として補訂、『室町幕府東国支配の研究』に所収、高志書院、二〇〇八年)、阿部能久「関東府体制下の長沼氏」(『日本史学集録』二六、二〇〇三年)、須賀忠芳「中世後期長沼氏の存在形態——陸奥南山の所領と交通上の位置——」(『日本史学集録』二八、二〇〇五年)がある。

(3)　室井康弘「長沼氏と陸奥国南山」(小林清治編『福島の研究　第2巻　古代中世篇』、清文堂出版、一九八六年)。

(4)　筆者は、かつて、会津田島に残る近世絵図を読み解きつつ、近世町絵図を用いた地域史授業開発を論じた稿で、用水の開削や長沼家旧被官層の動向から、近世期における田島の宿駅としての町割が、長沼家時代の町場を土台として形成されているものであることを類推した(須賀「歴史教育における近世町絵図の活用——『享保五年田島地図』を素材として——」、『日本史学集録』二五、二〇〇二年)。

(5)　小島道裕「戦国期城下町の構造」(『日本史研究』二五七、一九八四年、のち『戦国・織豊期の都市と地域』に所収、青史出版、二〇〇五年)。

(6)　小林清治「封建領主の『町』支配の権原」(『日本歴史』二八四、一九七二年)、同「戦国城下町の成立——宿地千軒から八丁目城下町へ——」(『福大史学』七四・七五合併号、二〇〇三年)、大石直正A「中世の門前町、会津塔寺」(小林清治先生還暦記念会『福島地方史の展開』、名著出版、一九八五年)、同B「陸奥国の戦国都市」(大石直正・小林清治編『陸奥国の戦国社会』、高志書院、二〇〇四年)。

(7)　『町史五』文献編三三九。

(8)　『町史二』三九三頁、及び前掲註(4)論文参照。

(9)　室井康弘『会津田島祇園祭』(歴史春秋社、一九八七年)。

(10)　正保二年田島町差出帳(『町史六(上)』)。

(11)　『町史五』文献編二五七。

(12) 杉原俊一氏蔵。当絵図は、街道に沿った二三三軒の整然とした間口割りが示され、一筆ごとにその住人が書き込まれているのが特徴的で、覚書には各町の範囲と距離も明記されるほか、町割ごとにその住人・軒数を確認することができ、一八世紀前半における当地の状況を知る手がかりとして重要な素材であるといえる（当絵図の詳細は、前掲註4論文参照）。

(13) 『町史六(下)』宗教編七七。

(14) 『町史六(上)』一六四。

(15) 『町史二』、二九七頁。

(16) 『町史六(上)』四。

(17) 『町史五』文献編三二四。

(18) 前掲註(3)。

(19) 『町史二』では、用水の流れを「切通し」から直接、「大乗院前」に引かれたものとみているが（二九七頁）、現在の流路に即して、稲富正昭家（旧大乗院）の後ろまで引水されて、そこからその前に流れ込んだものと想定した。

(20) 『新編会津風土記』巻三九。

(21) 「南山新道之記」（明治一七＝一八八四年）（『南山史料集成　第一輯』、一九九二年）。

(22) 『福島県史　第七巻　資料編2　古代・中世資料』（一九六六年）、99―一一五・99―一三九、及び『町史一』二六二～二六四頁参照。

(23) 『町史四』文書資料(四)。

(24) 山澤学「日光・鉢石町における大工職の編成形態」（『年報日本史叢』、一九九七年）。

(25) 桜井英治「中世商人の近世化と都市」（『日本中世の経済構造』、岩波書店、一九九六年、初出は一九九〇年）。

(26) 前掲註(20)。

(27) 星荒典「鳴山城主長沼盛秀発給の星玄蕃宛文書について」（『歴史春秋』七二、二〇一〇年）。

(28) 同右。

(29) 星晃氏所蔵。同文書は、平成二二年から星氏より福島県立博物館に寄託されており、寄託者のご子息、星明人氏の了解を得て実見した。
(30)『町史五』文献二八八。
(31)『下郷町史　第一巻』近世編一四八。
(32)『町史五』金石文五。
(33)『町史五』文献編一九三。
(34)同右、二二三。
(35)同右、二三一。
(36)同右、二三九。
(37)同右、一一二。
(38)星氏と同様に、武士的側面を持ちつつ、商人司として史料にみえる会津の簗田氏や宇都宮の庭林氏も、領主権力によってその活動に規制を受けている状況はみあたらず、むしろ独自の判断で広範な商業活動に従事していることがうかがえる(桜井前掲註25論文及び鴨志田智啓「宇都宮庭林氏の研究」、『栃木史学』七、一九九三年参照)。
(39)『町史二』六二二頁。
(40)たとえば、網野善彦は、一九九〇年代半ばに、一五世紀に酒屋・薬屋・鍛冶屋等の商工業者や芸能民などが時宗信徒にいたことをとりあげ、各地域の都市民と時宗との関わりについて探求すべきこととして問題提起している(「一遍聖絵」、『日本中世に何が起きたか――都市と宗教と「資本主義」』、日本エディタースクール出版部、一九九七年、初出は一九九四年)。
(41)『町史五』文献編一四八。
(42)同右、金石文二七。
(43)これに関連して、『町史一〇』は、「猪股」と「猪俣」を小田原北条家の家臣として異なる表記がなされることから別の一族としてみなしている(八六~八七頁)。
(44)『町史一〇』。
(45)天正一七年(一五八九)、豊臣秀吉の裁定に基づいて定められた後北条氏と真田氏との沼田領分割は、北条氏邦の重臣・猪俣邦憲による真田分沼田領内、名胡桃城奪取によって反故となり、それが引き金となって秀吉による小田原合戦が開始された（『群馬県史　通史編三　中世』、一九八九年、七一二～七一六頁参照）。

(46) 長沼氏と北条氏との関係については、今後さらに検討を加える必要があるが、北条氏照から長沼氏におくられた書状も確認できることから（『町史五』文献編二七六）、何らかのつながりを持っていたことも類推される。

(47) 小林前掲註(6)論文、大石前掲註(6)B論文。

(48) 市村高男「中世後期における都市と権力」（『歴史学研究』五四七、一九八五年、のち、「戦国期城下町の形成と民衆」として改題し、『戦国期東国の都市と権力』に所収、思文閣出版、一九九四年）。

(49) 『町史五』文献編系図（一）長沼氏一。

(50) 『町史二』三二九頁。

(51) 同右、六三二～六三四頁。

(52) 千葉徳爾「会津高田の市立方式についての修験の巻物」（『日本民俗学』一三一、一九八〇年）。

(53) 菊地利夫「行動歴史地理学の論理と歴史地理」（『歴史人類』七、一九七九年）。

(54) 伊藤正義「市庭の空間」（国立歴史民俗博物館編『中世商人の世界――市をめぐる伝説と実像』、日本エディタースクール出版部、一九九八年）。

(55) 長沼氏の拠点的城館には、三つの曲輪を有するとともに長沼氏時代の用水が流れ込み、現在は田出宇賀神社・熊野神社の社地となっている宮本館を考慮に入れる必要もあり、その位置づけについては後考を期すこととする。

(56) 池上裕子「市場・宿場・町」（『日本村落史講座　第二巻　景観一（原始・古代・中世）』、雄山閣出版、一九九〇年）。

(57) 前掲註(5)。

(58) 齋藤慎一「戦国期城下町成立の前提」（『歴史評論』五二七号、一九九七年、のち『中世東国の領域と城館』に所収、吉川弘文館、二〇〇二年）。

(59) 仁木宏「室町・戦国時代の社会構造と守護所・城下町」（内堀信雄ほか編『守護所と戦国城下町』、高志書院、二〇〇六年）、同「書評／小島道裕著『戦国・織豊期の都市と地域』」（『史学雑誌』一一八―一、二〇〇九年）、同「近江石寺『楽市』の再検討」（千田嘉博・矢田俊文編『都市と城館の中世――学融合研究の試み』、高志書院、二〇一〇年）。

(60) 小島道裕「戦国期城下町と楽市令再考——仁木宏氏の批判に応えて——」（『日本史研究』五八七、二〇一一年）。
(61) 市村高男「中世城郭論と都市についての覚書」（『歴史手帖』第一五巻四号、一九八七年）。
(62) 中澤克昭「城郭と聖地——中世城郭と山岳修験——」（『中世の武力と城郭』、吉川弘文館、一九九九年）。
(63) 「新町」の地名は、文禄二年宮本室井左近書留（『町史五』三二一）にみえ、その場所については諸説あるが、当期における「古町」に対する「新町」としては、鳴山城から大門川にいたる、現在地名「本町」を中心とした一帯（「田島地図」では現地名「本町」に加えて「上町」「上仲町」「中町」にいたる現在の田島地区中心部を「本町」と称している）を指すものと想定するのが適当ではないかと考える。
(64) 前掲註(48)。
(65) 同右。
(66) 小林清治『戦国の南奥羽』（歴史春秋社、二〇〇三年）。
(67) 会津若松城下における寺社配置については、『会津若松史　第二巻』（一九六五年）、『会津若松市史4　歴史編4　近世1』（一九九九年）など参照。
(68) 「猪股系図」（『町史一〇』）。
(69) 同右。

沼の生業の多様性と持続性——江戸時代の下野国越名沼を対象に——

平野哲也

はじめに

本稿は、江戸時代から明治時代初期にかけて、低湿地の池沼地帯の村々やそこに住む百姓が、沼と周辺の自然環境や動植物をいかに利用してきたか、沼に関わる多様な生業のあり方とそれらを維持する秩序・慣行の形成について検討するものである。

近年、とくに中世史の分野において「人と自然の関係史」への関心が高まり、研究が大きく進展している[1]。田畑に主眼をおいた従来の農業史研究にも「人と自然の関係史」の視点は内包されていたと思われる。ただし近年は、主に山野河海を舞台として、人々の自然・資源利用の諸活動＝生業を切り口に、人と自然の多様で複合的な関係が具体的かつ豊かに解明されている。人と自然が規定し合い、影響を及ぼし合う相互関係の追究である。

沼利用のあり方を考察する本稿にとっては、内湖・潟湖を対象に「水辺の環境史」を長期的に多側面から解明した佐野静代氏の研究が参考になる[2]。なかでも、人間による水辺の資源利用の多様性と連関性、村による資源の利用・管理、人間の生業活動（生物資源の利用）がつくりあげてきた生態系の維持・循環システム（「二次的自然」）などの論点は注目できる。また山本隆志氏は、低湿地における住民の積極的な生活資材獲得の実態と変化を、荘園・村・百姓など諸主体の利用形態と関わらせて明らかにした(3)。生業としての自然利用の検討には時代区分を越えた長期的分析が必要であり、自然利用や環境の歴史を考える際に外部の市場条件（都市の牽引力）を視野に入れなければならないという指摘は重要である。

本稿は、そうした先行研究に学びながら、下野国南部に存在した越名沼（現在の東北自動車道佐野・藤岡ＩＣ付近）を対象に、沼に関わる生業の実態を解明していく。

一　越名沼の多彩な生業

三毳山《みかもやま》の西南に広がる越名沼は、東西が二〇〇間、南北が六〇〇間ほどあり、西岸は北から鐙塚村・高萩村・越名村、東岸は西浦村・幡張村（五か村のうち幡張村は栃木市、他はすべて佐野市）に囲まれていた（図1）。明治二五年（一八九二）の『栃木県統計書』によれば、周囲二九町、面積五六町歩の越名沼は、栃木県の湖沼の中で、中宮祠湖（中禅寺湖）、入ノ沼、赤間沼に次ぐ第四位の大きさを誇っていた。当時、越名沼には、専業三人、兼業六五人の「漁人」があり、一二艘の「網船」と三五艘の「雑魚船」が稼動していた。明治一三年の漁業収入はおよそ二〇〇円にのぼった。越名沼で捕れる魚種としては、「鯉・鮒・鰻・鯰・鰕（海老、丸括弧内注記は筆者による、以下同じ）・雑魚」があがっている。一九世紀前期にできた「佐野往来」でも、越名沼の名物として鯉・丸鮒があげられ、西浦・幡張村による市町での「粕蝦」販売が記されている(4)。越名沼は淡水魚の宝庫だったのである。

越名村の村高は、慶安期に二三九石一斗四升三合（田高一二〇石余、畑高一一八石余）あり、元文四年（一七三九）には二五三石九斗七升一合へと微増した。寛永一〇年（一六三三）に彦根藩井伊家の領地となり、その後は、彦根藩以外に幕府や旗本の支配が入り、元禄期以降は幕末まで三給支配を受けている。元文四年当時の三給

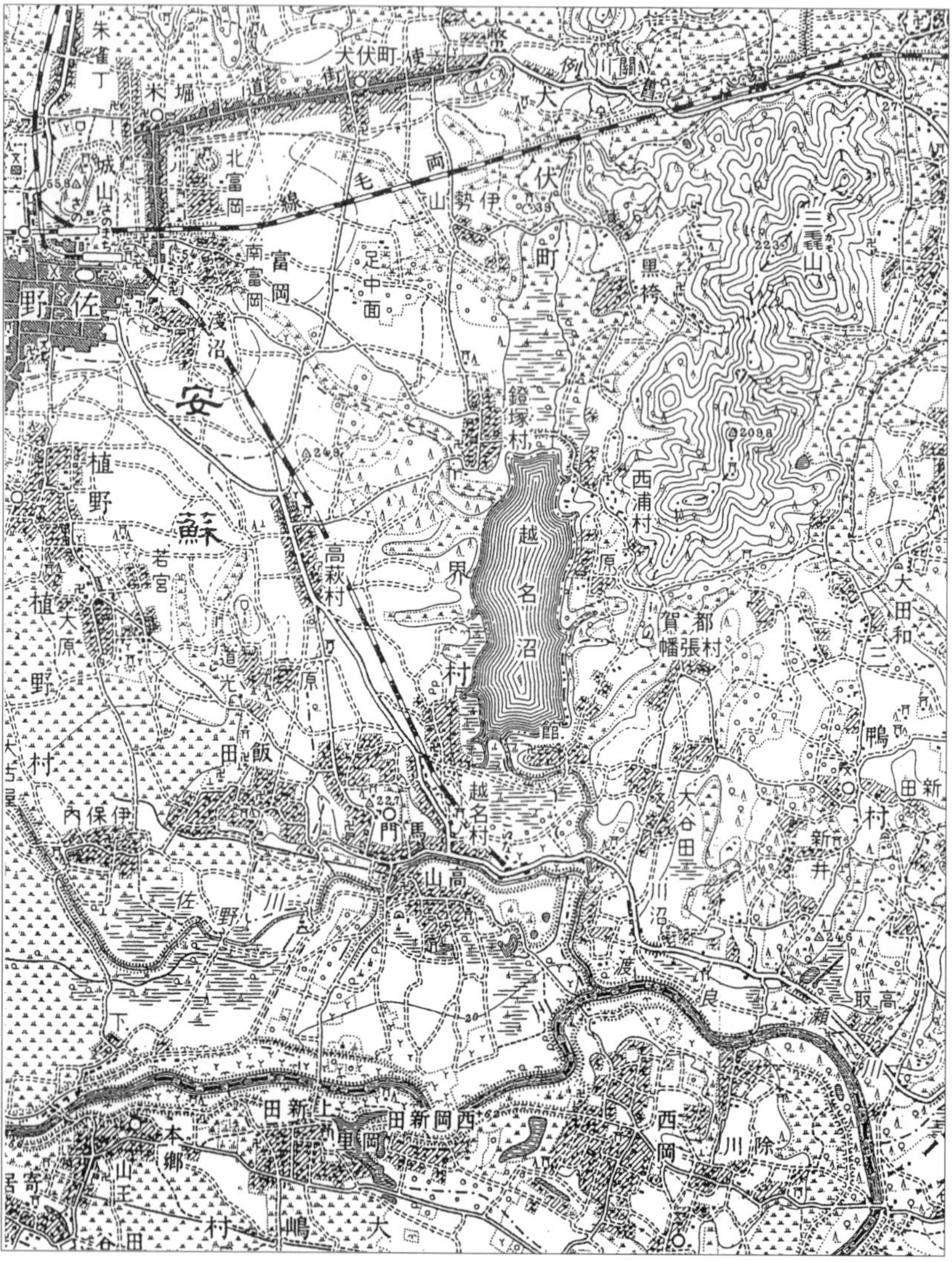

図１　対象地域図（越名沼周辺）

５万分の１地形図「古河」（明治42年(1909)発行）より作成

の内訳は、幕領が六九石六斗九升六合、彦根藩領が一一七石七斗七升五合、旗本森川氏知行所が六六石五斗であった。百姓の家数は一三五軒、人数は六四五人を数えた。

越名沼は、天正一二年（一五八四）五月上旬、佐竹氏・宇都宮氏連合軍と北条氏とが全面対決した沼尻合戦の戦場のすぐ西に位置する。一七世紀後半に成立した『北條記』は、佐竹氏が大田和村（栃木市）に、北条氏が藤岡村（栃木市）に陣を敷いて対峙したこと、両地点の間が「難所ニシテ、馬ノ足モ不立」という状態だったことを伝えている。(5) 江戸時代に古戦場を描いた「野州太田和御陣場絵図」には、三毳山以南から渡良瀬川以北に、東より赤間沼・只木沼・大谷田沼・越名沼の四つの沼が登場してくる。(6) 絵図では、越名村の南東部を含めて「深田」地帯が広がっている。いずれも江戸時代の記録・絵図ではあるが、天正年間末期、渡良瀬川に連なる池沼地帯が軍馬の足がとられるような湿地帯で、水田では湿田が際立っていたことがうかがい知れる。絵図には、越名沼の付近に「沼ノ分是迄越名也」という記述がある。沼の所有権・利用権について、越名村が他村と比較して優位に立っていたことが推測できよう。

ここで、明治四二年（一九〇九）の五万分の一地形図（図1）から越名沼の自然環境を見ておきたい。越名沼の北から犬伏町（佐野市）の南にかけて広がる湿地帯は、かつて阿曾沼が存在した領域である。越名沼の南、越名村の集落の東南にも広大な湿地帯があった。また沼の周りには、沼に向かって幾筋かの谷地田が開かれていた。ただし、越名村周辺は一面の湿地・水田地帯であったわけではなく、畑地の方がはるかに優っていた。

次に、越名村彦根藩領分の明治初年の村明細帳に記された村の生業を概観しよう。(7)

越名村の農業用水の条件は「天水ニ而水損場」であった。耕地や集落より低地にある沼はもちろん、越名村の南部を流れる川幅一四、五間の佐野川（秋山川）からも用水を引くのは地形的に困難であった。実際、江戸時代の文書からは、水不足や旱害に悩まされる百姓の姿が散見される。その反面、佐野川や越名沼に挟まれた越名村は、田畑の水腐や家屋の浸水といった水害の常襲地帯でもあった。越名沼には、小野寺（岩舟町）の谷からの「山川」（三杉川、現在は越名沼干拓後の水田の排水路）をはじめ、周囲の村々から沢水や悪水が流れ込み、沼の悪水は、川幅五、六間の「江川」と二間ほどの「新堀川」を通じて佐野川に流下していた。そのうえ天明三年（一七八三）の浅間山噴火以降には、利根川の河床が上がり、利根川や渡良瀬川の逆水によって沼周辺はいっそう水害に見舞われやすくなった。

越名村は佐野川に面して河岸場を営み、「川岸場積問屋運上」を上納していた。佐野川は渡良瀬川に合流し、やがて利根川につながり、江戸川・小名木川を通じて江戸に達する舟運路であった。越名河岸には船問屋があり、荷物の積み降ろしに従事する人夫や馬方の労働需要が生まれた。また、沼や水田に飛来する渡り鳥を狩猟対象としたのであろう、「鳥猟運上」も納めていた（幕領分でも「小鳥網役」を上納）。さらに、小物成として「沼銭・野銭・菱銭」も上納していた。越名村の百姓が沼や野から生活資材や菱を取得していたことの証である。さらに越名沼は、「諸道具ヲ以魚猟仕」、多様な漁法が行われる「入合魚猟場」であった。村明細帳は、百姓の生業について「農業之外男者船乗・魚猟・駄賃・日雇等仕候、女者糸はた仕候」と記している。川と沼に囲まれた自然環境、多種の動植物の生育・棲息する生態系のもとで営まれる生業の多彩さが浮かび上がってくる。

越名沼周辺の農業生産の実相はいかなるものであったのだろうか。寛政九年（一七九七）当時、越名村北方の高萩村は田八町三反一畝余、畑六三町七畝余、鐙塚村は田二町五畝余、畑一三町二反一畝余と、越名村同様どちらもかなりの畑勝ちであった[8]。両村は、年貢として、米の他に大麦・小麦・大豆・小豆・稗・荏・胡麻・モロコシ・蕎麦・蕪・大根を納めていた。これらが、越名沼周辺村々の主たる畑作物であった。水田を見ると、高萩村では「唐房子田」が一町八反九畝一〇歩を占めていた。籾収量五一石一斗余のうち、「唐房子」は一四石四斗余にのぼる。「唐房子」は大唐米とも呼ばれ、耐湿性・耐旱性に優れ、痩地でもよく育つ特徴をもっていた。旱魃と洪水の被害を受けやすい越名村周辺では、低湿地の天水田に適した稲種が選択されていたのである。

船と百姓の生業の関係についても触れておく。越名河岸は、彦根藩が飛地の佐野領一五か村から江戸の藩邸に必要物資（薪炭・竹木・穀物など）を移入するための港であった。慶安元年（一六四八）当時、越名河岸には彦根藩の「越名蔵」が設置され、河岸問屋須藤家（佐野氏旧臣で彦根藩佐野代官所の足軽）の指揮のもとに、越名村の百姓が船頭や船積人夫を勤めていた。また、越名沼でも多くの船が動いていた。鐙塚村と西浦村の間には、通船による沼の上の往来があった。漁船や藻草取りの船も多かった（後述）。川と沼を生業の場とする当該地域は、多数の川船が地域の経済・産業を支えており、船の建造・修復も頻繁であった。たとえば安政六年（一八五九）当時、只木村にあった六艘の高瀬船のうち、一艘は越名村の大工忠三郎が、二艘は同村の大工勘次が建造している。(9) 川船の恒常的な需要によって、越名村の百姓に船大工という稼ぎがもたらされたのである。

以下、越名村の百姓の生業と越名沼の深い関わりについてさらに掘り下げていこう。

二　沼の漁業と菱・藻草採取

次の史料は、寛文一〇年（一六七〇）三月、越名沼東岸の幡張村・西浦村の百姓五名が越名村の百姓六名に差し出した手形である。(10)

手形之事

一西浦村・幡張村より舟五艘ニ而、壱ケ年ニ鐚弐貫文ツヽ、毎年越名村江出し、越名沼ニ而跡々より魚猟仕候所ニ、今度沼端境論幷猟舩之儀ニ付出入ニ罷成候へ共、内々ニ而相済、漁之儀も如跡々仕筈ニ相極候、向後ハ菱藻草一円取申間敷候、若菱藻草取申候ハヽ、拙者共猟仕事相止候様ニ可被成候、初漁之儀ハ跡々ノ通り越名猟師より二日跡私共ハ罷出猟可致候、為後日仍而如件

寛文十年
戌三月廿七日

幡張村
里右衛門○
同　七左右衛門○
西浦村
又右衛門○
同　六兵衛○
同　又兵衛○

茂兵衛殿

（以下、宛先は源兵衛・五左衛門・又左衛門・権右衛門・勘兵衛）

手形を作成した幡張村の二名、西浦村の三名は「猟舩」を持つ「猟師」であった。手形を受け取った越名村の六名もまた「猟師」だったと考えられる。寛文一〇年以前より、幡張村と西浦村の「猟師」は船五艘をもって越名沼で「魚猟」を行い、毎年鐚《びた》二貫文ずつを越名村に支払っていた。ただし、当時は「沼端」の境界と「猟舩之儀」をめぐって越名村と幡張・西浦村の間で出入が生じていた。寛文期の下野国で新田開発が大きく進展していたことを考えると、(11)可耕地あるいは肥料源としての採草地を確保・拡大するために、「沼端」の境つまり村境についで両者の利害が衝突していたものと推測される。「猟舩」をめぐる対立は、手形の内容や後世の史料から判断して、幡張・西浦村が漁船を使って沼の菱・藻草を採取したことが原因であった。それが、越名村の反発を呼んだのである。

この出入は内済となり、沼漁に関しては、従来の慣行（幡張・西浦村の漁船は五艘に限り、越名村に鐚二貫文を納めて沼漁をする）をそのまま以後の秩序とすることで和解が成立した。その代わり幡張村と西浦村は、いっさい沼の菱と藻草を採取してはならず、もしも採取した場合は漁業を取りやめることを約束した。菱・藻草の採取権は、唯一越名村にだけ許される特権だったのである。また、幡張・西浦村の「初漁」(その年の漁業開始日)は、「越名猟師」より二日遅れと定められた。これらの取り決めは、越名沼の利用慣行における越名村の著しい優越を物語る。戦国時代に越名村と沼との深い結びつきが確認されたが、江戸時代前期でもその状況は変わっていない。越名沼は、越名村の所持・管理する沼だったのであり、それを沼周辺の村々も承認していたのである。

正徳四年(一七一四)一一月には、越名村の中で、一二名の「猟師」とそれ以外の百姓が沼漁をめぐって対立した[12]。「猟師」の代表弥兵衛は、幕府代官比企長左衛門の役所に訴状を提出し、まず「越名村沼猟師之儀、従往古船六艘ニ而仕来申候」ことを主張した。その根拠は領主への運上の上納にあった。幕領分が永九〇文、彦根藩領分が永一八〇文、森川知行所分が永九〇文、村全体で永三六〇文の運上を負担していたのである。この額はちょうど「沼銭」に相当する(第四節参照)。すなわち「沼銭」とは、越名沼の漁業権に対する運上であった。弥兵衛の訴えでは、「猟師」が「沼銭」を負担し、漁船六艘だけの漁業権を得てきたものと解釈できる。ただし、近隣の藤岡村や赤間村(栃木市)が赤間沼の藻草の採取に「沼役永」を納めていた事例を勘案すると、越名村の「沼銭」も、特定の「猟師」の沼漁に限らず、村全体の藻草採取権に対する運上が含まれていた可能性が高い。

寛文一〇年の手形に明らかなように、越名沼の沼漁には、他に幡張村が二艘、西浦村が三艘の「猟舟」をもって参加していた。弥兵衛によれば、両村からの鐚二貫文は毎年越名村の「猟師」が受け取り、領主に上納してきたという。越名村・幡張村・西浦村の「猟師」は、鐚二貫文を運上と認識し、領主から漁業権の保証を得たものと捉えていた。弥兵衛はまた、寛文一〇年の手形に基づき、これまで「新猟」が禁止されてきた点を強調する。越名・幡張・西浦三か村の「猟師」は費用をかけて「寄合魚留」をし、自己規制をしながら漁業権を守ってきた。漁業資源の保護が「魚留」の狙いだったのであろう。ところが正徳四年一〇月以降、筌《うけ》や投網を使っての「(越名)村中新猟」、越名村の百姓一般による「新りやう流布」が顕在化し、「猟師」の漁業権が侵害されるようになった。弥兵衛ら「猟師」は村役人衆へ、寛文一〇年の手形の遵守、「新猟」の停止を願い出たが聞き入れられず、最終的に幕府代官に訴え出たのである。

この訴願から、越名村に排他的な漁業権をもつ一二名の「猟師」が存在し、二名一組で一艘ずつの漁船を所持していたことがわかる。彼らは漁業に生業の比重を置き、幡張・西浦村の「猟師」とともに人数を限定しつつ、越名沼の漁業にあたっていた。三か村の「猟師」は、村の枠組みを越えて共同歩調をとる同業者仲間を構成していたといってよい。

同年一二月、今度は西浦村の「猟師」六名と幡張村の「猟師」四名が、越名村の「新猟」の不当性を幕府評定所に訴え出た(13)。その内容は次の通りである。

古来より越名沼は、四か村が藻草を採取し、「入会ニ支配仕候」場所であった。寛文一〇年に越名村百姓の「我儘」により入会が妨害され、訴訟となったが、幕府評定所の裁定で和談が成立し、「沼境」が定まった。沼の「魚漁」は従来、越名村六艘、幡張村二艘、西浦村三艘の合計一一艘の「猟船」、二二名の「船乗」に限定され、幡張・西浦村は「御運上」鐚二貫文を納めてきた。しかし、越名村の百姓（「猟師」以外）が「新猟」「猥り猟」を始め、「古来より之猟師」の「渡世」を妨げている。そこで越名村の「猟師」一二名とも話し合い、「新猟舟」の操業停止を求める訴訟を起こした。越名沼では、毎年八月に「沼之口魚留」（船漁の操業停止）を「猟師」二二名だけで執り行い、年頭には祝儀の振る舞いも行ってきた。これは、沼の漁業権が「猟師」二二名に限られていることの「証拠」である。

この訴願に対して、翌正徳五年正月、越名村の側が返答書を提出した(14)。越名村は、訴訟にいたる経緯を次のように語っている。

越名村は「沼御年貢越名村ニ而往古より上納」しており（表1）、「御他領江藻草入合ニとらせ支配為仕可申

表1　正徳5年1月　越名沼の納める諸役永（単位は文）

領主	沼廻り干上野銭	菱銭	沼銭	小鳥網役	諸役永合計
幕領・代官比企長左衛門	452	131	94	500	1,177
彦根藩・井伊備中守	863	180	250	—	1,293
旗本・森川左近	440	119	86	—	645
合計	1,755	430	430	500	3,115

出典：正徳4年11月「乍恐以書付御訴詔申上候」（栃木県立博物館蔵越名村関係文書）より作成。

註：名目は野銭・菱銭・沼銭とあるが、額は永で計算されており、野永・菱永・沼永を示している。

様」はない（「四ケ村入会」の否定）。しかし寛文一〇年、幡張村と西浦村の「漁師共」が藻草を「盗取」ったので、彼らの漁業をやめさせた。すると両村の「漁師」は評定所に出訴し、漁業に加えて「沼廻り干上陸境論地」の件まで持ち出した。しかし、幕府の検分を受け、両村の「漁師」はもとより越名村以外の百姓が菱・藻草を採取してはならないという証文を手にしている。幡張・西浦村の「漁師」が「御運上」を納めて沼漁をしているというのも偽りである。両村が出す鐚二貫文は「御運上」ではなく、越名村が沼漁を許可したことに対する「礼物」に過ぎず、これまで沼廻りの道橋の普請費用に充ててきた。越名村の沼漁解禁日が両村より二日先行していることが、その「証拠」である。ところが昨年一〇月中、両村の「漁師」は、越名村の「新漁」を非難する訴訟を起こした。「隣郷と申沼端之者」だから配慮して沼漁を認めてきたのに、「越名村支配之沼江新漁致候と申上候儀」は理解しがたい。なぜなら、「沼一式之御年貢越名村より上納仕候而、古来より之漁家業」にしているからである。両村「漁師」の「我儘押領之偽事」は越名村百姓の「渡世」の支障となる。以後は、両村「漁師」の漁業の停止を命じてほしい。

こうして越名村は、幡張・西浦村の「漁師」の訴願に真っ向から反論した。「沼御年貢」の納入主体も越名村全体であると言い切っている。幡張・西浦村の「漁師」と越名村の対立は、漁業権だけを要因とするのではなく、沼廻りにできた干潟の縄張りと菱・藻草の採取権と連動して現出していた。越名村は、「沼御年貢」＝運上の上納を根拠に越名沼を「越名村支配之沼」と認識し、沼内の菱・藻草をすべて自村の資源として囲い込んだ。菱・藻草採取の独占は、寛文一〇年の手形でも保証されている。また、幡張・西浦村の「漁師」の漁業権が領主の公認を受けていないことも主張した。同時に、越名村が越名沼の支配権をもつ以上、同村の百姓が沼漁を始めるのはまったくの自由であることを宣言している。

正徳五年五月、一連の争論に評定所の裁定が下り、幡張村の「猟師」・名主、西浦村の「猟師」と越名村の名主・百姓代・「猟師」が和解の証文を取り交わした[15]。「越名村百姓大勢うけニ而致新猟」を批判する幡張・西浦村の「猟師」に対して、越名村名主は、正徳四年が風損で「村方困窮」となったために「新魚猟」を行ったのだと弁明し、謝罪した。ここで改めて、「越名村猟船」六艘の所持者を一二名の「猟師」に限り、幡張・西浦村の「猟師」一〇名を含めた二二名による「入会魚猟」が定められた。幡張・西浦村の「猟師」は、従来通り越名村に毎年鐚二貫文を差し出すよう命じられた。一方、越名村の「猟師」以外の百姓は「うけ猟」を禁じられた。ただし「網猟」は、前々からの慣行であり、越名村百姓に限って継続が認められた。赤間沼の漁法を参考にすると、鯉・鮒・鯰などは網や筌で捕り、ヌカエビ・テナガエビもエビスクイ網やエビウケを使って捕っていた[16]。網漁や筌漁は、この池沼地帯の中核的な漁法であった。

こうして、寛文一〇年の手形の内容を踏襲する形で、沼漁の秩序が再確認された。越名沼では、すでに寛文期以前より、三か村の「猟師」二二名による船漁が実施され、越名村の百姓が「網猟」を続けていた。正徳期に沼漁に関する摩擦が生じたが、訴訟を経て、当事者同士の合意が形成された。その着地点は、旧来の沼漁の秩序を維持するものであった。越名沼に強い権限をもつからといって越名村の百姓一般へ沼漁を開放せず、「猟師」と「猟舩」の数を限定したのは、限りある漁業資源の保全・繁殖をはかったからに他ならない。沼漁の規制は、資源の永続、沼漁の持続を実現する基盤となった。

渡良瀬川流域では、鯰・鮒・泥鰌・川海老・たにしなど、沼や川の魚介類を素材とする多彩な食文化が根付いていた[17]。また、毎年晩秋に沼や田にやってくる渡り鴨を獲り、鴨肉が手に入った時にはごちそうとして食していた。池沼と湿地の環境が漁業や鳥猟などの生業をもたらし、地域特有の食文化を形成していたのである。

魚は、たんなる自給用の食材にとどまらず、他に販売される商品でもあった。安政五年(一八五八)三月から万延二年(一八六一)にかけて、越名村の名主矢島七兵衛が作成した「海老鮒共川端売揚帳」という帳面が現存している[18]。「川端売揚」「小ウリ」などの文言が見えるから、佐野川の川辺で海老・鮒を販売していたのであろう。海老や鮒は越名沼の漁獲物でもあった。鮒は大きさによって値段に差があった。「小鮒」が一貫目あたり銭二〇〇〜三〇〇文したのに対し、「大鮒」は銭四〇〇〜五〇〇文の高値がついた。海老の売値は一升あたり銭八〇〜一〇〇文で推移した。

安政七年を例にとると矢島七兵衛は、鮒を八月下旬から一一月中旬にかけて販売し、「小鮒」七一貫五五〇目で代銭一八貫七三四文、「大鮒」四貫二五九文で代銭二貫一二五文を得ている。海老の販売も特定時期に集中しており、閏三月・四月に計六斗余の販売で代銭六貫一六文、八月末日・九月に計四斗三升八合を売り銭三貫九三〇文の収入をあげている。これら鮒・海老の一年間の販売総額は銭三〇貫八〇五文にのぼる。販売先は清七と代七の二人に限られている。特定の百姓が川魚の仲買人として活動していたことが想像される。

寛文期と正徳期の村間の確執と和解からは、越名村の漁業権の優越が、同村の沼利用に対する支配権の強さ、菱・藻草の採取権の独占と表裏一体の関係にあったことがみてとれる。ただし、一七世紀後半から一八世紀前期にかけて、幡張村や西浦村の「猟師」が藻草入会を模索したため、越名沼の沼漁と菱・藻草の採取が絡み合いつつ、村間の利害対立を引き起こした。船の操業という点で、沼漁と藻草の採取は密接に連関する生業であった。

しかし、沼に生える藻草の量には限りがある。無秩序な採取は資源の枯渇を引き起こす。越名沼の藻草は、鮒にとっては産卵床や幼魚の生育空間となる。藻草の乱獲は鮒の生育環境を破壊するものであり、逆に藻草取りの制限は、鮒の繁殖を促し、生育を保護する対策となった(19)。

明治七年（一八七四）一二月当時、越名村には、長さ六〜七間の高瀬舟一九艘、五〜六間の似艜《にたりひらた》船一〇艘、六間の部賀《べか》船四艘、一間の「小船」八一艘と、合計一一四艘の船があった(20)。高瀬舟・似艜船・部賀船は、越名河岸に出入りして物資輸送を担った。これに対して「小船」は、一つには網漁の漁船として利用されたと考えられる。ただし越名村の漁船の数は、公式には六艘に限られていた。とすると、「小船」の多くは何に利用されたのであろうか。

越名村の東方、赤間沼に西接する藤岡村は寛延四年（一七五一）、肥料用の藻草を採取するため、一六〇艘ほどの「藻草取船」を有していた(21)。赤間沼の東北に位置する赤間村もまた、天明八年（一七八八）、一九四艘の「小船」で藻草を採っていた(22)。越名村の「小船」も、藻草あるいは菱を採り、運ぶために使われていたと考えられる。多数の「小船」は、漁業や藻草・菱採取を行う越名村にとって不可欠の生活・生産資材であった。

越名沼には水性植物の菱、とくにオニビシが夏に繁茂し、その実は食用とされた。菱には食用以外の用途もあった。明治二年、「田方者不申及、下場悪戸沼縁り等迄違作水腐ニ付、殊ニ当巳ノ夏中より秋迄追々出水ニ付、沼稼等不行届候故、畑方養ひ之菱藻等一切不取上ケ」、越名村の百姓が困窮した(23)。越名村では、藻草だけでなく、菱も畑作物の肥料として使っていたのである。菱の根は泥中にあるが、水中に伸びた茎や水面の葉を刈り取れば肥料となる。沼稼ぎの不振は、水性植物の採取量の減少→肥料不足という形で畑作の悪化を招いた。越名村において、水性植物の価値はきわめて高かった。それゆえ百姓は、漁業権や藻草採取権について「沼銭」、菱の採取権について「菱銭」を上納したのである。

慶安元年（一六四八）一一月の彦根藩井伊家の「御墨印御証文写」には、「越名村沼銭・菱銭前々之ことく可申付事」とある[24]。少なくともこれ以前、一七世紀前期の段階で、越名村の百姓は、生業の一環として沼漁と菱・藻草の採取を活発に行い、領主にその代償を納める慣行が成立していたのである。

三　干潟の発生と所持・利用

前述のとおり、寛文一〇年当時、越名村と幡張・西浦村は、沼漁の争論とともに「沼端境論」を起こしていた。正徳期の争論から、その対象が「沼廻り干上陸」の境であったことがわかる。寛文期には、越名沼の周囲が乾燥し、干潟が広がりつつあったのである。新田開発の進展により越名沼に流れ込む沢水が各所で奪われ、沼の水量が減少していたのかもしれない。

元禄九年（一六九六）三月、越名村は、「大小之百姓相談之上」、「沼端干潟」を個々の百姓家に「割合」った[25]。越名村の百姓は、個々の持分を名寄帳にまとめ、持分の大小に応じて領主へ納める「永」を負担した。越名村の百姓が分割所持した干潟は、越名村域の延長にとどまらず、西浦村・鐙塚村から高萩村まで、越名沼をほぼ一周している。すなわち、越名沼の周囲（かつての沼の水域の縁）に新たに越名村の所持地が広がったのである。干潟には葭や真菰が生い繁った。湿原の状態だったのだろう。

この干潟の用益に対する代償が「野銭」（野永）であった。彦根藩への「沼銭」「菱銭」の上納は慶安期以前に遡るが、その段階で「野銭」の存在は確認できない。一七世紀後半にできた干潟が葭・真菰の育つ野場として積極的に利用されるようになってから、「野銭」の上納が始まったのではないだろうか。干潟の葭や真菰は、水質浄化機能をもち、屋根葺きや筵の材料となり、秣ともなった。越名河岸を擁する越名村には、物資輸送のために多くの馬が集まり、越名村内外の百姓も自家の馬を使って駄賃稼ぎを行った。越名村は秣の需要が高く、野場・

茅場となった干潟がその供給に貢献したのである。

越名沼の干潟は、江戸時代を通じて越名村の所持地であり続けた。ただし干潟は、一定の条件のもとで近隣村にも利用が開放された。

西浦村は越名沼に悪水を落としていた。しかし、その悪水堀は、直接西浦村地内から越名沼に流れ込んでいたわけではない。西浦村の悪水堀＝「江川」は、越名沼に達するまでに「沼内干潟」を通過しなければならなかった[26]。図2から、天保一五年（一八四四）当時の越名沼北東岸の空間構成をみると、沼の周囲は「越名沼干潟」となっており、その中に黒点（杭）と墨引による「境筋」が示されている。その外側には「西浦村地」と明記されている。これは、西浦村と越名村が「境筋」を確認し合った絵図である。「境筋」の内側、つまり沼の沿岸部分は越名村の所持権の及ぶ干潟だったのである。干潟には丈の長い草の図柄が描かれている。こうした干潟こそが、元禄期に越名村の百姓に分割された対象地だったのだろう。西浦村からすれば、もともとは沼に接していたであろう村域が、干潟の誕生と越名村地内への編入によって、沼から切り離されてしまったのである。そのため西浦村は、越名村に許可を得て、同村の干潟を通って沼に達する悪水堀を造成することになった。

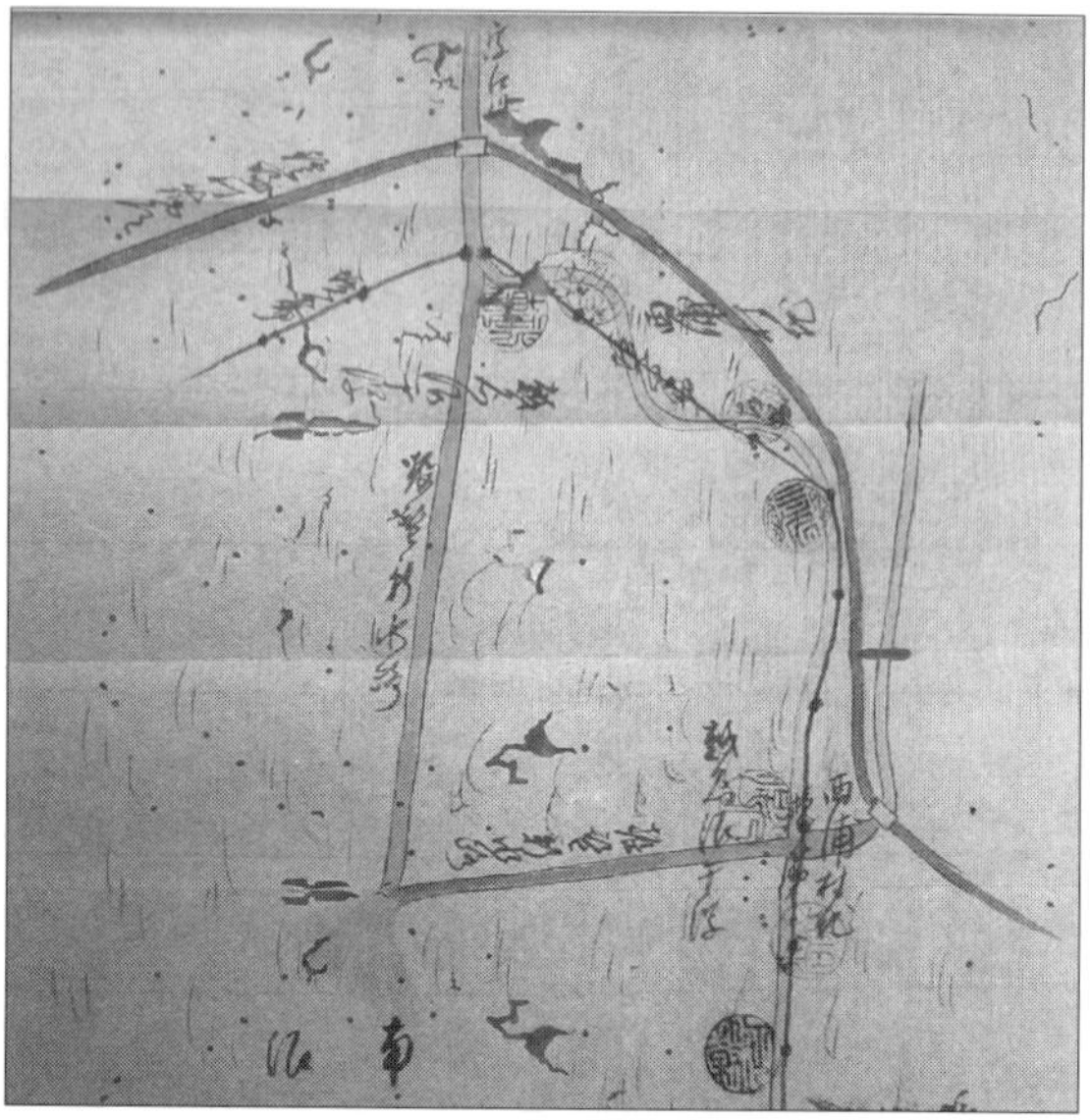

図2　越名沼北東岸の村境と悪水堀
天保15年１月「西浦村・越名村境界につき取り替わし絵図面」（栃木県立博物館所蔵「越名村関係文書」）より

越名村以外の村による干潟の利用は、明治時代に入っても継続する。明治八年(一八七五)四月には、西浦村の村方惣代と用掛が、越名村の「沼縁り野銭地之内」西浦村の「地先」にあたる場所を「土取場」として借り受けた[27]。西浦村は五年季の借用期間、越名村に対して毎年「小作料土代」金七円の支払いを約束した。干潟の土は、さまざまな普請用に掘り取られたものと考えられるが、土肥として利用された可能性もある[28]。

越名村と西浦村は同時に、立会の上「借地之境界定杭」を建てた。ここで西浦村は、自村の百姓も他所者も境界の内側に立ち入らせず、「漁業鳥猟等」させないことを誓約している。沼の増水により干潟が水下になった時には、「(越名村の)猟師中より小作境内江猟具御差入御座候共」妨害しない旨も書き記した。沼に面した干潟では漁業ができるし、湿地であるために鳥の飛来も多く、絶好の猟場となった。さらに干潟は、大水が出れば再び沼に戻り、漁場の拡大をもたらす。水陸移行帯である干潟は生物多様性が高く、生物資源に富んでいた。そこが他村に貸与した「小作」地であっても、干潟がもたらす魚・鳥の恵みは越名村だけが享受できた。越名村が干潟をもつことのメリットは大きかった。

分割された干潟の百姓個々による利用実態は未解明である。ただ注目すべきは、村外に対して、干潟全体が越名村の地所として扱われていた点である。干潟には百姓の個別所持権が及んでいたが、その根底には越名村の潜在的な所持権が横たわっていた。これにより同村の百姓は、村の力で干潟を維持し、村外からの干渉に対抗することができた。干潟はそれ自体多様な価値を生み出したが、越名村にとっては干潟の所持が沼の所持・利用・管理権を強化する役割も果たしていた。逆に、もともと越名沼の所持・利用権を有していたからこそ、干潟所持の正当性をもち得たともいえる。干潟の所持権と沼の所持権は相補的関係にあり、両者相俟って越名村の百姓の諸生業を成り立たせる基盤となっていた。

明治一〇年代には、西浦・旧幡張・鐙塚・高萩の沿岸四か村が越名村の「草生地」「草刈場」に二~五年季の幅で「入作」し、現金で「小作料」を納めている。[29]採草のための「入作」「小作」である。おそらく四か村は、越名沼を取り囲む干潟のうち、各村の地先に立ち入り採草する権利を得たのであろう。越名村は、沼の周囲に有する自村の干潟を、金銭の授受を通して他村にも開放したのである。その意味では干潟は、沼沿岸の村々がともに利用することができる地域資源であった。

四　生業の基盤としての沼の存続

元文四年（一七三九）一一月、越名村が幕領・彦根藩領・旗本森川知行所の三給共同（三給の各名主が願主）で奉行所に対して、越名沼の新田開発に反対する訴願を行った。[30]その訴願からは、越名沼と越名村との密接不可分な関係が読み取れる。

乍恐書付を以御訴詔奉申上候

（前略）

右越名村ニ往古より沼御座候処ニ、沼料以古格を御三給江上納仕来候、永銭左ニ奉記候

一永三百六拾文　　沼永銭

一永五百文　　菱永銭

一永壱貫七百五拾文　　野永銭

〆弐貫六百拾文　　永銭

件之通年々御三給江上納仕来、百性不断右沼ニ而小魚海老猟等仕、或者菱を取夫食ニ仕身命相繫、其上藻草を取田畑之養ニ仕、干場・野場之秣苅取り馬所持仕、尤田畑軽土ニ而夏秋作共ニ不出来仕候故、藻草秣入合田畑養ニ仕、耕作仕付申候御事

一往古より越名河岸之儀者佐野川引請高瀬船所持仕、御城米幷御私領様方之御年貢米其外売買之荷物運送仕来候、然処ニ渡良瀬川・佐野川、越名川岸より十四五町下ニ而落合一瀬ニ罷成候、満水之節者下宮渡場迄之内川道五六里川幅せまく、其上所々ニ曲多ク御座候故、水落兼込上逆水仕候上、小野寺村三里余之山沢より之流水、其外近郷拾ケ村余之山沢悪水右沼江落込、渡良瀬川・佐野川共ニ一面ニ水湛候故、河岸通り之居宅軒端迄満水、依之船所帯ニ仕罷有候段者毎年定式之御事、年ニより雨繁候得者、幾度与茂申儀無御座仕合、依之河岸通り家軒端迄水付候跡御座候躰故、田畑之儀不残水腐ニ罷成、百性一切取実無御座候得共、年中村方諸入用之儀者田畑懸り罷成候ニ付、旁以至極難儀仕候御事

一右沼之儀、享保八年卯春江戸米沢町吉見屋市右衛門と申者御新田開発奉願上候段、御代官池田新兵衛様より御召ニ付、名主百性共罷出申上候者、沼之儀渡良瀬川・佐野川干川ニ罷成柄船越名川岸江乗込申儀不罷成節も、沼大分地窪故凡水丈五六尺宛御座候趣幷沼ニ而百性年中魚猟仕身命相繫、其上藻草秣苅取馬所持仕田畑養ニ致耕作仕付申候、万一御新田ニ於被　仰付候ニ者、百性悉ク難儀仕、越名村亡所百性退転之段奉申上候ニ付、御吟味之上御新田ニ不被仰付候御事

（中略）

右之条々毛頭偽相違之儀不奉申上候、尤　御上より者御新田或流作場ニ被為仰付候ニ全奉障御儀者奉恐入候得共、御新田願人数度願出候ニ付、無拠御歎申上候得共、自然と奉障候様ニ罷成迷惑至極仕候得共、越名村御三給之御分米、右高弐百五拾壱石九斗七升壱合、人高六百四拾五人ニ割付候得者、壱人ニ付四斗ニ相当り不申候土地、其上小高之田畑毎年水腐ニ而渡世難仕候得共、右申上候通り沼御座候故百性身命相繫漸其日暮仕候ニ付、度々御訴詔御歎申上候、尤享保八年卯年以来数度御見分様方御出被遊御覧被為成候所、第一沼泥深水丈不断五六尺有之、佐野川・渡良瀬川より沼之方大分地形低ニ御座候段、御存知之御儀ニ付、御新田ニ

不被為　仰付候処ニ、御他領御新田願人之儀者沼之様子不奉存、其上百性右沼ニ相離候得者、越名村亡所ニ罷成百性退転仕候儀ニ不相構、度々奉願上儀と奉存候、乍恐此段被為聞召訳、御新田幷流作場御停止ニ被為仰付、越名村亡所ニ不罷成百性退転不仕、六百四十五人之者共身命相繋候様ニ幾く重ニも御慈悲奉願上候、猶又御尋之儀も御座候ハ者、乍恐口上ニ可奉申上候、以上

（後略）

三給の越名村は、往古より「沼永銭」「菱永銭」「野永銭」という三種の「沼料」をそれぞれの領主に上納し、沼の用益権を保障されてきた。百姓は越名沼で「小魚海老猟」を行い、食用の菱と田畑の肥料用の藻草を採取した。また沼の周縁にできる「干場」（干潟）や「野場」（谷地）で秣を刈り、馬の飼料とした。入会で採る藻草と秣（厩肥も含めて）は田畑耕作を維持する基盤となった。また越名河岸では、百姓が高瀬舟を持ち、幕領の城米、諸藩の蔵米、その他の商品荷物の運送を引き受けてきた。佐野川は、川幅が狭い上に屈曲が多く、水の流れが滞り、「逆水」が起こりやすかった。さらに、近郷一〇か村余の「山沢悪水」がすべて越名沼に流れ込んでいる。そのため、大雨・長雨となると渡良瀬川・佐野川と沼が一面の水浸しになり、河岸の家屋は軒下まで水につかり、毎年恒例のように「船所帯」（船上生活）を余儀なくされた。もちろん田畑の水腐被害も甚大である。

越名村の百姓は、沼や川の恵みと脅威のなかで営む暮らしぶりを、以上のように表現した。

享保八年（一七二三）春、江戸米沢町の吉見屋市右衛門が沼の新田開発を願い出た。当然、沼を囲む干潟も開発の対象となったろう。しかし、越名村の名主・百姓はそれに強く反対した。自分たちの暮らしを支える沼や干潟の効用を十分認識していたからである。越名村では、かつて渡良瀬川・佐野川が「干川」になり、河岸の機能が停止した時があった。これによって百姓は重要な稼ぎを奪われた。ただし、「地窪」の越名沼は五、六尺の水深を保ち、決して水涸れしなかった。そのため「沼ニ而百性年中魚猟仕身命相繋」、藻草・秣を採取して、馬の

飼育と田畑への肥料施与を続けることができた。日照りが特定の稼ぎに悪影響を及ぼしても、沼があることで他のさまざまな生業や資源採取が可能となり、百姓は生きられた。越名沼は、越名村の百姓の主たる生存条件だったのである。新田開発による沼の縮小・消滅は、そうした暮らしの安定を脅かす。越名村の百姓は、みずからの生存をかけて新田開発をくい止めた。

しかし、享保九年九月、同一一年春、同一七年六月、同二〇年四月、元文四年秋と越名沼の新田開発を願い出る者は後を絶たず、越名村の反対運動が繰り返されていく。開発の願主（請負人）は、いずれも都賀郡の近隣村の有力百姓であった。それでも越名村は、幕府代官の見分を求め、水抜きの困難、新田に不向きな沼底の土質、越名村と犬伏町の「古田畑」への支障、百姓の「渡世」の困難などを訴え、開発却下という決定を勝ちとっている。享保七年に幕府の新田開発奨励策が出て以降、元文期にかけて、越名沼はたびたび開発の候補地となり、その都度、開発請負人と越名村百姓が対立した。ただし最後には、沼とその周辺の自然の価値が公認され、開発は阻止されてきたのである。

越名村の百姓は、他領の「御新田願人」が「沼之様子」もわからず安易に開発に着手しようとすることを非難した。「沼之様子」とは、田畑を造成・維持しにくい土地条件を指す。それに加えて、「百性右沼ニ相離候得者、越名村亡所ニ罷成百姓退転仕候儀」を憤った。村外からの開発要求は、越名村の暮らしに内在的に組み込まれた沼利用の意義を理解できず、百姓の生存を否定する暴挙でしかなかった。越名村は、村内百姓の「小高」ぶりと田畑「水腐」の悪条件を強調する。そういう自然環境・経済条件のもとで彼らは、田畑耕作に頼りきるのではなく、越名沼の環境や沼で育まれる諸資源の積極的な用益によって「其日暮」を維持してきた。越名沼が新田畑に変われば、越名村の百姓には、新たな耕地の所持者となるか、小作人として耕作地を拡大する展望が開けただろう。水害が減ったかもしれない。しかし彼らは、沼を生かした多様な生業が奪われることを恐れ、開発を拒絶した。あくまでも沼とともにある暮らしを望み、沼の自然環境を守り続けたのである。

この時期、当該地域では、特定の開発対象地をめぐって、開発を推進する村外の資本とそれを抑制しようとする地元の村々との摩擦があちこちで生じていた。

享保一一年一二月、鐙塚村が領主から、村内の谷地での新田開発を命じられた[31]。しかし鐙塚村は、村最大の肥料供給地である秣場がなくなり、田畑の作付けに差し支えるといって、開発に反対した。そもそも、格別の窪地で「立毛水濡り」になる谷地の開発は、労多くして功の少ない事業であった。おそらく鐙塚村ではすでに、当時の農法の水準の中で開ける限りの耕地を開発していたのであろう。当該期の谷地は、領主からみて可耕地であっても、地元の百姓にとっては、既存の田畑の耕作を続けるためになくてはならない秣採取地であった。元文期の赤間沼でも「水内者葭野新田、干上り場ハ（麦の）一毛作新田」の開発が進んでいたが、藤岡村が「藻草入会場所」の開発からの除外を求めて訴願を行っている[32]。最終的には、両村の入会地は維持され、藤岡村は赤間沼で「谷草藻草幷土肥等取揚ケ田畑之肥ニ仕候、少々の小魚海老等を取り御年貢上納仕」ることができた[33]。

沼沿岸の村々は江戸時代中期以降、むしろ過剰開発を回避し、資源の豊富な沼および周辺の自然環境（湿地）、耕地と谷地の均衡を目指した。そして、訴願運動を通してそれを実現した。耕地開発が飽和点に達した状況下で、耕地と生産環境をいかに調和させ、永く保全するかが村々の重大な課題となっていたのである。

おわりに

明治五年（一八七二）八月、越名沼はいったん栃木県に上地された。その直後、越名村は改めて沼を借り受け、沼漁を始めた。すると幡張村と西浦村が、江戸時代以来の漁業慣行を栃木県に上申し、幡張村が金一二銭、西浦村が銭一八銭を越名村に支払うことで沼漁を許された。三か村が合意した証書には、それぞれの村の戸長の他、幡張村で七名、西浦村で六名、越名村で一一名が署名している。人数に誤差があるが、署名者は江戸時代以来の「猟師」の末裔ないし漁業権の継承者であったろう。三か村で合計二二名という「猟師」数と漁業権は一種の株と化し、明治時代にも引き継がれたのである。さらに明治九年三月には、越名村の百姓が、当時「公有地」となっていた越名沼の「御払下ヶ」か「拝借地」化を栃木県令鍋島幹に願い出ている。(34) 彼らは、越名沼を「私共村内之沼」と称し、「向後年々上納、旧来之通一円ニ村持沼ニ仕、菱・藻刈取漁業其外相稼候様仕度」と主張した。事実、越名村は明治初期においても「沼永」「菱税」「沼小船税」「漁業税」を納めていた。

越名村の百姓は江戸時代、川魚・海老・菱・藻草・葭・真菰など沼や干潟の豊富な資源を生活資材として獲得してきた。その営みはすべて百姓の生業であり、採取物は食料や肥料、生活用具、さらには商品となり、百姓の暮らしを支えた。沼と田畑耕作は、肥料(厩肥の元となる秣も含めて)となる水生植物を通して密接に結びつけられ、当該地域特有の農業生産環境を形作っていた。百姓は船を操り、資源の採取・運搬や河岸場の仕事に従事した。操船や船大工の技術も、池沼地帯の暮らしに不可欠な生業知であったろう。江戸時代中期には、村外の資本によって沼の干拓、新田開発が進められそうになったが、越名村の百姓は沼の存続に力を尽くした。沼とその周辺の自然環境、多様な資源を最大限かつ積極的に活用しており、沼とともに生きる暮らしを選択したからである。各種の生業をめぐっては、百姓間や村間の利害衝突がたびたび生じた。ただし江戸時代には、越名村を主体・要とする資源利用・管理の秩序が形成され、その基本が明治時代以降に継承されていった。それは、江戸時代以来の慣行が越名沼利用の安定に寄与し、沼の環境と資源の保全にも有効であったことを端的に物語っている。

本稿では、江戸時代を通じた越名沼と越名村の深い関わりを知ることができた。しかし、その初源と終末については検討が及んでいない。越名村の沼利用の優位はどこまで遡れるのか。なぜ越名村が優位に立てたのか。戦国時代以前の越名沼の利用形態（村々の生業と権利関係）はいかなるものであったのか。越名沼では、第二次世界大戦後に食糧増産を目的とする干拓事業が本格化し、昭和四〇年（一九六五）に一面の水田となって完了するが、干拓の前後で旧越名村および周辺地域の住民の生業や暮らし、沼との関わり方、沼に対する意識がどう変化したか。今後は、こうした点を百姓個々の生業の解明と絡めて追究していきたい。

（1）水野章二『中世の人と自然の関係史』（吉川弘文館、二〇〇九年）や春田直紀氏の一連の生業論研究がその代表である。近世史の分野でも、人間・社会と自然・環境・動植物との関係性の追究が重要視されてきている（水本邦彦「近世の自然と社会」、『日本史講座6近世社会論』、東京大学出版会、二〇〇五年）。
（2）佐野静代『中近世の村落と水辺の環境史』（吉川弘文館、二〇〇八年）。
（3）山本隆志「湿地における荘園・村落と「生業」」（『国立歴史民俗博物館研究報告』一五七、二〇一〇年）。
（4）『佐野市史　資料編2近世』（一九七五年）、八八四〜八八五頁。
（5）『藤岡町史　資料編古代・中世』（一九九九年）、三一三〜三一四頁。
（6）『藤岡町史　資料編古代・中世』三二三〜三二四頁。
（7）推定明治初年「村明細帳」（栃木県立博物館所蔵「越名村関係文書」）。
（8）『佐野市史　資料編2近世』二五八〜二六二頁。
（9）『藤岡町史　資料編近世』（二〇〇〇年）、一二六〜一二八頁。弘化三年（一八四六）一二月に只木村の大工が、材料費も含めて金一九七両一分二朱余で、長さ一二間一尺の高瀬船の造立を請け負っている（『藤岡町史　資料編近世』一二三〜一二六頁）。材料費が巨額なのであろうが、船大工にとって新規造船の手間賃収入は大きかった。
（10）栃木県立博物館所蔵「越名村関係文書」。
（11）平野哲也『江戸時代村社会の存立構造』（御茶の水書房、二〇〇四年）。
（12）正徳四年一一月「乍恐以書付御訴詔申上候御事」（栃木県立文書館所蔵「越名村文書」）。
（13）正徳四年一二月「乍恐以書付御訴詔申上候」（栃木県立博物館所蔵「越名村関係文書」）。

(14) 正徳五年正月「乍恐以返答書御訴詔申上候」(栃木県立博物館所蔵「越名村関係文書」)。
(15) 正徳五年五月「取替証文之事」(栃木県立博物館所蔵「越名村関係文書」)。
(16) 『藤岡町史　別巻民俗』(二〇〇一年)、一〇二〜一〇八頁。
(17) 「日本の食生活全集」栃木編集委員会『聞き書栃木の食事』(農山漁村文化協会、一九八八年)。
(18) 栃木県立博物館所蔵「越名村関係文書」。
(19) 前掲注(2)佐野著書。
(20) 明治七年一二月「各舩焼印御改正願書」(栃木県立博物館所蔵「越名村関係文書」)。
(21) 『藤岡町史　資料編近世』三〇四頁。
(22) 『藤岡町史　資料編近世』三三四頁。
(23) 明治二年一二月「乍恐以書附奉願上候」(栃木県立博物館所蔵「越名村関係文書」)。
(24) 『佐野市史　資料編2近世』一四六頁。
(25) 元禄九年三月「越名村沼干上り分ケ本帳」(栃木県立博物館所蔵「越名村関係文書」)。
(26) 天保一一年三月「入置申一札之事」(栃木県立博物館所蔵「越名村関係文書」)。
(27) 明治八年四月「借地証文之事」(栃木県立博物館所蔵「越名村関係文書」)。
(28) かつて存在した阿曾沼のうち、越名沼の北部は江戸時代には干上がり、原野と化していた。そこは、一、二尺掘ると「塵芥木葉」が見え、二、三尺から五、六尺掘って乾かすと菰の根や木葉の形状が残る腐食土が採れ、肥料として利用された(明治二二年三月「地誌編輯材料取調書　安蘇郡鐙塚村」)。江戸時代には赤間沼でも土肥を採取していた。
(29) 明治一六年二月「草生小作収入簿」(栃木県立博物館所蔵「越名村関係文書」)。
(30) 元文四年一一月「乍恐書付を以御訴詔奉申上候」(栃木県立文書館所蔵「越名村文書」)。
(31) 『佐野市史　資料編2近世』一八六頁。
(32) 『藤岡町史　資料編近世』三四〇〜三四二頁。
(33) 『藤岡町史　資料編近世』三三四頁。
(34) 明治九年三月「以書付奉申上候」(栃木県立博物館所蔵「越名村関係文書」)。現在、干拓され水田化した旧越名沼域

の最北部は佐野市鐙塚町（旧鐙塚村）に組み込まれているが、その大半は同市越名町（旧越名村）の領域となっている。

〔付記〕　本稿の作成にあたっては、栃木県立博物館の飯塚真史氏に格別のご配慮を賜った。記して、謝意を表したい。

第三部　民俗と宗教

宮座儀礼の歴史民俗学的比較研究の課題——歩射《ぶしゃ》儀礼を中心に——

薗部寿樹

はじめに

本稿は、中世・近世の村落宮座における宗教儀礼を、歴史学ならびに民俗学の観点や方法論から比較検討する上での研究課題を探り出すことを目的とするものである。

村落宮座における儀礼については、個別的な事例報告は数多なされてきた。しかし、特定の儀礼を比較検討して考察する調査研究はほとんど行われていない。たとえば、オコナイについては中澤成晃氏の研究があるが、滋賀県内におけるオコナイの事例を列挙しているのみで、儀礼そのものを幅広く比較検討してはいない[1]。また橋本裕之氏の王の舞研究もあるが、こちらは芸能面の考察が主で、芸能と宮座との関わりについての考察は乏しい[2]。

昭和四九年（一九七四）当時全盛だった宮座組織論研究に対して儀礼論が必要であることを提唱したのは、真野（桜井）純子氏であった[3]。しかし、儀礼論を標榜する同氏の近著も[4]、宇波西神社と御上神社における宮座儀礼を詳述するのみで、特定の宮座儀礼を広く比較検討しているわけではない。

以上のような研究状況のなか、本稿では、宮座儀礼として普遍的にみられるとされる、徒弓を射る歩射儀礼についてみていきたい。ただし現時点ではまだ、この儀礼に関する広範囲な比較検討研究をしているわけではない。本稿の目的は、歩射儀礼の比較検討をする上での研究課題を提唱することにある。

一　結　鎮

中世の村落宮座史料に出てくる歩射儀礼でまず触れなければならないのは、結鎮であろう。肥後和男氏がすでに指摘しているように(5)、村落宮座における結鎮儀礼の古い事例は、和泉国大鳥郡若松荘中村(現大阪府堺市)の桜井神社ではないだろうか。

中村結鎮御頭次第

合　年来旧帳者依錯乱引失之畢

正平六年大歳辛卯　源八右近允(以下略)(6)

この史料は、正平六年(一三五一)から記載されはじめる桜井神社の中村結鎮御頭次第である。この史料では結鎮がいつ行われるのか不明である。しかし、正月・八月に「新入」すなわち新入座者がある点(応安八年・永和二年条など)、ならびに寛永一一年(一六三四)頃から次第に正月または正月三日に記載時期が固定されてくる点などから、正月(三日)に結鎮が行われていたのではないかと推測できる。

中村結鎮御頭次第では、儀礼の詳細に関してこれ以上わからない。そこで、次に注意したいのが、近江国蒲生郡得珍保今堀郷(現滋賀県東近江市)の事例である。

奉寄進今堀十禅師権現結鎮御供米田地事

合百歩者(中略)

彼忌日田取十禅師御供米、所奉寄進実正也、但彼田地者、毎年結鎮頭人付作織(職、以下同じ)廻彼以田地作毛、御結鎮可令勤仕之間、不可作織一人定者也(7)

これは応安五年（一三七二）の寄進状であるが、ここに「結鎮頭人」に御供田の作職を付けその作毛で御結鎮を勤仕するという旨が記されている。すなわち、今堀郷の鎮守今堀十禅師権現の結鎮は、宮座の頭役として勤仕されているのである。

永和二年（一三七六）の藤内畠相博状案に、村人たちが的を立てる土地が必要なので、ある村人の畠地を別の土地と交換した（「村人的立為所望、相替」、今堀四三九）。この的は結鎮のためのものであろう。また永徳三年（一三八三）にも結鎮頭の定書があり、その翌年には結鎮の的張りや座酒などに関する定書が作成されている（今堀三三一・三五七）。これらのことからすると、今堀郷で結鎮が行われるようになったのは、一三七〇年代頃とみてよかろう。

それでは、この結鎮は、何月何日に行われていたのであろうか。

正月四日まとの前御供次第

一ツ　まとあり

一　いねあり

一　さん米二升あり（中略）

一　もちハ頭人次第（中略）

一　御天御供かんしやう　まとの前あり

一　弓御へいあり（下略）（今堀三五八）

この天正一九年（一五九一）的前御供次第には「正月四日まとの前御供次第」とあり、年未詳九日頭役等肴次第書にも「正月四日けちの次第」とある（今堀三四九）。このことから、結鎮が正月四日に行われていたことがわかる。なお、近代の弓始めも正月四日（のち五日に変更）であった(8)。

それでは、この結鎮はどのように行われ、どういう意味があったのであろうか。前掲天正一九年の的前御供次第をもう一度みてみよう。この史料でまず注意したいのは、「かんしやう」である。慶長一二年（一六〇七）や慶長一四・一九年などの算用状にも、「三升　三かんちやう」や「三升　ミかん定」というような記載がみえる（今堀二四四・三八六・六七八）。この「かんしやう」「三かんちやう」「ミかん定」は「勧請」「御勧請」であり、いずれも勧請縄を意味するのではなかろうか。

勧請縄とは、年頭に村内の一定の人々が集落の神社の境界地に張る大注連縄のことである(9)。この習俗は、近江国を中心に若狭・大和・伊賀の諸国に色濃く分布しているといわれる。今堀郷の勧請縄は「御天御供かんしやうまとの前あり」とある点から、鎮守今堀十禅師権現の境内を結界したものである可能性が考えられる。

それでは、何故に結鎮行事のさいに勧請縄を張ったのであろうか。その点で注目したいのは、次の史料である。

五升《八合舛》　的帳　　一斗　座酒　　三升　女房座
一升　さいの神　　一升　的前　　八升　神供米《ミ五ク》（下略）（今堀三三一）

これは永徳四年（一三八四）正月結鎮頭入物日記で、この史料の前半に結鎮行事で必要なものが書き出されている。そこに「一升　さいの神」と記されていることに注目したい。「さいの神」は賽の神で、道祖神ともいう。道祖神は村境などに祭られ、外からやってくる悪霊や疫病などを境界でさえぎる効果が期待されたものである(10)。結鎮行事のさいに道祖神に供物を供えたのは、なぜなのだろうか。

結鎮行事は、歩射により村落の悪魔払いを行うものである。そうして追い払った悪魔が二度と村落に入り込まないように道祖神を奉斎したのではなかろうか(11)。

このことからすると、結鎮行事のさいに勧請縄を張ったのも、道祖神と同様に解釈できよう。結鎮で悪魔を追い払った神聖な境内を勧請縄によって結界し、清浄を保つという目的があったといえよう。結鎮行事のさいに作られた勧請縄は、鎮守社境内のみならず、村境にも同時に張られたのかもしれない。

そして結鎮行事の供物にも、このような結鎮と勧請縄・道祖神との関係を同じく示唆するものがみられる。永正一三年（一五一六）の神事算用帳などにみられる結鎮の供物に、「さんまい」「参米」「散米」というものがある（今堀二四四・二四五・二五一・二五二・三八六・五九六・六七八など）。

散米は、荒ぶる邪神を祓う機能がある。[12] 散米はまた道饗、すなわち道や地域の境い目で、疫神や悪霊がはいり込まないように饗応した食物でもあった。[13]

慶長一一年（一六〇六）の神事算用帳などには、散米の他に「一升　まとの前きよう」という記載もある（今堀三四一・三四四）。この「きよう」は、「経」である可能性も否定できないが、ここでは「饗」で道饗のことを意味するものと考えておきたい。もし道饗の意味であるとすれば、その具体的品目は次のようなものであったろう。

正月四日けちの次第
一くり　柿　かうし　いか　いはしすし　本　同にし　さかな（今堀三四九）

「かうし」は、今堀郷の別の史料にもしばしばでてくる柑子で、ミカンの一種である。「いはしすし」は、鰯のなれ鮨であろうか。「本」はホンダワラかもしれない。嘉永四年（一八五一）の年間神事萬記「正使買物之覚」（村田九七八）のなかに、「一ほん俵　弐本」とある。ホンダワラは鏡餅の飾りなどに用いる。「にし」は螺で、二枚貝のことである。

いずれにせよ、結鎮のさいの散米・道饗にも、勧請縄や道祖神奉斎と同様に、悪魔を追い払い村の結界を守るという信仰がうかがえるのである。

結鎮の経費は、御供田で賄われていた。前掲した応安五年（一三七二）の阿闍梨源西結鎮御供米田地寄進状では、寄進された御供田百歩の作職が毎年の結鎮頭人に付されていた。また嘉吉二年（一四四二）の十禅師田坪付では、一反の「ケチノ御コク《(御供)》田」が二筆、合計二反分記載されている（今堀三二三）。一筆が衛門二郎作、もう一筆が左衛門作となっているので、この時期の御供田は結鎮頭人の廻作ではなく、作人が固定されているようである。

また今堀郷の村人には結鎮懸米という賦課もあった。延徳元年（一四八九）の今堀地下掟書には、「一結鎮懸米八十月八日可取」と記されている（今堀三六三）。たぶん前年の一〇月に村人から収取された懸米が翌年の結鎮運営費用の一部となったのであろう。

さらに興味深いことには、今堀郷には結鎮直物という直物がある。直物とは、烏帽子成・官途成・乙名成などの宮座における通過儀礼で、その当事者が宮座に支出する経費のことである。この直物は蓄えられて、寺社の修理や訴訟費用など宮座の臨時大支出に備えられていたものであった(14)。結鎮直物の史料一例をあげてみよう。

けちのなをしも《(の脱)》之事
合永正十二年十二月日
若太夫しやか　　正幸大小
正幸初　　菊衛門
源左衛門　　道法兵衛（下略）（今堀三五六）

これは、永正一二年（一五一五）の結鎮直物日記である。若太夫しやか以下の六人が結鎮の直物を負担していることがわかる。また文禄二年（一五九三）の結鎮直定状には、米二斗二升の結鎮直物負担が規定されている（今堀二八一）。

前述したように、通例、直物は通過儀礼に関して宮座に支出される経費である。結鎮の直物とは、字義からして結鎮行事のために支出される経費と思われるが、それでは結鎮直物の支出者にはどのようなメリットがあったのであろうか。

近世の事例だが、宝永三年（一七〇六）の鎮守社屋根吹き替えのさいに烏帽子成が行われた（今堀三一五）。その時、烏帽子成の直物納入に混じって、以下のような記載がみえる。

一壱石五斗　　けちノ直シ　五郎右衛門子
　　　　村人入　　　　　　五郎七

すなわち、五郎右衛門の子・五郎七が「村人入」するにあたって、結鎮直物を納入しているのである。それでは、「村人入」（村人入り）とは何か。

一惣森ニテ青木ト葉かきたる物ハ、村人ハ村を可落、村人ニテ無物ハ地下ヲハラウヘシ（今堀三六三）

これは、前に触れた延徳元年の今堀地下掟書の一節である。ここから、今堀郷には座衆である「村人」と座衆ではない「村人ニテ無物」がいることがわかる。これこそ、今堀郷宮座が村落内身分であることの徴証である。そして村人は、数百文の座役未進で「座ヲ抜」かれてしまい、座に復帰するには足洗酒を負担する必要があった（今堀五七〇）。

以上の点からして、村人入りとは、「村人にて無き者」が村人になることを意味しているものといえよう。すなわち、「村人にて無き者」が村人になるにあたって負担した経費が結鎮直物なのである。

しかし、まだ問題がある。慶長一八年（一六一三）〜正徳元年（一七一一）直物算用状には、「けちノ直シ村人入」した者が一人いる一方で、単に「けちのなをし」を負担した者は四二人いるのである。(15) このような村人入り以外の単なる結鎮直物をどう考えるべきだろうか。

筆者はこれを村人の子供が入座したさいに結鎮直物を負担する、これがむしろ結鎮直物本来のありかただったのではなかろうか。村人の子供が入座したさいの負担だと考える。

そこでもう一度、永正一二年の結鎮直物日記で結鎮直物を負担した者の名前をみてみよう。「若太夫しやか、正幸大小、正幸初、菊衛門、源左衛門、道法兵衛」。このうち、若太夫しやか・正幸大小・正幸初は、若太夫の子供であるしやか、正幸の子供である大小、同じく正幸の子供である初ということなのであろう。しやか・大小・初は幼名らしい。正幸の子が同時に二人入座している点は、家ごとに一人の入座者しか認めない傾向の強い近世の家格制宮座とは異なり、中世的な様相をよく示している。

それでは、菊衛門・源左衛門・道法兵衛はどうか。かれらは、養子ではないだろうか。または、なんらかの事情で座抜きされた者で、足洗酒のかわりに結鎮直物を負担した可能性も考えられよう。

以上のように結鎮直物は、村人の子供で入座する者や「村人にて無き者」が村人になるにあたって負担したものといえよう。

今堀郷の結鎮に関して、最後に「追結鎮」について触れておきたい。

天文二四年（一五五五）二月四日の追結鎮入免日記には、二月四日に「おいけち」が行われたことが記されている（今堀七三八）。また慶長一九年（一六一四）の神事算用帳や元和六年（一六二〇）正月の神主へ渡覚にも「おいけち」「おひけち」がみられる（今堀二四四・三四四）。

この「おいけち」「おひけち」は追結鎮であり、一貫して二月四日に行われている。

字義からみて、正月四日結鎮から一か月後の二月四日に再び結鎮を行うのが追結鎮だと推測される。二月四日に再度結鎮を行うことにより、村の聖域化を強化する意図があるのだろうか。近代の行事には追結鎮はみられない。近代では二月五日に初念仏が行われており[16]、もしかしたらこれが追結鎮の変化した姿かもしれない。追結鎮については、今後の課題としたい。

畿内近国の臈次成功制宮座のなかで結鎮行事は他にもみられる。ここでは一例として、大和国葛下郡平田荘下田村（現奈良県香芝市）鹿島明神の結鎮座をあげておく。結鎮座では、正月一六日にケチンすなわち結鎮荘厳之事が行われ、弓的・舞楽などが催されている。[17] このような結鎮が近江国や大和国以外にもどのような広がりと時代相をもっているものなのか。

さらに畿内近国には、結鎮以外に歩射や弓講、弓はり神事、弓射式などと称する民俗儀礼が散見する。[18] 結鎮とこれらの民俗儀礼とは、どのように関連するのであろうか。

いずれも、今後における重要な研究課題である。

二　鎮花祭、大結鎮と村の結鎮

ところで、肥後和男・西田長男両氏は、結鎮儀礼の起源として、鎮花祭をあげている。[19] 鎮花祭と結鎮とは祭儀は異なるものの、花餅の御供など共通する面もある。少なくとも結鎮という語が鎮花祭に起源するであろう点については、両氏の見解に従っておきたい。

そのうえで問題となるのは、次の二点である。まず鎮花祭と歩射儀礼がいつどのようにして習合したかという点。もう一つは、鎮花祭、歩射儀礼またはその習合儀礼がいつどのようにして村落宮座に伝播したかという点である。そこで注目したいのは、肥後氏[20]が指摘している「耀天記」の次の一節である。

一社頭正月行次第（中略）

十七日　大結鎮《ヲホケツチ》

皆参、馬場仮屋ニシテ、馬衆アヲズリ着シテ、左右仮屋ニ着シテ、馬場へ下立テ武弓ヲ射也、昔ハ社司射

之、近来ハ不爾也、只皆参許也、弓会後ニ弓ノハズニトミカツラヲ付テ社家進之[21]

耀天記は山王縁起と山王事を合わせて室町期に成立したものと推測されているが[22]、耀天記冒頭には貞応二年（一二二三）の年紀が記されている。ここでは、とりあえず一三世紀時点の行事内容と仮にみて、話を進めたい。

さて耀天記の社頭正月行次第によると、正月一七日、日吉社の馬場で大結鎮が行われてる。以前は社司が弓を射ていたが、耀天記記載の時点では馬衆が「武弓」を射ている。

ここで注意したいことは二点ある。まず、日吉社の大結鎮が正月一七日に行われている点である。肥後氏そしてその意見に同意する西田氏ともに、三月（季春）に行われる鎮花祭が結鎮に変容したさいに実施時期が正月になったのは「民間の行事が何でも年の始めにやつてしまふところがある」ためだとしている。しかし、日吉社ではすでに正月に結鎮を行っているのである。日吉社の大結鎮が民間行事を取り込んで成立したとみるのなら別であるが、そのような想定はたぶん成り立たないであろう。

注意したいもう一点は、日吉社の大結鎮が「武弓」「弓会」として行われている点である。場所は馬場であるが、「馬場へ下立テ」とある。また「武弓」の「武」とは、「歩」のことではないか。すなわち「馬場へ下立テ」行う「武弓」とは、歩射を意味しているのではないだろうか。

すなわち、日吉社の大結鎮は正月に行われる歩射であり、村落宮座の結鎮と同様の儀礼なのである。

この点からすると、すでに領主の年中儀礼の段階で、鎮花祭は正月の歩射儀礼である結鎮に変質していたものと考えるべきであろう。そして、日吉社のような領主から正月の歩射儀礼として結鎮が村落宮座に伝播したと思われるのである。

このような領主的存在の結鎮儀礼の例として、住吉大社の御結鎮神事をあげることができる。住吉大社の御結鎮神事は一月一三日に行われる[23]。この御結鎮神事がどのような歴史性を有しているか筆者は未調査であるが、ここではそのような神事があることを確認するだけで十分であろう。

それでは、このような領主年中行事としての結鎮は、どのように村落宮座に伝播したのであろうか。その点で示唆的なのは、賀茂別雷神社の御結鎮銭である(24)。賀茂別雷神社は領地である境内に御結鎮銭を収取している。このような行為を媒介に、領主の年中行事が所領内の村落宮座に伝播していくという経路を想定することができよう。

ただし、賀茂別雷神社の御結鎮銭は正月一四日の御棚会の費用を弁ずるためのものであった。御棚会は名称こそ御結鎮御棚神事といわれているが、歩射儀礼ではない。あるいは鎮花祭は、歩射儀礼のみならず、御棚会のような奉幣行事にも変容したといえるのかもしれない。ということで残念ながら、この御結鎮銭は歩射儀礼としての結鎮が領主から村落へ伝播する事例と位置づけることはできない。

しかし、比叡山延暦寺を領主とする今堀郷に延暦寺鎮守である日吉社の大結鎮が伝播して、鎮守今堀十禅師権現宮座の結鎮行事が成立したと考えることは十分可能であろう。

これは状況証拠に過ぎないが、村落宮座における歩射儀礼である結鎮が成立した背景の一つとして、荘園公領の領主から儀礼が伝播した経路を想定しておきたい。

ただ儀礼の伝播を直接示す史料はたぶん存在しないだろう。荘園領主とその所領の村落宮座に同様の儀礼が存在する。その状況をもって領主から所領村落への儀礼伝播の証拠とみなしてよいのではなかろうか。

また一宮や地域の中核的寺社を介しての儀礼伝播という経路も重視しておきたい(25)。

とはいえ、まだ確定的な結論をだせる状況ではない。結鎮のような村落宮座の歩射儀礼が、どのような起源を有するのか。これもまた大事な課題である。

三　百手

次に西日本の宮座である名主座で顕著にみられるとされている歩射儀礼、「百手」についてみていきたい。平成二二年（二〇一〇）九月、筆者は香川県三豊市詫間町大浜の船越八幡神社を調査した。船越八幡神社は、摂関家渡領三崎荘の鎮守である。[26]同社では、現在も行われている百手祭に関する記録が保管されている。

明応七戊午季秋天火忽爾起至于本宮・末社・廊廡・宮墻・門関・華表、悉灰燼也、寔可惜　聖武帝勅願以来七百七十五年、（中略）而后永正及弘治・永禄・天正之間、当国之刺史、香川民部太夫頼信父子、尊信於当社、為氏神故、再経営焉、祭儀連続而行焉、特有社領免許等之牒、（中略）然亦擬于礼楽射御之道、毎歳自正月十一日、迄二月二日之中間、大浜浦人会于道屋、為国家泰平・悪魔降伏、弓箭百々手之礼式連続而八百余年式儀明哉、（中略）、射礼式道人組合之記、元禄十丁丑二月朔旦、辻金右衛門智寄・邑老孫左衛門[27]

これは、船越八幡神社が所蔵する、宝暦一三年（一七六三）（以降書継）の百々手道人組合記録幷番帳である。これによると、正月一一日から二月二日の間に百手が行われていたことがわかる。

この記録には元禄一〇年（一六九七）の時点で、「弓箭百々手之礼式連続而八百余年式儀明哉」とあるので、それに従うと「聖武帝勅願以来七百七十五年」という記載と同様、奈良時代から連綿と続いた儀式ということになる。しかし、前述した結鎮のありかたと比して考えてみるに、この百手の年代観にはいささか無理があろう。

それでは、いつ頃から百手は行われてきたのであろうか。この点は、百手祭の勤仕者のありかたから推測できそうである。前掲の百々手道人組合記録幷番帳という史料名や、史料中に「射礼式道人組合」とあるように、百手祭は「組合」によって運営されている。その組合の内実を示す史料がある。

（前略）

一道人組合七人ニ而相勤来ル事
一正月十一日朝六ツ上刻、別当・道人、舩越宮え出揃、御鬮入レ道元相究申候、尤前日より別当・庄屋・所組頭中え致案内事（中略）
一同日辰之刻、別当・射手中、道屋ニ致会合、大的二枚・小的壱つ相調申事、尤大的壱枚ハ作り懸ケ候而、福酒口明ケ御祝儀引キ付之御肴ニ而相廻ル、酒とれ人々的に懸り作り仕廻候事、大的寸法六尺弐分ニ作り来候（中略）
一同日昼飯後、権現え射手中致参詣、其侭射場ニ着、大的・小的射ル事、箭数千筋、（中略）此所ニ而来道人之究致置、別当より来道人之人え盃致事、万一来道不極儀も有之時ハ、即刻庄屋・取組頭中評儀（議）之上、差替え相究申事、往古仕来之通
（中略）
一権現之浜ニ而、御的道人組合帳箱、来道人え浦役人中より相渡シ申事（中略）
右明応年中古法を以、百手道人人別組合之事幷神法式、元禄・正徳改来之通、今立合相改、加印形置者也、
仍執達如件

宝暦十三癸未二月朔旦

庄内八浦司大浜浦　辻東吉郎秀行（印）
大浜浦住人　辻兵蔵本救（印）　号金毛
（大浜浦役方八人・同邑老六人の署判省略）
権現宮別当　寿命院法印恵祥（印）
舩越宮別当　円明院信亮法印（印）（下略）[28]

これは、宝暦一三年（一七六三）の百手式附録である。これによると、船越八幡神社の百手は大浜浦の道人組合七人によって毎年執り行われたことがわかる。この道人組合七人の中から鬮で道元が決められ、道元の家が道屋となるようである。中略部分では、道屋での飲食などの記載がある。また実際に歩射を行うのは射手中という者たちであるが、射手中の人員をどのように決めるのかはわからない。

問題は、道人組合のメンバーの決め方である。百手は船越宮・山手にある権現・浜の三か所で行われるが、百手の終了後、権現の射場で「来道人之究致置」という。しかし、「万一来道不極儀も有之時ハ、即刻庄屋・取組頭中評儀（議）之上、差替え相究申事」とある。すなわち、道人組合のメンバーは大浜浦の庄屋や取組頭中の合議で決められているのである。このように村組で頭役を廻す宮座組織を、筆者は村組頭役宮座と呼んでいる。すなわち、船越八幡神社の百手は大浜浦の村組頭役宮座で運営されているのである。

問題は、この村組頭役宮座の成立時期である。船越八幡神社がある三崎荘に隣接する荘園に詫間荘がある。この詫間荘の惣荘鎮守社である浪打八幡宮には、明徳二年（一三九一）頃までに名主座が成立していた[29]。そしてこの名主座は一七世紀中頃まで維持され、一七世紀後半には浪打八幡宮の宮座は吉津村頭人・中村頭人・比地村頭人・仁尾村頭人・詫間村頭人[30]による村組頭役宮座のかたちに変わったのである。

この浪打八幡宮にも百手の儀礼があるが、その百手頭人は村組頭役宮座の頭役という形態で行われていたようである。文政一二年（一八二九）の浪打八幡宮年中行事[31]には、「百手頭人七人」や「当村頭屋」「来春ノ頭屋弓太郎」などと記されている。これが村組頭役宮座であると断言するにはまだ史料不足だが、「当村頭屋」とある点や近世の浪打八幡宮宮座が村組頭役宮座である点などからみて、その可能性は高いといえよう。

このような詫間荘の村々における百手のありかたからみると、船越八幡神社・大浜浦の百手も近世的な様相が色濃いように思われる。

前掲の百手式附録には、「右明応年中古法を以、百手道人人別組合之事幷神法式、元禄・正徳改来之通」とある。この記載を信じれば、大浜浦の百手の成立はさかのぼっても明応年間（一四九二〜一五〇一年）ということになる。

百々手道人組合記録幷番帳や百手式附録にも、明応七年（一四九八）に船越八幡神社は火災にあっていたことが記されている。もしかしたら、これを契機に船越八幡神社を拠点とする三崎荘惣荘の名主座は壊滅したのかもしれない。そしてそれに替わって、大浜浦の村組頭役宮座による百手が成立した可能性が考えられよう。旧三崎荘域の各浦々（総称して八ツ浦という）である家の浦・名部戸浦・大浜浦・生里浦・箱浦・積浦・粟島浦・香田浦。その浦ごとにそれぞれ百手が伝承されている(32)。その浦々の百手も大浜浦の百手と同様に成立したのかもしれない。

従来、百手は名主座の儀礼のように考えられてきたが、今後、さらに調査して、名主座の儀礼か村組頭役宮座の儀礼なのか、個々の事例ごとに確定していく作業が必要であろう。

また畿内近国の宮座で行われている結鎮とどのような関係にあるのか。結鎮が行われている地域と百手が行われている地域は、それぞれどの範囲なのであろうか。

筆者は、名主座が畿内近国の臈次成功制宮座を取り囲むように分布していることを発見し、それを「名主座リング」と名づけた(33)。百手が行われている地域と名主座リングがどのように重なるのかを調査するのも、興味深い。いずれもまた、今後の重要な課題である。

四　オビシャ

最後に、東日本の村々にみられる歩射儀礼であるオビシャについて触れておきたい。オビシャは、主に東日本で当屋制神事として行われる歩射儀礼である。

オビシャは北総及び太平洋岸の地方に多いとか、利根川・霞ヶ浦などの湖沼地帯に広く行われているなどと指摘されている。[34] このような指摘の適否については、文献調査さえまだほとんど実施していない筆者としては、判断を留保せざるをえない。

またオビシャを当屋制神事として行う集団であるが、筆者としては村組頭役宮座とみなしてよいように思われる。今の時点で把握しているオビシャは、民俗儀礼が多く文献史料に乏しい。村組頭役宮座という形態からすると、オビシャ集団の成立は近世以前にさかのぼるのは難しいように思われる。

オビシャは「お歩射」であり、歩射儀礼そのものの名称であるが、このオビシャと結鎮・百手とはいかなる関連にあるのだろうか。そしてオビシャ儀礼が行われている地域はどの範囲なのであろうか。これも今後の課題としたい。

いずれにせよ、東日本のオビシャは、前述した名主座リングの外側、越後国・信濃国・甲斐国・駿河国より東側の地域における宮座のありかたを考えるさいの、有力な手がかりになりそうである。

おわりに

平成二二年（二〇一〇）は、拙著も含め、合田博子・水谷類・浦西勉・真野純子・山口信枝の各氏により、歴史学・民俗学・人類学・社会学の各分野におよぶ宮座関連の研究書が立て続けに出た年である。[35] また同年一〇月一七日には、明治大学博物館・萩原龍夫旧蔵資料研究会の主催によるシンポジウム『村落・祭祀研究の現在――萩原龍夫・宮座研究とその継承をめぐって――』が開催された。[36] 筆者は幸いにも、このシンポジウムで基調報告「中世・近世村落と宮座」を担当することができた。

こうした事態はこれまでの宮座研究史上かつてなかったことであり、二〇一〇年は村落・宮座研究にとって記念すべき重要な年になったといえよう。このような研究気運の高まりにあわせて、筆者も本稿であげた課題の解明をめざして、村落宮座儀礼の比較調査研究を続けていければと念じている。

（1）中澤成晃『近江国の宮座とオコナイ』（岩田書院、一九九五年）。
（2）橋本裕之『王の舞の民俗学的研究』（ひつじ書房、一九九七年）。
（3）真野純子「宮座のとらえかた」（『宮座祭祀儀礼論――座と頭役の歴史民俗学的研究――』、岩田書院、二〇一〇年、初出一九七四年）。
（4）前掲註（3）真野著書。
（5）肥後和男『宮座の研究』（教育出版センター、一九八五年、三九八〜三九九頁、初出一九四一年）。
（6）中村結鎮御頭次第（奥野健一文書四三号、『堺市史』続編第四巻、堺市、一九七三年）。この史料に関しては、以前に堺市博物館に寄託中の原本を写真撮影した。
（7）応安五年一一月阿闍梨源西結鎮御供米田地寄進状（今堀日吉神社文書四一七号、仲村研編『今堀日吉神社文書集成』、法政大学出版局、一九八一年）。同書所収の今堀日吉神社文書ならびに村田惣吉氏文書は、以下、（今堀〇〇）または（村田〇〇）というかたち（〇〇は号数）で本文中に注記する。
（8）昭和五年日吉神社年内神事帳（肥後和男著『近江に於ける宮座の研究』、臨川書店、一九七三年、二四一〜二四五頁、初出一九三八年）、年未詳（近代）今堀日吉神社神事帳（今堀九五四）。
（9）原田敏丸「勧請吊行事」（『近世村落の経済と社会』、山川出版社、一九八三年）、同「〈講演録〉近江の村々」（滋賀大学経済学部附属史料館『研究紀要』四三号、二〇一〇年）など。
（10）倉石忠彦「道祖神」（『国史大辞典』一〇巻、吉川弘文館、一九八九年）、同「道祖神」（『日本民俗大辞典』下、吉川弘文館、二〇〇〇年）。
（11）この点については、以前、『体系日本史叢書一五　生活史Ⅰ』の「第三章　中世の生活第三節　村の暮らし」（薗部執筆分、山川出版社、一九九四年）でも触れた。
(12) 三橋健「散米」(『日本民俗大辞典』下、吉川弘文館、二〇〇〇年)。
(13) 「道饗」(『日本国語大辞典』第二版一二巻、小学館、二〇〇一年)。
(14) 拙著『日本中世村落内身分の研究』第三章（校倉書房、二〇〇二年）など。
(15) 慶長一八年～正徳元年直物算用状（今堀八四七)。この史料には、「けち弐宮なおし」や「ねち弐ツ、のなをし」という記載もみられる。この「弐宮」「弐ツ、」の意味は、いまのところ不明である。なお文禄二年結鎮直定状（今堀二八一）の結鎮直物は二斗二升であるが、近世の結鎮直物は壱石五斗と相当高額になっている。
(16) 前掲註(8)昭和五年日吉神社年内神事帳。
(17) 元弘年間経営古記・元弘元年正月座衆経営録・永正元年下田法楽寺座の法則（鹿島神社文書、『大和下田村史』、下田村、一九五六年、三五五～三六七頁および『香芝町史』史料編、香芝町、一九七六年、一三四～一四八頁)。坂本亮太「中世村落祭祀の様相――大和国下田村における村落祭祀――」(『帝塚山大学大学院人文科学研究科紀要』三号、二〇〇二年）を参照のこと。
(18) 『宇治市史』3近世の歴史と景観（宇治市、一九七六年、六三四～六四二頁)、『長岡京市史』民俗編（長岡京市、一九九二年、九一～一〇八頁)、『新修大津市史』第七巻北部地域（大津市、一九八四年、五九頁)、『新修大津市史』第八巻中部地域（大津市、一九八五年、一八三～一八五頁）など。
(19) 前掲註(5)肥後著書（四〇〇～四〇二頁)、西田長男「鎮花祭一斑」(『日本神道史研究』第三巻・古代編《下》、講談社、一九七八年、初出一九六七年)。
(20) 前掲註(5)に同じ。
(21) 耀天記（『続群書類従』第二輯下・神祇部、続群書類従完成会、一九五八年訂正三版、五九九頁)。
(22) 岡田精司「耀天記」(『国史大辞典』一四巻、吉川弘文館、一九九三年)。
(23) 真弓常忠「住吉大社」(同右八巻、同右、一九八七年)。
(24) 須磨千頴「賀茂別雷神社の御結鎮銭について」(『アカデミア』四七・四八合併号、一九六五年)。
(25) 宮座神饌の伝播に関して別稿を用意している（拙稿「唐菓子系宮座神饌の形成と展開」、「生活と文化の歴史学（仮題）」シリーズ『年中行事・仏事・神事』、竹林舎、二〇一二年刊行予定）。
(26)『角川日本地名大辞典』香川県（角川書店、一九八五年、三崎荘の項）、『日本歴史地名大系』香川県の地名（平凡社、一九八九年、三崎庄・船越八幡神社の項）。
(27) 宝暦一三年二月（以降書継）百々手道人組合記録幷番帳（竪帳／船越八幡神社文書）。なお、訓点などは省略し、平出は闕字に置き換え、常用漢字で翻刻した。
(28) 宝暦一三年二月百手式附録（横帳／船越八幡神社文書）。
(29) 拙著『中世村落と名主座の研究――村落内身分の地域分布――』第四編第一章（高志書院、二〇一一年）。
(30) 午七月浪打八幡宮旧例書帳面写（香川県立文書館所蔵片岡氏収集文書一一八号）。
(31) 文政一二年浪打八幡宮年中行事（同右一二一号）。
(32) 二〇一〇年九月二三日、船越八幡神社における藤本鳳秀氏・五所野尾優氏からの聞き取り調査による。
(33) 拙著『日本の村と宮座――歴史的変遷と地域性――』（高志書院、二〇一〇年）および前掲註(29)拙著。
(34)『丸山町史』（丸山町、一九八九年、一二六四～一二六五頁）、『佐原市史』（佐原市史、一九六六年、一〇七四頁）。
(35) 合田博子『宮座と当屋の環境人類学――祭祀組織が担う公共性の論理――』（風響社）、前掲註(33)拙著『日本の村と宮座』、水谷類『中世の神社と祭り』（岩田書院）、浦西勉『仏教と宮座の研究――仏教伝承文化論考――』（自照社出版）、前掲註(3)真野著書、山口信枝『宮座の変容と持続――近現代の九州北部における実証的研究――』（弦書房）。
(36) 萩原龍夫旧蔵研究資料研究会編『村落・宮座研究の継承と展開』（岩田書院、二〇一一年）。

〔付記〕 二〇一〇年九月の船越八幡神社調査では、船越八幡神社宮司・藤本鳳秀氏、郷土史研究家・五所野尾優氏にご高配いただいた。厚く感謝申し上げます。調査経費として、二〇〇八年度～二〇一一年度日本学術振興会科学研究費補助金・基盤研究B（研究代表者・坂田聡氏）「室町期～明治維新期丹波国山国地域における百姓と天皇の関係に関する研究」の分担研究費を利用した。

（二〇一〇年一一月二日成稿・二〇一二年一月二七日加筆）

親鸞の来迎観と呪術観——覚信尼における親鸞の信仰の受容を通して——

小山聡子

はじめに

覚信尼（一二二四～一二八三頃）は、親鸞（一一七三～一二六二）とその妻恵信尼の間の末娘である。覚信尼は、常陸国で生まれ、一一歳の頃に親鸞とともに京都に移り住んだ。上京した覚信尼は、久我通光の屋敷で侍女として仕えたのち、日野広綱と結婚した。日野広綱の家は、日野家の庶流である。覚信尼は、広綱との間に、長男覚恵（一二三七～一三〇七）と長女光玉の二人をもうけたものの、二〇歳の頃に広綱と死別し、父親鸞のもとに身を寄せることになった。晩年の親鸞と生活をともにしてその面倒を見たのは、覚信尼である。

それでは、覚信尼の信仰とは、どのようなものだったのであろうか。近年、親鸞の信仰のみではなく、親鸞の家族の信仰も着目されはじめている。そしてしばしば、親鸞やその家族については、浄土真宗開祖とその家族として、理想化して論じられてきた(1)。しかしそれでは、初期浄土真宗の歴史学研究は進展しない。そこで本稿では、人間としての親鸞や覚信尼について論じていきたい。

覚信尼はどのように親鸞の信仰を受容したのか、さらにはなぜそのように受容したのかという点について論じることは、親鸞やその家族の信仰を検討する上で非常に重要である。ところが、覚信尼がみずからの信仰について語った文書は現存していない。それゆえ覚信尼の信仰については、不明な点が実に多いといわざるを得ない。
ただし覚信尼の来迎観については、母恵信尼が覚信尼に宛てた書簡からうかがい知ることができる。そこでまず本稿では、恵信尼の書簡をもとに、覚信尼の来迎観を概観していきたい。その上で、親鸞が来迎をはじめとする奇瑞や呪術についてどのように考え、家族や門弟にいかに説いていたのかを、門弟宛ての書簡や和讃を中心に検討する。親鸞の来迎観と呪術観を明確にし、親鸞の信仰と覚信尼の信仰に隔たりがある理由を考察する。

一　『恵信尼文書』にみる覚信尼の来迎観

『恵信尼文書』第三通は、越後に住む恵信尼から京都の覚信尼へ宛てて書かれた書簡である。恵信尼は、覚信尼から親鸞の訃報の知らせ（弘長二年〈一二六二〉一一月一日付け）を受け取り、それへの返事としてこの書簡をしたためた。その一部を以下に記す。

さてひたち《常陸》のしもつま《下妻》と申候ところに、さかいのかう《郷》と申ところに候しとき、ゆめ《夢》をみて候しやうは、たう《堂》くやう《供養》かとおほへて、ひんかし《東》むきに御たう《堂》はたちて候に、しんかくとおほえて御たう《堂》のまへ《前》にはたてあかし《立明》しろく候に、たてあかし《立明》のにし《西》に、御たう《堂》のまへ《前》にとりゐ《鳥居》のやうなるに、よこさま《横》にわたりたるものに、ほとけ《仏》をかけまいらせて候か、一たい《体》はたゝほとけ《仏》の御かほ《顔》にてはわたらせ給はて、たゝひかり《光》のま中《真》ほとけ《仏》のつくわう《頭光》のやうにて、まさしき御かたち《形》はみへさせ給はす、たゝひかり《光》はかりにてわたらせ給。いま一たい《体》はまさしき仏の御かほ《顔》にてわたらせ給候しかは、これはなに《何》ほとけ《仏》にてわたらせ給そと申候へは、申人はなに《何》人ともおほえす、あのひかり《光》はかりにてわたらせ給は、あれこそほうねん《法然》上人にてわたらせ給へ、せ《勢》いし《至》ほさつ《菩薩》にてわたらせ給そかしと申せは、さて又いま一たい《体》はと申せは、あれはくわんおん《観音》にてわたらせ給そかし、あれこそせんしん《善信》の御房よ、と申とおほえて、うちおとろき《驚》て候しにこそ、ゆめ《夢》にて候けりとは思て候しか。さは候へとも、さやうの事をは人にも申さぬとき、候しうへ、あま《尼》かさやうの事申候らむは、ゆめ《夢》にはけに〱しく人も思ましく候へはてんせい《天性》人にも申さて、上人の御事はかりをは、との《殿》に申て候しかは、しなわい《品別》あまたある中に、これそしちむ《実夢》にてある。上人をはしよ〱《所々》にせいしほさつ《勢至菩薩》のけしん《化身》とゆめ《夢》にもみ《見》まいらする事あまたありと申うへ、せいしほさつ《勢至菩薩》はちゑ《智慧》のかきりにて、しかしながら、ひかり《光》にてわたらせ給と候しか。とんくわんおん《観音》の御事は申さす候しかとも、心はかりはその〻ち《後》うちまかせては思まいらせす候しなり、かく御心へ候へし。されは御りんす《臨終》はいかにもわたらせ給へ、うたかひ《疑》思まいらせぬうへ、おなし《同》事なから、ますかた《益方》も御りむす《臨終》にあいまいらせて候ける、おやこ《親子》のちきり《契》と申なから、ふかく《深》こそおほえ候へはうれしく候〱[2]。

まず恵信尼は、常陸国の下妻にいたときに見た夢について、覚信尼に語っている。恵信尼は、夢で堂の落慶供養の折に仏の絵像が二幅掛けられているのを見た。恵信尼が夢の中で「これは何という仏様でしょうか」と尋ねると、「あれは法然上人です。勢至菩薩ですよ」と答える人がいた。そこで恵信尼が「それではもう一体はどのような仏様ですか」と尋ねたところ、「観音様です。善信の御房（親鸞）ですよ」と聞こえた。そこで恵信尼は、目を覚まし、これらのことを夢だと知ったのである。恵信尼は、この夢を見たことによって、親鸞のことを普通の人間だとは考えなくなった、と述べている。さらに恵信尼は、覚信尼に対して、このようなことだから親鸞の臨終がどのようなものであったとしても往生は疑い申し上げたりするはずがないと述べた上で、覚信尼の他に益方（道性。親鸞と恵信尼の息子）も親鸞の臨終に立ち会うことができたことについて、親子とは言いながらも深い縁だとして、喜びを綴っている。

この書簡にある「されは御りんす《臨終》はいかにもわたらせ給へ、うたかひ《疑》思まいらせぬうへ」という表現は、覚信尼が恵信尼に、親鸞の臨終時に奇瑞がなかったので不安に思った、と親鸞の臨終を知らせる書簡の中に書き綴ったことをうかがわせるものである。[3]

ただし北西弘氏は、「されは御りんすはいかにもわたらせ給へ」は、父を亡くした覚信尼を慰めようとする意図のもとにある言葉であって覚信尼の問いかけに対する答えだと考えなくても良いのではないかとし、むしろ恵信尼も覚信尼も奇瑞などは思いもよらなかったことだろう、としている。[4] 北西氏によるこのような指摘は、親鸞の家族である恵信尼や覚信尼の信仰は、親鸞と同一であるべきであるという前提のもとにある。しかし、常陸国下妻での夢の話は、書簡の文脈から、「されは御りんすはいかにもわたらせ給へ、うたかひ思まいらせぬうへ」という一文を書くためにあえて記されたものである。つまり、『恵信尼文書』第三通は、親鸞の往生が確実であることを伝えるためにしたためられたものだと考えられる。その上、恵信尼は、親鸞が観音の化身であるということについて「かく御心へ候へし」と述べ、覚信尼にもそのように考えなさいと促している。このことからも、覚信尼は、親鸞の臨終時に、往生者にはあるとされてきた奇瑞を期待していたことを確認することができる。

臨終時に紫雲や音楽をはじめとする奇瑞を期待する信仰は、鎌倉時代前期において、ごく一般的であった。[5] たとえば親鸞の門弟たちも、臨終時の奇瑞や臨終正念についての質問をしたためた書簡を京都にいる親鸞のもとへ書き送り、親鸞からの返答を得ている。[6] 要するに覚信尼は、鎌倉時代前期の社会において一般的であった往生のあり方を、親鸞の臨終時にも期待したのである。

ちなみに恵信尼は、『恵信尼文書』第三通によると、親鸞が観音菩薩の化身であることを根拠として、その往生を確信している。つまり恵信尼は、親鸞が他力信心を得て正定聚の位にあることからその往生を確信していたのではないことになる。今井雅晴氏によって指摘されているように、恵信尼の信仰は親鸞の信仰の影響を受けてはいたものの、その基礎は法然の専修念仏にあり、社会の風潮であった自力的な信仰の影響も受けていた。[7] すなわち恵信尼の信仰と親鸞の信仰は必ずしも同一ではなかったのである。

親鸞の家族の信仰について、親鸞と同じ信仰であることを前提として論じるのは、誤りである。覚信尼の信仰についても、同様のことがいえる。覚信尼の信仰には、少なくとも現存する史料からは、親鸞が主張していた正定聚の信仰を見出すことはできない。覚信尼は、親鸞と生活をともにしてその最後を看取り、さらには後に大谷廟堂を門弟とともに創設したことからも、親鸞を敬慕していたことであろう。そうではあっても、親鸞の信仰と覚信尼の信仰には、相違点があるのである。

二　親鸞の来迎観

それでは親鸞は、臨終時の来迎について、どのように説いていたのであろうか。本節では、その来迎観について検討していく。

親鸞は、先行研究で指摘されてきたように、他力の信心を得たものは正定聚の位にあることを説いた(8)。親鸞は、正定聚の位にあるものは、臨終時の来迎を待たないでも、必ず極楽往生できると確信していたのである。たとえば、親鸞は、常陸国の門弟から送られた臨終正念に関する質問に対しての返事である建長三年（一二五一）閏九月二〇日付け書簡（『末燈鈔』第一通）には、次のようにしたためている。

来迎ハ諸行往生ニアリ、自力ノ行者ナルカユヘニ、臨終トイフコトハ諸行往生ノヒトニイフヘシ、イマタ真実ノ信心ヲヱサルカユヘナリ。（中略）真実信心ノ行人ハ、摂取不捨ノユヘニ正定聚ノクラヰニ住ス。コノユヘニ臨終マツコトナシ、来迎タノムコトナシ。信心ノサタマルトキ往生マタサタマルナリ。（中略）自力ノ行人ハ、来迎マタスシテハ、辺地・胎生・懈慢界マテモムマルヘカラス。コノユヘニ第十九ノ誓願ニ諸善ヲシテ浄土ニ廻向シテ往生セントネカフヒトノ臨終ニハ、ワレ現シテムカヘントチカヒタマヘリ。臨終マツコト、来迎往生トイフコトハ、コノ定心・散心ノ行者ノイフコトナリ(9)。

このように親鸞は、門弟宛ての書簡において、臨終時に来迎を期待するのは自力の行者の行なうことであるとしている。自力の行者は、来迎を待たないでは、仮の浄土にさえも往生できないのである。一方、他力の行者は、すでに他力の信心を得た時点で往生することが決定しているから、来迎を待つ必要はない。親鸞は、これと同様のことを、他の門弟宛ての書簡にも書き綴っている。(10)

ところが親鸞は、宝治二年(一二八四)にしたためた『浄土高僧和讃』では、次のようにも記している。

本師源空ノオワリニハ　光明紫雲ノコトクナリ　音楽哀婉雅亮ニテ　異香ミキリニ暎芳ス(11)

「源空」とは、親鸞の師法然のことである。これによると法然の臨終時には、紫雲が覆うように光り輝き、来迎の音楽が聞こえ、さらには芳しい香気が辺り一面に漂ったことになる。親鸞は、法然の臨終時には東国にいたので、人づてに法然の臨終時に来迎があったということを聞き、このような和讃を作ったのであろう。

注目すべきことに、親鸞は、法然の臨終に関するこの和讃において、来迎という奇瑞を肯定していることになる。一方、しばしば従来の研究では、親鸞は神秘的な奇瑞を否定したと指摘されてきた。(12)親鸞は、奇瑞についてどのように考えていたのであろうか。まず、この点については、法然がどのような存在として理解されていたのか、ということから見ていきたい。

親鸞は、法然について『浄土高僧和讃』で、次のように詠じている。

源空勢至ト示現シ　アルイハ弥陀ト顕現ス　上皇群臣尊敬シ　京夷庶民欽仰ス(13)

要するに法然は、勢至菩薩の化身であるとも阿弥陀仏の化身であるともされているのである。(14)つまり法然は、そもそも浄土にいたものの、衆生教化のために娑婆世界へと来ていたことになる。

このように法然は、仏菩薩の化身であると認識されていたからこそ、臨終時の奇瑞を強調されたのであろう。(15)ただしそうではあっても、親鸞は、法然の臨終時の奇瑞について詠じていることから、少なくとも現世における奇瑞そのものを否定してはいなかったことになる。

さらに従来の研究では、和讃はあくまでも庶民を対象として平易に説かれたものであるから、『教行信証』をはじめとする他の著述と比べると矛盾する点も確認することができるとされてきた。[16] それによって、和讃にはしばしば来迎をはじめとする奇瑞や自力的な表現が用いられたと説かれてきた。

ところが、親鸞の著述を紐解いてみると、和讃のみに『教行信証』と矛盾する表現が用いられているのではない。たとえば、聖覚の『唯信鈔』（一二二一年成立）に基づき、親鸞が他力念仏の実践について説き示した『唯信鈔文意』（一二五〇年成立）には、「自力ノ心ヲヒルカヘシスツル」[17] をはじめとして、自力的な表現を数カ所にわたって見出すことができるのである。[18] したがって、和讃に確認することができる奇瑞や自力的な表現に関して、親鸞の教えを庶民層に平易に理解させるためである、という説明は成り立たないことになる。第一、そのような和讃を制作すること自体が、平易な理解をもたらすのではなく、異義の発生を招くことになる。和讃は、『教行信証』をはじめとする親鸞の著述と同様に、その信仰を直接的に示す史料だと見なされるべきである。

それでは親鸞は、なぜ奇瑞をみずからの著述に記したのであろうか。そもそも親鸞の師法然は、平生念仏を行なう専修念仏の行者には必ず臨終時に来迎があるとしていた。[19] 法然の臨終時に奇瑞があったことは、『浄土高僧和讃』のみではなく、『西方指南抄』や『三昧発得記』などにも記されている。

親鸞は、法然を尊敬し、『歎異抄』第二によると弟子唯円に、次のように語ったとされている。

弥陀ノ本願マコトニオハシマサハ、釈尊ノ説教虚言ナルヘカラス。仏説マコトニオハシマサハ、善導ノ御釈虚言シタマフヘカラス。善導ノ御釈マコトナラハ、法然ノオホセソラコトナランヤ。法然ノオホセマコトナラハ、親鸞カマフスムネ、マタモテムナシカルヘカラスサフラウ歟。詮スルトコロ、愚身ノ信心ニオキテハカクノコトシ。[20]

要するに親鸞自身は、師法然の教えとみずからの教えが異なるとは考えていなかった。また、「詮スルトコロ、愚身ノ信心ニオキテハカクノコトシ」という表現から、みずからが法然と同様に、他力の信心を得ていたと考えていたことが明らかである。

つまり親鸞は、臨終時における来迎という奇瑞そのものを全面的に否定したのではなく、すでに他力の信心を得た者が来迎を期待することは意味のないことだ、と主張したのである。そもそも親鸞は、他力の行者の臨終時には来迎がない、とも述べていない。親鸞は、臨終時の来迎は、自力の行者が期待するべきものであり、他力の行者は臨終時に来迎を得ても得なくても正定聚の位にあるのだから往生することがすでに決定している、と主張していたのである。

三　親鸞の呪術観

従来の親鸞研究では、親鸞は神秘的な奇瑞のみならず、呪術を完全否定したことが強調されてきた[21]。ただし前述したように、親鸞は、奇瑞そのものを全面的に否定してはいなかった。それでは呪術に対してはどのように考えていたのであろうか。

『恵信尼文書』第五通には、かつて親鸞が衆生利益のために浄土三部経を千部読誦しようとして途中でやめたことが以下のように記されている。

けに〳〵しく三ふきやう《部経》をせんふ《千部》よみて、すさうりやく《衆生利益》のためにとて、よみはしめてありしを、これはなにこと《何事》そ、しゝけん人しん《自信教人信》なんちうてんきやうなん《難中転更難》とて、身つから信し人をおしへ《教》て信せしむる事、まことの仏おん《恩》をむくゐ《報》たてまつるものと信しなから、みやうかう《名号》のほかには、なにこと《何事》のふそく《不足》にて、かならす《必》きやう《経》をよまんとするや、と思かへしてよまさりしことの、されはなほすこし《少》のこる《残》ところのありけるや、人のしうしん《執心》しりき《自力》のしん《信》は、よく〳〵しりよ《思慮》あるへしとおもひ《思》なしてのち《後》は、きやう《経》よむことはと《止》、まりぬ。[22]

親鸞は、浄土三部経の千部読誦を行ないはじめたものの、「みずから信じて、また人に教えて信じさせることが仏恩に報いることになると信じていながら、南無阿弥陀仏という名号を称えることの他に何の不足があると思い経典読誦をしてしまったのだろうか」と気が付き、途中で千部読誦を取りやめたのである。親鸞は、経典読誦による衆生利益の効果はまったく否定していない。ただ単に、名号の不足を補うものとして千部読誦を位置づけてしまい、その後、名号だけで十分であると気が付いたことによって、千部読誦を中止したのである。

さらに、他の史料においても、呪術の効果そのものを完全に否定してはいなかったことをうかがえる。たとえば『歎異抄』第四には、親鸞の言葉として、次のように記されている。[23]

聖道ノ慈悲トイフハ、モノヲアハレミ、カナシミ、ハク、ムナリ。シカレトモ、オモフカコトクタスケトクルコト、キハメテアリカタシ。[24]

これによると親鸞は、呪術によって思うままに生きとし生けるものを完全に助け遂げることは難しい、と述べたことになる。ここでは、「タスクルコト」ではなく「タスケトクルコト」という表現が用いられている。つまりこの記述からは、親鸞は呪術による救済の限界を指摘しているのであり、呪術の効果そのものは否定していなかったことをうかがうことができる。

親鸞の信仰は、呪術による悟りを否定し、他力信心の重要性を説くなど、鎌倉時代前期の社会において実に斬新なものであった。ただし親鸞は、呪術の効果を真っ向から否定してはいない。つまり親鸞の信仰を、天台宗の信仰とはまったく異質なものであると見なすことは、正しくないであろう。[25]

たとえば親鸞は、『浄土高僧和讃』に源信を讃える和讃一〇首を含めている。親鸞は、源信が浄土の教えを説き示して念仏を重要視したことから源信の和讃を含めたのであろう。ただし、その中には次のような和讃も含められているのである。

極悪深重ノ衆生ハ　他ノ方便サラニナシ　ヒトヘニ弥陀ヲ称シテソ　浄土ニムマルトノヘタマフ(26)

この和讃は、『往生要集』巻下「念仏証拠」の「極重悪人無㆓他方便㆒、唯称㆓念仏㆒得㆑生㆓極楽㆒」(27)をもとに作られたと推定できる。和讃中の「ヒトヘニ弥陀ヲ称シ」は、実に自力的な要素の強い表現である。しかし、この和讃は、たとえば北塔光昇氏によって、その前半部分を、「極めて罪悪の深く重い人々には、（他力より）他に救いの手だてはない」と現代語訳されるなど、親鸞の主張してきた他力念仏に引きつける形でしばしば解釈されてきた(28)。しかし、そもそも『往生要集』の該当箇所では他力信心については触れられておらず、その上この和讃自体にも他力の語はまったく見えない(29)。したがって、この和讃を他力信心との関わりで解釈することには無理がある。第一、専修寺蔵国宝本『浄土高僧和讃』には、「他ノ方便」の左訓として「ヨ《(余)》ノセン《(善)》ヨ《(余)》ノフチホサチ《(仏菩薩)》ノハウヘン《(方便)》ニテハシヤウ《(生)》シイテ《(出)》カタシトナリ」(30)と書き込まれている。この和讃は、左訓からも、あくまでも念仏以外の行や阿弥陀仏以外の仏菩薩によって「極悪深重ノ衆生」が救われることはない、と詠じられたものであり、他力の重要性について詠まれたものではない。したがって親鸞は、自力念仏による極楽往生を肯定する内容の和讃も『浄土高僧和讃』の中に含めたことになる。

要するに親鸞は、末法の世における自力による極楽往生は否定したものの、必ずしもその著作において一貫して否定してはおらず(31)、天台宗の自力的な呪術信仰を全面的に否定してもいないのである(32)。まして天台宗教団に対して敵対的な姿勢や排他的姿勢などとってはいない。したがって、その信仰を天台宗における信仰と完全に異質なものであると理解することには無理がある(33)。親鸞は、呪術の効果を真っ向から否定できる社会には生きていなかったのである。

さて、親鸞の娘覚信尼も、親鸞と同様、呪術を常識とする社会の中で生きていた。西本願寺や専修寺が所蔵する『善信聖人親鸞伝絵』には、親鸞の墓碑が描かれている。千葉乗隆氏によって、これらに見える親鸞の墓碑の形式が比叡山横川の様式と同一であることが明らかにされている。[34] 親鸞は、約二〇年間比叡山で過ごし、横川で堂僧をした経歴を持っていた。

それでは、親鸞の墓碑の形式は、本人の遺言によるものなのだろうか。[35] それとも、覚信尼をはじめとする遺族の意志によるものなのであろうか。この点を検討する上では、覚如の『改邪鈔』にある次の記述が興味深い。

本師聖人ノ仰ニ云ク、某親—閉眼セハ、賀茂河ニイレテ魚ニアタフヘシト云々。コレスナハチ、コノ肉身ニカロンシテ仏法ノ信心ヲ本トスヘキヨシヲアラハシマシマスユヘナリ。コレヲモテオモフニイヨイヨ喪葬ヲ一大事トスヘキニアラス。モトモ停止スヘシ。[36]

史料中の「本師聖人」とは、親鸞のことである。ここでは、親鸞は、みずからの遺骸を賀茂川の魚に与えるようにといった、とされている。もし『改邪鈔』の伝える事柄が事実であるのならば、親鸞自身が墓碑の形式を遺言として残したとは考えにくい。とすると、墓碑の形式を決めたのはその家族であることになるであろう。家族として晩年まで生活をともにし、その世話をしたのは覚信尼である。覚信尼は、親鸞の影像の管理も行なっていた。[37] また、後に東国の門弟たちの協力のもとに親鸞の廟堂を建立してそれを管理したのも覚信尼である。このようなことから考えると、墓碑を建てるにあたって覚信尼の意見が強く反映された可能性は充分にあるのではないだろうか。墓碑の形式が比叡山の横川様式であることは、覚信尼をはじめとする親鸞の家族の信仰が天台宗の信仰と切り離すことができないものであったことを示している。

要するに覚信尼は、親鸞の信仰と天台宗における信仰を完全に異質なものだとは捉えていなかったのではないだろうか。親鸞の師法然の信仰も、天台の信仰と切り離すことはできない。[38] さらに、前述したように、親鸞の著作物では、親鸞が他力念仏者としていた法然の臨終時での奇瑞についての記述が見え、呪術の効果も否定されてはおらず、自力による極楽往生も必ずしも一貫して否定されてはいない。このようなことであったからこそ覚信尼は、親鸞の死の床において来迎を期待し、結果として奇瑞がなかったことに不安を感じたのではないかと考えられる。

おわりに

本稿では、親鸞の末娘覚信尼の来迎観について考察した上で、父親鸞の来迎観や呪術観について検討した。恵信尼が覚信尼に宛てて書いた書簡からは、覚信尼が親鸞の臨終時に来迎の奇瑞があることを期待していたであろうことをうかがえる。覚信尼は、親鸞の死の床にそのような奇瑞がなかったことを不安に思い、母恵信尼に相談したのである。一方、親鸞の教えは、他力念仏の行者は他力の信心を獲得した時点において正定聚の位にあり極楽往生することが決定しているので、その死に様がどのようなものであろうと問題ではなく、来迎を待つ必要もないというものであった。

ただし親鸞は、師法然の臨終時に来迎の奇瑞があったことを『浄土高僧和讃』で詠んでいる。このことは、親鸞が他力の行者に来迎やその奇瑞が見られることを否定してはいなかったことを示している。要するに親鸞は、他力の念仏者については臨終時に来迎があろうとなかろうと、すでに極楽往生することが定まっている、と考えていたのである。

従来の親鸞研究や初期浄土真宗研究では、しばしば親鸞が神秘的な奇瑞や呪術を全面的に否定したことが強調されてきた。ところが前述したように親鸞は、和讃において他力念仏の行者への来迎の奇瑞について詠んでいる。また、たしかに親鸞は、呪術によって悟りにいたることを否定した。しかし親鸞は、呪術を不要なものであるとはしていたものの、その効果そのものを完全否定してはいないのである。親鸞は、呪術の効果を真っ向から否定できる社会には生きていなかった。親鸞がこのような立場を取っていたことによって、覚信尼は、親鸞の死の床において来迎の奇瑞を期待し、奇瑞が見られなかったことに関して不安を感じたのだと考えられる。

たしかに、親鸞の娘覚信尼の信仰は、父の信仰と必ずしも同一ではなかった。けれども、親鸞の教えと異なる信仰を持っていたのは、覚信尼のみではない。前述したように、親鸞の妻恵信尼の信仰も、親鸞の信仰と同じではなかった。さらに、覚信尼の息子覚恵も、同じ信仰を持ってはいなかったと考えられる(39)。また、親鸞の子孫の多くは、天台宗寺院や真言宗寺院に入寺していた(40)。とりわけ覚恵は、親鸞存命中に青蓮院に入っている。しかし、親鸞と覚信尼、さらには親鸞と覚恵の仲がそれによって悪化した形跡は見られない。

要するに、親鸞の家族の信仰は、少なくとも浄土真宗教団として教団化される室町時代以前においては、天台宗をはじめとする既成教団の信仰と完全に異なる信仰として捉えることはできない。というのは、彼らは、あくまでも呪術信仰が当然とされる社会の中で生きていた。親鸞の信仰自体も、それまでの既成教団における信仰とまったく異質なものではないのである。

近年の研究において、親鸞の信仰と家族の信仰が異なることが次第に明らかにされはじめてきている。たしかに、妻の恵信尼や最期を看取った覚信尼の信仰、さらには幼少の頃より親鸞の教えを耳にしていた覚恵の信仰でさえ、親鸞の信仰とは異なっていた。今後においては、親鸞の信仰と彼の家族の信仰の隔たりばかりを指摘して家族の理解不足を強調するのではなく、それらの研究を通して、親鸞の信仰を歴史の中に位置づけ、親鸞はどのように家族や門弟といった周囲の人間にみずからの教えを説いていたのかという点や、当時における常識とはどのようなものだったのかという点からも検討し直していく必要がある。

（1）この点については、小山聡子「親鸞の他力念仏と門弟の信仰」（『日本歴史』六六六、二〇〇三年）において論じた。
（2）石田充之・千葉乗隆編『真宗史料集成』第一巻（同朋舎出版、一九七四年）、五一三・五一四頁。
（3）覚信尼が親鸞の臨終時に奇瑞を期待していたであろうことは、すでに多くの先行研究で指摘されてきた。たとえば、次のような研究がある。梅原真隆『恵信尼文書の考究』（永田文昌堂、一九六〇年）、藤島達朗『恵信尼公』（法蔵館、一九八四年）、平松令三『親鸞』（吉川弘文館、一九九八年）、今井雅晴『親鸞とその家族』（自照社出版、一九九八年）、廣田万里子「『恵信尼消息』第三通に関する一考察——親鸞の往生を語る恵信尼の意図を中心に——」（『大谷大学大学院研究紀要』二一、二〇〇四年）など。
（4）北西弘『覚信尼の生涯』（真宗大谷派宗務所出版部、一九八四年）、五六・五七頁。
（5）たとえば法然の弟子たちの間でも、臨終時の紫雲、異香、音楽などの奇瑞の現前や臨終正念が重んじられていた。この点については、前掲註（3）廣田論文で論じられている。
（6）たとえば建長三年（一二五一）閏九月二〇日付け常陸の門弟宛て書簡（『末燈鈔』第一通）は、来迎を期待する臨終往生の念仏についての質問に対する答えだと考えられる。さらに年未詳一一月二六日付け随信御房宛て書簡（『末燈鈔』第一八通）にも、随信からの臨終来迎についての質問に対する答えが記されている。
（7）今井雅晴『親鸞と浄土真宗』（吉川弘文館、二〇〇三年）六三〜九二頁では、恵信尼の信仰が親鸞の信仰と同一ではなかったことが指摘されている。
（8）親鸞の来迎観については、以下の研究で論じられている。浅井成海「来迎思想——法然とその門弟（二）——」（『龍谷大学論集』四〇〇・四〇一合併号、一九七三年）、市川浩史「親鸞の来迎・臨終正念観をめぐって」（『文芸研究』一〇六、一九八四年）、鍋島直樹「親鸞における死の把握」（『真宗研究』三七、一九九三年）、武田晋「親鸞の来迎観」（『真宗研究』四二、一九九七年）など。
（9）前掲註（2）石田・千葉編書、四二七頁。
（10）たとえば親鸞は、随信御房宛て書簡（『末燈鈔』第一八通）でも、「信心マコトニナラセタマヒテサフラフヒトハ、誓願ノ利益ニテサフラフウヘニ、摂取シテステストサフラヘハ、来迎・臨終ヲ期セサセタマフヘカラストコソオホエサフラヘ。イマタ信心サタマラサランヒトハ、臨終ヲモ期シ来迎ヲモマタセタマフヘシ」と述べている。

(11) 前掲註(2)石田・千葉編書、二八二頁。
(12) たとえば、村上速水「「現世利益和讃」の思想背景」(『龍谷大学仏教文化研究所紀要』二、一九六三年)では、親鸞の教えには神秘性や功利性が入り込む余地はまったくないとする。
(13) 前掲註(2)石田・千葉編書、二八〇頁。
(14) 法然を勢至菩薩の化身と見なすことは、『恵信尼文書』第三通にも記されている。
(15) 浅井成海「親鸞の現世利益観」(『真宗学』一〇五・一〇六合併号、二〇〇二年)では、法然は浄土から来て浄土へ帰った人物であるから臨終の奇瑞があるとされても当然である、と解釈している。
(16) たとえば古くは、星野元豊『念仏と呪術』(あそか書林、一九六〇年)など。
(17) 前掲註(2)石田・千葉編書、三三一頁。
(18) この点については、前掲註(1)小山論文においてすでに論じた。
(19) 浅井成海「来迎思想――法然とその門下(一)――」(『龍谷大学論集』三九三、一九七〇年)。
(20) 前掲註(2)石田・千葉編書、五〇二頁。
(21) たとえば、前掲註(12)村上論文でも、親鸞の信仰の非呪術性が強調されている。さらに、島津恵正「日本の中世社会と親鸞の思想」(日本仏教史の研究会編『千葉乗隆博士古稀記念　日本の社会と仏教』永田文昌堂、一九九〇年)では、親鸞は専修念仏以外の行をすべて無駄なものだと見なし、全面的に既成仏教の存在価値を否定して排他的かつ敵対的姿勢を取った、としている。後藤平淙「現生十種の益と現世利益和讃について」(『龍谷教学』二七、一九九二年)では、親鸞は現世利益それ自体を否定してはいないものの、あくまでも精神的利益を肯定したのであって、物質的利益については否定した、としている。
(22) 前掲註(2)石田・千葉編書、五一五頁。
(23) 石田瑞麿『歎異抄――その批判的考察――』(春秋社、一九八一年)、遠藤美保子「『歎異抄』と親鸞の思想の異同に関する一考察――「本願ぼこり」を中心に――」(『日本宗教文化史研究』二―二、一九九八年)、山折哲雄『悪と往生――親鸞を裏切る『歎異抄』――』(中央公論新社、二〇〇〇年)をはじめとして、『歎異抄』と親鸞の教えの違いを指摘する研究が多く出ている。確かに『歎異抄』には、自力的な表現が多く見える。ただし、親鸞が門弟に宛てた書簡や

『唯信鈔文意』などにも、『歎異抄』とまったく同一の自力的な表現がある。したがって、『歎異抄』の著者唯円は、『歎異抄』の序文に「故親鸞聖人御物語之趣、所レ留二耳底一、聊注レ之」とあるように、むしろ親鸞の言葉をそのまま書き記したのではないかと考えられる。この点については、前掲註(1)小山論文で論じた。

(24) 前掲註(2)石田・千葉編書、五〇二頁。

(25) たとえば親鸞の師法然は、九条兼実の要請により、病気治療のためにしばしば授戒を行なっていた。兼実の日記『玉葉』には、法然が天台系僧侶に混じって呪術的な祈禱を行なうことを拒んだ形跡はまったく見えない。法然は、念仏を称えるための助業としての呪術的祈禱を容認していたのである。さらに法然は、『醍醐本法然上人伝記』「御臨終日記」には、円仁の袈裟を着て臨終に及んだ、と伝えられている。この点については、乾文雄「藤原兼実と法然」(『大谷大学大学院研究紀要』一九、二〇〇二年)。なお、法然の病気治療については小山聡子「『恵信尼文書』第五通にみる親鸞の病気と経典読誦」(『二松学舎大学人文論叢』八五、二〇一〇年)で論じた。

(26) 前掲註(2)石田・千葉編書、二七九頁。

(27) 石田瑞麿校注『日本思想大系』六　源信(岩波書店、一九七〇年)、三八七頁。

(28) 北塔光昇『三帖和讃Ⅱ　高僧和讃』(本願寺出版社、二〇〇〇年)、二九三頁。

(29) この和讃は、「ヒトヘニ弥陀ヲ称シテゾ」という表現から、他力念仏ではなく、あくまでも自力による称名念仏の重要性について詠んだものである。

(30) 前掲註(25)乾論文。

(31) 親鸞の著作に見られる自力的な表現に関しては、親鸞の言説にしばしば論理的な揺れを確認することができる点と関係すると考えられる。親鸞の信仰は、家族や門弟のみではなく親鸞自身にとっても実践することが難解だったのである。この点については、前掲註(1)小山論文を参照していただきたい。また、親鸞は出家後に比叡山の世界で二〇年もの間生きていたことから、天台宗の信仰の影響も大いに受けていたと考えられる。たとえば親鸞は、『恵信尼文書』第五通によると、建保四年(一二一四)頃には衆生利益のために浄土三部経を千部読もうとし、寛喜三年(一二三一)には病床において無意識のうちに呪術的行為を行なうという経験をしてしまっている。

(32) 前掲注(21)島津論文では、親鸞は呪術を事とする既成仏教の権威を完全に否定したとされている。守本順一郎氏が親鸞の信仰は呪術一般の原理的な否定にいたるものではなかった、としているように（守本順一郎『日本思想史【改訂新版】』未来社、二〇〇九年、一六七頁）、親鸞の信仰は呪術を完全否定するものではなかったと考えられる。親鸞の主張が必ずしも一貫していない点については、前掲註(1)小山論文においても論じた。

(33) 蒲池勢至「杖にあらわれたヒジリ性」（『親鸞がわかる。』朝日新聞社、一九九九年）では、安城御影の分析を通して、親鸞が善光寺信仰や太子信仰を持ちながら念仏を称えていた人々の中で布教していたであろうことが指摘されている。また、親鸞の信仰と善光寺信仰との関連について指摘する研究もある。たとえば、吉原浩人「初期真宗教団と善光寺信仰」（『印度学仏教学研究』三五―二、一九八七年）、五来重『善光寺まいり』（平凡社、一九八八年）、平松令三「善光寺勧進聖と親鸞」（『高田学報』八八、二〇〇〇年）など。

(34) 千葉乗隆「卒塔婆から御影堂へ――本願寺影堂成立考――」（仏教史学会編『仏教の歴史と文化』同朋舎出版、一九八〇年）。

(35) 平松令三『親鸞』（吉川弘文館、一九九八年）二二六頁では、親鸞の墓碑が比叡山横川の形式であることについて親鸞の遺志によるものではないか、とされている。ただし平松氏は、その根拠については示していない。

(36) 前掲註(2)石田・千葉編書、六六三頁。

(37) 覚信尼は、親鸞の影像のみではなく、本尊の類も管理していた可能性がある。この点については、松尾一「覚信尼への試論」（『久留米工業高等専門学校紀要』一五―二、二〇〇〇年）において論じられている。

(38) 前掲註(25)参照。

(39) 覚恵については、覚如の高弟乗専が制作した『最須敬重絵詞』に「聖人ノ芳言ヲハ承ナカラ、ヒトヘニ信順ノ儀マテハナカリシ」とある。覚恵は幼少の頃より親鸞の側近くでその教えを直接聞いていたものの、正確には理解できていなかったのである。少なくとも乗専は、覚恵についてそのように考えていたことになる。

(40) たとえば、親鸞の息子善鸞は比叡山の僧侶であった。また、覚信尼の息子、覚恵と唯善は、それぞれ青蓮院と仁和寺へ入寺している。さらに覚恵の息子覚如は、天台僧宗澄らのもとで天台教義を学び、その後には園城寺の浄珍や興福寺の信昭の室に入った。なお、善鸞の信仰については、小山聡子「東国における善鸞の信仰と布教活動」（『史境』六一、二〇一〇年）で論じた。

『神道集』の歴史民俗——「民俗的歴史」の世界——

佐藤喜久一郎

はじめに

民俗社会に伝来する数々の巻物や由来書を紐解いてみると、近代化以前の民衆の歴史観や世界観のユニークさに驚かされることがある。殊に、寺社縁起や系譜類には神秘の逸話や虚構の記事が目立ち、現代の読者は奇異な印象を受けることが少なくない。しかし、そうした物語のなかにも、地域の人々からは「事実」とみなされるものが多くあり、その一部は今なお「民俗的歴史」として社会に深く根付いている。

「民俗的歴史」は、歴史的事実の直接的な反映物ではないが、社会的な真実性の指標にはなる。民俗社会では、人々の心性に適合する類型的な伝説だけが集団の歴史として伝承されるので、そうした伝説の内容を仔細に検討することで、社会集団を特徴づける中心的な価値が明らかになるのである(1)。多くの伝説を時間的・空間的に整理比較すれば、長い歴史のなかでの心性の変化や、地域ごとの文化の差異を明らかにすることも可能だろう。

伝承の社会的規制力が弱まった現代においても、「昔の人がそういっているならば、それは真実であろう」とか、「昔の人はそういった」というような伝統やルーティンに対する信仰的態度は変わらず残っている(2)。文化の真正さを主張するさい、多くの人は正統性の根拠を時間性に求める傾向があるのである(3)。

したがって、「民俗的歴史」はどの時代にも存在するのだが、その内容と形態は、人々の心性の変化や、社会的な要請によって大きく変化する。この論文では、由来書や寺社縁起などの物語的な歴史叙述を「民俗的歴史」とみなし、①民俗文化との関係や②社会的機能の時代的な変化について検討を加えたい。

分析の対象となるのは、北関東の村落に伝来する『神道集』の物語的縁起類である。宗教文学としての側面と歴史叙述としての側面を備えた史料であるが、「民俗的歴史」の世界は文学と歴史と宗教によって支えられているので、これら三つの領域について別個に考えることはできない。

一　民俗学と中世文化

1　「応仁の乱」問題とナショナリティ

中世的な「民俗的歴史」について具体例をあげて細かく検討する前に、まず、民俗学における中世文化研究の意義について簡単に触れておきたい。

一般に、歴史民俗学の研究対象となるのは近世的な村落社会の習俗であるとされ、それ以前の「中世的なもの」が民俗学者の研究視界に入る例は少ない。多くの研究者は、現代の民俗と中世の文化の間に断層があると考えている。民俗事象の時間的性格の評価に研究の方向性が規定されるのが民俗学という学問の特徴である。

内藤虎次郎の良く知られた講演に、「應仁の亂に就て」[4]（一九二一年）という題目のものがあるが、この折に内藤は「大體今日の日本を知る爲に日本の歴史を研究するには、古代の歴史を研究する必要は殆どありませぬ、應仁の亂以後の歴史を知って居ったらそれで澤山です。それ以前の事は外國の歴史と同じ位にしか感ぜられませぬが、應仁の亂以後は我々の眞の身體血肉に直接觸れた歴史であって、これを本當に知って居れば、それで日本歴史は十分だと言ってゐゝのであります[5]」と発言している。

「応仁の乱」から始まる中世後期の内乱では、足軽のような最下層の人間が跋扈して、古い貴族文化を徹底的に破壊した。古代的なあらゆる秩序は跡形もなく滅び、貴族にかわる新たな階級が文化の担い手として台頭した。内藤によれば、今日に続く国民的な日本文化(国民文化)の基盤は、この激烈な破壊の過程を経て初めて整えられたという。

「応仁の乱」とナショナリティの形成を結びつけるユニークな内藤の説は、勝俣鎮夫氏、石井進氏、網野善彦氏といった戦後の歴史学者に影響を与えたが(6)、面白いことに、民俗学では柳田國男が似たような見解を持っていた。和歌森太郎の証言によると、柳田は弟子たちに向かって、たびたび「われわれの近代生活の夜明けは、実は応仁の乱あたりから始まっている」と説いていたという(7)。どのような文脈での発言かは分からないが、注目すべきは、柳田の残した数々の対談記事にそれと類似した表現が目立つことである。

たとえば、昭和一五年(一九三五)の「文学と土俗の問題」では、①今日に続く「モダンな」文化の起源が「足利時代」にあること、②民俗学研究の時代的限界が「足利時代」であることが説かれ(8)、昭和二四年の「日本歴史閑談」においても、日本の内発的近代の芽は「足利時代」まで遡れるのではないかという発言がなされている(9)。

ただ柳田は政治的な事件としての「応仁の乱」が近世のはじまりだと考えていたのではない。「(民俗学によって——引用者注、以下同)応仁の乱以来の日本がわかるという説も出てきましたが、あれ(応仁の乱のこと)を近世の始めとする根拠もはっきりわからない」「これ(近世のこと)を過去三百年と切るからいけない」などと留保している(10)。文化残存を重視する柳田は、政治的事件が国の文化全体を変化させたという考えを斥け、日本のような入り組んだ地形の国では、古い文化を後世まで伝える地方も数多いと主張するのである。

「足利時代」に関する柳田の議論を発展させ、民族文化の形成とムラの成立を結びつけたのが千葉徳爾氏である。千葉氏は先の柳田発言を受けて「(日本人が)現今見られる形のように、ほぼ文化として一つの日本民族に融合統一されるのが、この時代であり、その起因となるのは民衆が戦乱を機として上級の氏族社会の規範から逸脱し自由民化していったところにあるのではないか」と述べた[11]。

千葉氏の解釈によると、柳田は近世のムラを構成した家々の移住史を研究することで、民俗(族)文化形成史解明の糸口がつかめると考えていたそうである。なるほど、戦国期から近世のはじめには、出自や階層の異なる雑多な人々が寄り集まって日本各地に新たなムラ社会を建設したが、かつて漂泊の生活を送っていた人々を含め、当時のムラ人それぞれの生業や来歴を調べれば、民俗文化の歴史的な構成要素が少しずつ明らかになるかもしれない。

しかし、民俗学研究者が専ら使用する「聞き書き」の手法を用いてイエの歴史をたどり、「応仁の乱」以来の民衆の歴史(民俗(族)文化形成の歴史)を描くのは、ほとんど不可能に近い試みであろう。「足利時代」から江戸初期にかけての移住を伝えるイエは少なくない。ところが、由緒を語る言説には類型性があり、それらが果たして歴史的事実を伝えているのか、あるいは純然たるイイツタエなのかはまったく判然としないのである。

2 「中世的なもの」の意義

民俗学が明らかにする歴史は、「過去と現代が連続した歴史」である。民俗学者が過去の文化を研究するのは、現代の文化が時間を宿しているからに他ならない。現代を過去の「歴史過程とその結果」とみなす民俗学は、文化変化の歴史的再構成こそが、現代の社会問題を解決するための突破口になると信じるのである[12]。

民俗学者は「眼前の事実」に対する極私的な疑問から出発し、時間を遡って日本人のアイデンティティの解明を図ろうとする。そのため、民俗学の歴史叙述は時に自叙伝的性格を帯びてくるのである。

他に例のない「日本人の内省の学」たり得たことが民俗学のユニークな点であるが、この自己言及性はこの学の短所でもあった。日本の国民国家化の過程で構想された民俗学は、良きにつけ悪しきにつけ、近代日本人のメンタリティを体現してきた。「消滅の危機に瀕する」村落社会の「伝統的」な習俗が「日本人」の共有財産として尊重された反面、異種混交的な文化は否定的に扱われたり、「これは民俗ではない」と、研究対象から外されたりしたのである。

ナショナリズムの信奉者は、「国民文化＝民族文化」の成立を文化史の到達点とみなし、そこにいたる過程を民族の歴史として叙述する。国民国家的な文化状況のなかで暮らす現代人は、知らず知らずのうちに、古い民衆文化を「国民文化」の鋳型にはめようとしたり、自分たちの思想や美意識に適わないさまざまな風習を「日本的」でないと考えたりする。私たちはそのような時、異種混交的で豊かだった過去の歴史を「日本史」から無意識に排除する危険を犯しているのである。

近代主義的限界を乗り越えようとする研究者は何をすべきだろうか。中西裕二氏は、論文「ネイティヴの人類学のもうひとつの可能性」(13)のなかで、民俗学研究が有するナショナルな本質を鋭く批判する。日本民俗学の根底にあるのは、「日本には民族固有の文化（＝民俗文化）があり、それが歴史的に民衆間で伝承され、現在も断片的にそれが確認可能」であるという証明困難なイデオロギーにすぎない。それにもかかわらず、この学問は日本の国民国家的な言説空間のなかで公定化され、日本文化研究の学術システムの中で支配的な位置をしめている。

中西氏によると、国民国家的な「基層」「不変」イデオロギーを克服するために、民俗学に代わる反本質主義的な歴史人類学を日本の「ネイティヴの人類学」として新たに構想し、民俗社会に残存するさまざまな神仏習合の様相を緻密に調査すべきだという。

日本文化の「基層」にあるのは、いわゆる「神道」ではない。顕密主義に基づく神仏習合の思想である。中世日本では支配的だったこの政治・宗教的イデオロギーは、中世国家の崩壊とともに政治的な力を失い、近世以降は周縁的位置に追いやられている。しかし、一部の儀礼や祭祀体系は、宗教者の手によって地域社会に深く根付き、現在でも日本文化の「基層」として社会的に機能しているという。

たしかに、日本の村落社会で丹念な民俗調査を行ってみれば、調査者が「中世的」な文化を発見する例は意外に多い。祭文や寺社縁起のような文字史料を介して神仏習合の世界に接することもあるし、民俗芸能や儀礼の調査では、「中世文化」のリアリティを直接肌で感ずることもある。

しかし、そうした「中世的なもの」が、実際に「中世」以来のものであるかどうかは、現存する資料からは判断のつかないことが多い。「中世的」とされる文物のなかには、後世になされた「創造」や「再興」のために、今日の姿になったものが多くある。近代知識人は避けがたい「伝統文化」志向を持つが、その反動として行われる「中世的なもの」の発見もまた、同じ知識人によってなされるのである。

二　神仏習合の宗教世界——民俗とイデオロギー——

1　「歴史」を語る難しさ

以下の節では、『神道集』（編者不明、南北朝時代中期成立）とその関連資料をとりあげて、土着化した本地垂迹思想と民衆文化の関係を多角的に論じる。

『神道集』は、中世の知識人が民衆への布教のために編んだ唱導の書であり、在地で語られていた伝承を題材にして、神仏習合の教えを平易に説いたものである。そのため、収録された物語は昔話や伝説に似た内容のものが多い。民衆に親しまれた話を布教に用いることで、不特定多数の人々を導こうとしたのだろう。

しかし、中世の唱道者がそれらを地域の歴史物語として語ったためか[14]、物語の舞台となった上野国（現在の群馬県地域）などでは、現在でも似た内容の伝説が、「歴史」として語られる事例が多くみられる。また、近世から近代初期にかけての上野国では、『神道集』の各話の写本（在地縁起）が読み物として広く流通し、在地の人々に愛好されていた。

この事実を根拠にして、「神仏習合」の宗教世界が上野国（群馬県地域）では近代まで在地社会に残っていたと主張する説がある。「在地縁起」の地域における伝存を、中世文化の土着性や在地性の証明とみなすのである。

五〇章の物語からなる『神道集』は、構成上、その中間の二五章を区切りにして、前後二つに分割することが可能である。(15)前半部分が政治性の強い「国家体制擁護」の神々に関する記述にあてられているのに対し、後半部分には、民俗の神々（釜神や橋姫など）の由来や上野国の神々の前世の物語など、土着的な内容を持つ雑多な中世説話が収録されている。

『神道集』の編者を上野国関係の人物と考えた村上学氏は、以上のような書物の構成から、都の文化にコンプレックスを感じる地方人の煩悶を読み取った。彼は明らかに中央の文化に魅了されまた圧倒されているが、土着の文化にも誇りと愛着を持っている。この上野人の精神は「中央」と「在地」のふたつに引き裂かれており、そのことが彼に複眼的な思考を強いる。『神道集』の構成が複雑であり、その宗教思想がときに矛盾するのは、在地社会の困難な現実を知り、ふたつの世界の統一に苦悩する編者の葛藤のせいなのである。

しかし、『神道集』の編者は、「日本」の歴史を語ることにも、上野国の神話を語ることにも成功していない。『神道集』はあくまでも雑多な物語的言説の集積物であり、収録された作品ひとつひとつの世界観はまちまちである。それぞれのエピソードは統一的な物語世界（上野国神話や日本神話）へは回収されない。世界観を異にする別個の物語がたまたま同じ書物に収められただけなのである。

したがって、上野国や日本といった同一地域の神話／歴史を語っているとはいえ、その歴史叙述の様相は各話ごとに異なっているし、語られる歴史も一つではない。ばらばらのエピソードはあくまでもばらばらのままであり、そこに高度な歴史哲学を見いだすのは難しいのである。

2　中世人と在地伝承

『神道集』と同時代の地方誌的歴史叙述として著名なものに、播磨国の僧侶の手になる『峯相記』があるが、両書の歴史叙述としての性格は対照的である。『峯相記』において語られるのも、伝説などに材を取った寺社縁起的な物語である。しかし、編者の態度は常に批評的であり、「悪党」の跳梁を伝える有名な記述には、同時代史に対するリアルな観察眼が光っている。(16)

ところが『神道集』の編者のほうは、驚異をそのまま驚異として記述せんとする態度が目立ち、その教説は往々にして物語に引きずられがちである。編者は地方のさまざまな伝承には詳しいのだが、自己の体験を述べることもなければ、同時代の社会情勢を論評することもない。まったく主体性に欠けているのである。

両書のこのような差異は、編者の思想的立場の相違に基づくのだが、(17)書物の目的からくる違いも大きい。『峯相記』が個人の手による地誌的な書物であるのに対し、『神道集』は民衆教化のための唱導書である。言い伝えや伝説を好む『神道集』編者が大衆迎合的なのは、在地での布教実践の便のために、現地の社会状況や民俗に深く配慮する必要があったからだろう。『峯相記』の編者は客観的な批評意識をもつ歴史家だが、『神道集』の編者は実践的な宗教者としての顔を持っていたようである。

さて、「西上州の人々と等身大の意識をも」(18)つ編者が、土着の神々の縁起を集めた『神道集』後半部分からは、どのような時代精神を読み取ることができるだろうか。

村上学氏によれば、後半部に収録された神々の物語には共通のモチーフがあるという。非業の最期を遂げた人物が、①在地の旧き神々の力、②「神道ノ法」、③教典読誦や教化の力によって救済され、怨念を昇華して衆生利益の神となるというものである。「神の前世たる主人公たちが人として生きている間に苦を受け、恨みをもって非業の死を遂げるのだが、それが恨みを込めた非業の死であるが故に、外に向かっては怨霊として祟り、内には罪業としてわが身を苦しめている。それゆえ、主人公たちは何らかの方法で解脱を与えられて神明となり、悪世の衆生を導いて利益を与える存在」になるのだという(19)。

しかし、土着的な怨霊信仰を神仏習合の思想圏に包摂しようとした編者の試みは、明らかに失敗であった。垂迹神の性格をめぐる『神道集』の理論的記述には、多くの食い違いや矛盾が目立つのである。

怨念に突き動かされて人を殺す神は、仏教の教理上は否定すべき「実類」に分類される。しかし『神道集』はそうした神にも本地仏を配し、「権者」と同じように扱おうとした。ところがそうなると、覚者であるはずの仏が悪行をなしたことになり、前半部分（特に一巻と五巻）に叙述された顕密主義の思想と矛盾が生じる。そのため編者は、『諏訪縁起』『児持山之事』『那波八郎大明神事』といった主要な物語に断り書きを記し、神々の苦悩と「恨み」が「借り染め」のものであることを強調しなくてはならなかったのである(20)。

『神道集』の物語は、民間伝承と仏教思想を架橋する危うい試行錯誤から生まれた。顕密主義と怨霊信仰のせめぎあいによって、在地的な人神伝承に神仏習合の要素が加わったが、その原動力となったのは、教団と民衆のどちら側にも完全には同一化し得ない編者のあいまいな帰属意識だったのである。

3　在地神と顕密体制

『神道集』の在地性を強調する論者は、この書物の後半に登場する地方の神々を国家顕密体制の周縁または外部にあったと想定することが多く、「物語的縁起」の非政治性を強調する傾向が見られる。たしかに、前半に収録された大寺社の神々と比較したとき、辺境である上野の神々には地方的な要素が強い。中央の文献に記録が少ない地方神は、ことさら土着的なものとみなされやすいのである。

しかし、『神道集』における上野神は、在地の民俗神というより、むしろ上野国の神としての性格が色濃い。たとえば、代表的な「物語的縁起」である赤城・伊香保の神話は、継母による子殺しという土俗的テーマを物語の中心にすえながらも、神となるのは悲劇のなかで命を落とした「国司」一家とその部下たちである。また、夫婦愛の物語である群馬八郎の説話の場合も、その登場人物はすべて「国司」「地頭」「目代」といった在地支配にかかわる人々である。事件を解決して上野国を危機から救った主人公は、「国司」となった後に「人民為母」「国為父」と讃えられ、死後は上野国多胡郡の鎮守神に祀られるのである。

つまり、上野国が舞台となる『神道集』の一連の神話は、在庁官人や領主層を直接の担い手とする上野国衙の地域支配体制を前提にしているのであり、こうした上野国が体制の一部である限り、上野神話が国家の枠組みからはみ出すことはないのである。

上野国の神話では、神々を愛憎に苦しむ存在として描くなど[21]、習合神の人格性を強調する傾向が強い。しかしそれは、『神道集』編者が国家体制の外部を志向したからでも、神々を民衆と同じ等身大の存在とみなしたからでもない。事実はむしろ逆であろう。神領観念のような国家のイデオロギーの形成に並行して、神々の擬人化が進んだのである。

周知のように、権門体制下において広大な荘園を所有する寺社勢力が、領地支配の正当化の論理として用いたのが、神領・仏土の観念であった。律令制度の崩壊以降、国家の手厚い保護を失った諸有力寺社は、大土地所有による経済的自立を求めて、次々と領主化した。しかし、諸寺社と世俗権力との間には、領地経営を巡ってさまざまな紛争が起こったので、領地の一円排他的支配を目指す寺社側は、神領観念に基づいて自己の権利を守ろうとしたのである。

このとき、領地の主権者として観念されたのは神仏であり、その権威によって俗権の排除が図られた。[22]『神道集』の上野神たちが領主や権力者の生まれ変わりと説かれたのは、民俗的な生き神信仰や御霊信仰のためばかりでなく、神領・仏土が権力にかかわる現実の政治的単位と化し、領主となった神仏が支配者としてリアルなキャラクターを持つようになったことに関係している。

中世日本の神話世界は、多元的性格をもつ言説編成体だった。中世における「神国」日本は、皇祖神から民俗神にいたる多種多様な神々が競合的に支配する神領・仏土の加算的集合であり、[23]日本神話もまた、そうした神格を巡る雑多なエピソードの集積として存在したのである。

こうした思想風土のなかで、統合し得ぬ神々の統合を図る場合には、『神道集』のような無方法の方法を採用せざるを得ない。この書物は、まさにその名が示す通り、日本の神々に関わる多様な物語を「集」めただけのものである。「神道」の内容を決定づける統一的思想はついに説かれず、ばらばらの説話が一見整合性なく配置されている。

しかし、日本全国の多様な神話を集め、それらを同一の書物内に立体的に配置した『神道集』は、各地に散らばる神領・仏土をテクスト上で空間的に結合させることには成功した。テクストの集合は日本空間を統一的に再構成し、上野国と「日本」の直接的な連続性を担保したのである。

三　『神道集』の戦略と戦術

1　中世文化へのロマン主義

『神道集』の編纂は、地域民衆の宗教文化にどのような影響を与えたのだろうか。現存する史料を見る限り、この書物の同時代的受容の実態についてはほとんど何も分からない。神秘の記述に満ちた驚異の書物として『神道集』の名は早くから知識人に知られていたが、この書物の研究が本格化したのは、新たな民族文化の構築が人々の悲願となった第二次世界大戦後のことにすぎない。戦後の思想的な飢餓状況のなかで、国家の神話に抗する共同体的な地域神話として知識層の注目を集めたことが(24)『神道集』再評価のきっかけになったのである。

多くの研究者は、北関東の村々(特に群馬県)で語られる多数の伝説が『神道集』の内容に類似することや、『神道集』の上野神が今も在地で信仰されている事実をもとに、この書物の民俗性を強調してきた。郷土史ブームによって地方文書の蒐集と保存が進み、『神道集』所収の縁起物語の写本(在地縁起)が群馬県下の村落で次々と発見されると、地域の知識人たちの興味も次第に高まっていった。

ところが、すべての「在地縁起」は『神道集』の部分でしかなく、そこに収録された個別縁起の写本にすぎなかった。物語の登場人物の子孫を称する人々の系図や、「在地縁起」をもとに作ったらしい由緒書の類いも多数発見されたが、「在地縁起」自体は江戸期のものばかりで、『神道集』以前の形態を留めるものは一切存在しなかったのである。

上野国における「在地縁起」の流行は、明らかに近世もしくは近代の現象であった。にもかかわらず、それらを用いて土着の中世神話の再構成を図る研究者が多いのはどうしてだろうか。「在地縁起」が表象するのは、近世・近代社会のなかの「中世」であって、「中世の文化」そのものではない。「在地縁起」作成の背景には、なんらかの同時代的な理由があるはずだが、それに注目する論者はあまりない。対抗的な民衆神話として注目された「在地縁起」の物語だったが、近代主義への反発から「中世」に向かった民俗学者の眼差しの奥には、「基層」や「本質」を追い求めようとするイデオロギー的固執が見え隠れするのである。

2　史料となった中世神話

民俗社会で流通していた「在地縁起」には、合戦やロマンスの場面を加筆するなどの快楽主義的改変や、より史実に近い物語にしようとする歴史主義的改変が目立つ。[25]こうした編集がなされたのは、「在地縁起」が身近な読み物として親しまれるとともに、地域の歴史語りのために利用されたからだろう。筆者のフィールドワークによる群馬県西部の事例では、「神道集」に登場する神を歴史上の人物に重ねて、家の先祖であると主張するケースがいくつもあった。[26]

そうした改変には恣意性が目立つが、村や家の歴史語りの場合、人々の関心はたいてい家や集団の範囲に留まっており、上野国や「日本」が自由な歴史叙述の対象となることは少なかった。しかし、記紀などの権威ある古典が一般に浸透してくる江戸の後期以降になると、「在地縁起」の物語世界は、「日本」の古代的な物語世界との共存を求められるようになる。

たとえば、「那波八郎大明神事」系統の「在地縁起」として研究者に早くから知られる『群馬高井岩屋縁起』[27]は、岩屋で生贄を取ったという群馬（那波）八郎の物語と並べて「上毛野君田道」の蛇体化伝説を語ったことで有名である。『日本書紀』によると、「上毛野君田道」は朝廷から蝦夷征討の命を受けて奥州に遣わされたが敗れ、彼の地で殺された。しかしその後、再び蝦夷が攻めてきたときには、田道の墓から大蛇が出て、敵に毒気を吹きかけ復讐したという。[28]『群馬高井岩屋縁起』はこの伝説を八郎伝説の前に配し、「前田道、後満胤二君、大蛇化現岩屋生贄之縁起」であることを強調している。田道もまた八郎と同じように、蛇となった後は生贄を欲し、高井岩屋の近くで人を食ったらしい。

田道の上毛野君氏は、上野国の前身である上毛野国と深い関わりを持つ古代氏族であり、近世後期に編まれた上野国のいくつかの地誌には、この氏族の系譜や事跡について言及したものがある。近代になると、上毛野君氏の始祖である豊城入彦命が赤城神社の祭神だと主張する説も地域に広まる。

しかし興味深いことに、この国の神話に詳しいはずの『神道集』には、上毛野君氏にかかわる記述がまったく見あたらない。上野国の支配者で大蛇になったのは、群馬八郎であるし、『神道集』で説かれる赤城神社の縁起は、高野辺左大将の入水伝説であって、決して上毛野君氏の物語ではないのである。

『群馬高井岩屋縁起』の編者が『神道集』の伝説と競合関係にある上毛野君氏の伝承をとりあげ、田道の挿話を物語に付加したのには特別な事情がありそうだ。しかも、書紀の田道伝説は上野国を舞台とするものではないから、高井岩屋と関係づけるのはかなり難しいのである。

じつは、『群馬高井岩屋縁起』の編者が依拠した書物は書紀だけでなく、安永年間（一八世紀後半）に編まれた「上野伝説」（『上毛伝説雑記』所収）の記事も参考にしたようである。『上毛伝説雑記』は上野国群馬郡の総社（地名）に住んだ泰亮という僧侶の手に成る稗史風の伝説書だが、この人は古代史に造詣が深かったようで、同書には上毛野君氏関係の記事が多く、蛇になった田道の話も大きくとりあげられている。それによると、①総社にある蛇穴山（今の蛇穴山古墳）が田道の墓であり、②田道は蛇となった後にその近辺で人を食ったとある。しかしこれらは書紀にはない伝説なのである。

古代史の知識が人々に浸透し、郷土に関する地誌的情報が増えると、中世神話の信憑性は次第に揺らぎ始めた。『神道集』に由来する物語に編集の手が入り、田道と八郎の二部構成になったのはこのテクストの権威低下を意味している。聖なる物語は近世の地方社会において、ついに歴史語りの資料のひとつと化したのだろうか。

3　歴史叙述をめぐる戦術と戦略

神話のテクストはある程度まで不変性をもち、それを伝承する人々の歴史意識に一定の秩序と方向性を与える。しかし、テクストへの解釈と価値づけは、時代の要請に基づいて容易に二転三転するし、[29] テクスト自体に恣意的改変がなされることも少なくない。

文化の「真正さ」や「基層性」を重んじる知識人は、歴史を書き換える者の大胆な態度に驚き、平然として宗教書の改ざんを行う不敵さを嫌悪するかもしれない。しかし、人々が伝承を受け継ぎ、「民俗的歴史」として語り伝える過程では、必ず「消費と形容される生産[30]」がなされるのである。受け継いだ伝承を次代にそのまま伝えるだけでは、文化は次第に衰退する。地域文化においても同様であり、周縁部に残存する伝統文化を民衆に手厚く守らせたところで、決して文化的な発展にはつながらない。人々はいつも「そのうち体制も変わるだろう、などという甘い幻想をいだかずに、さっさと自分らの目的のために何かを横領[31]」するのである。

明治新政府による神社の社格制定のおりも、神社や氏子集団は、国家や地方政府との交渉の場で「中世的な物語」をさまざまに活用した。「在地縁起」を由緒の根拠として役所に提出した例があるし、[32] 縁起の登場人物を「実在」の人物ということにして新たな「歴史」を作った例もある。[33] これらの現象は、国民国家草創期の近代社会でしばしば行われた伝統の創造の実例であるが、「歴史」の読みかえや語りかえが繰り返されるのは、近代初期に特有の現象ではない。

自明のことであるが、『神道集』は作為的な書物である。一部の地方神の縁起だけをとりあげ、その霊験と神威を過度に強調している。上野国の神話については特にそれが目立ち、村落共同体の自然発生的な物語でないことは明らかである。『神道集』の編纂では、①在地での個別縁起の編集段階と、②『神道集』全体の編集段階の二度にわたって、編者がテクストに手を入れる機会があった。この二重性は「中央」と「地方」の二元論的な対立関係に基づくものだが、当然想定できる『神道集』編者による改変に加えて、在地の寺社関係の人々が個別縁起の編集に積極的に介入した可能性にも深く注意を払うべきである。

民俗社会には多くの物語がある。しかし、国家や共同体の神話を創造することは、民衆の直接の関心事ではない。雑多な民間伝承を組み替えて上野国の神話を創ったのは、この国の支配層に属する者たちだったのではないか。「在地縁起」を用いて歴史語りをする多くの人々は、限られた資源を巧みに活用しているにすぎないのである。

民間説話をもとに上野国の神話が創造され、上野国の神話が土着化して新たな伝承が形成される。単純化すればただそれだけのことである。だが、それに関わる当事者にしてみれば、物語の再生産は政治的緊張を孕む難事業だったに違いない(34)。

いかなる「語り」が「民俗的歴史」たり得るかは現地の人々の解釈と行動に左右されるが、歴史の主体たらんと欲する者は、大きな物語の抗し難い誘惑を断ち切る必要がある。資源の開発と配分をめぐる他のさまざまな実践と同様、歴史叙述をめぐるせめぎあいは、将来においてはいっそう熾烈な様相を帯びることだろう。

おわりに

本論文では、フォークロリストによる「中世文化」研究の意義を述べ、日本文化における「中世的なもの」の位相を論じた。

現代日本において、「中世的なもの」が文化的価値を認められるのは、近代性の対蹠物としての役割を期待されるからである。大きな物語が失われた現代社会では、人々の心のよりどころとなる新たな歴史的価値の構築が求められているのかもしれない。ポスト近代の日本は第二の「応仁の乱」時代を迎えたのだろうか。そのような状況下においては、近代によって否定された「中世的なもの」が文化のオルタナティヴの位置を占める可能性もあるだろう。

ただし、そうした「抑圧されたものの回帰」の過程で再生産される一連の「中世文化」が、近代文化の範疇を脱する可能性はあまりない。対蹠物を創造しつつ自己を維持するのが、近代性の構造であることを見逃してはならない。

実際、近代の落とし子である日本民俗学にはかつて、「基層性」や「真正さ」に固執する傾向が根強く存在した。国民国家的な主体は、近代性と「伝統」とを弁証法的に統一する現代文化を構想し、そこへの同一化を図るのである。

「中世的なもの」を研究視界に収めること自体は、民俗学の発展のために必要なことであるが、「中世的な文化」の解明を志す研究者は「基層性」や「真正さ」への執着を捨てる必要がある。神仏習合の民俗宗教をはじめ、現代日本の文化は異種混交性をもつ中世的要素を多数含んでいる。しかし、それらを単なる文化残存とみなすのは皮相な見方である。日本文化は異種混交性をもつが、特徴として「異種混交的」であるひとつの伝統が存在するわけではないのである。

ゆえに私たちは、現代文化のなかの「中世的なもの」が、近現代の文化的コンテクストのもと、どのような力学に基づいて再構築されたのか細かく検討してみる必要がある。「基層」「伝統」「在地」「民衆」などの、文化に掛かる多様な語彙は、交渉や議論の場では政治の言葉として利用され、相手を説得する正統化のイメージ作りのために働くのである。

(1) 宮田登「「民俗的歴史」論の動向——民俗学の方法論をめぐって——」(『国立歴史民俗博物館　研究報告第27集』、一九九〇年)。
(2) 関敬吾「民話と伝説」(著作集三巻、一九八一年)、二二八〜二二九頁。
(3) 当然のことであるが、一連の「過去の事実」への人々の信頼の念を、そのまま信仰の残存とみなすことはできない。

聞き書きの内容がそのまま史料となる民俗学の場合、「語り」が行われる時の社会的状況や、「語り」の背後にある権力性への細やかな配慮は不可欠である。
(4) 内藤虎次郎「應仁の亂に就て」(全集九巻、筑摩書房、一九六九年)。
(5) 同右、一三二頁。
(6) 東島誠『自由にしてケシカラン人々の世紀』(講談社選書メチエ、二〇一〇年)、二二～三〇頁。
(7) 和歌森太郎『柳田國男と歴史学』(NHKブックス、一九七五年)、二五頁。
(8) 宮田登編『柳田國男対談集』(ちくま学芸文庫、一九九二年)、三八～三九頁。
(9) 同右、一九五頁。
(10) 対談「民俗学から民族学へ」同右、三〇一頁。
(11) 千葉徳爾「日本民俗学における足利時代──その意義について──」(堀田吉雄先生カジマヤー記念論文集編集委員会『堀田吉雄先生カジマヤー記念論文集』、一九九五年)。
(12) 福田アジオ「民俗学の目的」(『民俗学の方法』、雄山閣、一九九八年)、一〇七～一〇八頁。
(13) 中西裕二「ネイティヴの人類学のもう一つの可能性──黒田俊雄と神仏習合の人類学的理解から──」(『文化人類学』七一─二、二〇〇六年)、二二七頁。
(14) 前掲註(2)関論文、二三一頁。
(15) 村上学「『神道集』の神の理念」(『中世宗教文学の構造と表現──佛と神の文学──』、三弥井書店、二〇〇六年)、一六七～一八〇頁。
(16) 大山喬平「歴史叙述としての「峯相記」」(『日本史研究』四七三、二〇〇二年)。
(17) 『峯相記』の編者が新仏教に属すのに対して、安居院に擬せられる『神道集』の編者は顕密主義の側に属する。
(18) 村上学「『神道集』の構造」(前掲註15書)、一四八頁。
(19) 前掲註(15)村上論文、一七四頁。
(20) 前掲註(15)村上論文、一八六～一八七頁。
(21) 渡辺匡一によれば、『神道集』の後半部分に収録された神話には、男女の愛情や和合を通じて人が神になるという、秘教的なテーマが隠されているという。『神道集』の前半部分の序文にあたる「天神七代事」と、後半部分の序文にあたる「神道由来之事」は、ほぼ同内容の文章であるが、渡辺は、前者は神々の国家創造の系譜に注目して書かれ、後者は「神々の系譜を夫婦・親子の起源として提示することにより、後半部の神道論以後に引き続く物語縁起の序論的役割をになっている」とみている。渡辺匡一「『神道集』における夫婦――後半部の神道論をめぐる一考察――」（菅原信海編『神仏習合思想の展開』、春秋社、一九九六年）。

(22) 佐藤弘夫「中世的神国思想の形成」（『神・仏・王権の中世』、法蔵館、一九九八年）、三一四～三一九頁。

(23) 同右、三二二～三二五頁。

(24) 菊池良一「山間集落にそだった中世神話」（『文学』二三、一九五五年）。角川源義「上野国の中世神話」（全集三巻、角川書店、一九八八年）などを参照。

(25) 細かな分析は、佐藤喜久一郎『近世上野神話の世界――在地縁起と伝承者――』（岩田書院、二〇〇七年）を参照。

(26) 史実化された神々の代表は、「羊太夫」と「宮内判官宗光」であるが、両者を同一視するケースも多く、ひじょうに興味深い。

(27) 近藤喜博編『神道集』（角川書店、一九五九年）。

(28) 『日本書紀2』（日本古典文学全集、小学館、一九九六年）、六五～六六頁。

(29) 磯前順一『記紀神話のメタヒストリー』（吉川弘文館、一九九九年）。

(30) セルトー『日常的実践のポイエティーク』（国文社、一九八七年）、九三頁。

(31) 同右、八五頁。

(32) 大島由紀夫「上州の物語縁起」（『講座日本の伝承文学　第七巻』、三弥井書店、一九九九年）、一八六～一八八頁。

(33) 前掲註(25)佐藤書、一七一～一七九頁。

(34) 筆者は現代の村落社会でのフィールドワークで、『神道集』の物語を現代に甦らせようとする多くの人々と出会ったが、伝承を語り継ぐことの難しさを訴える話者が多かった。『神道集』を利用した文化振興の実践については、別の機会に詳しく論じたい。

選択され、継承される生活用具の資料性——離村時における当主の対応から——

門口実代

一　問題の所在

本稿は一軒の家に継承されてきた生活用具を対象にして、その資料的性格を保持してきた当家の人と生活用具との関係性を検討するものである。蔵の中に保管されている生活用具を見ていると、長い間変わらずその場所にあったような錯覚に陥る。だが、実際に一つ一つの道具を調べ、家の人から来歴を聞いていくと、時代の変遷に伴い、道具の使われ方や保管の方法も変化していることがうかがえる。当家の人が道具との関わりを持ちながら生活を営んできた結果として現在の保管状況があるのである。

こうした人びとの関与を、近世・近代文書の整理論においては「管理」として位置づけているが[1]、朝岡康二氏も民具研究の立場から、モノには「発見されたモノ」と「伝世したモノ」という二つの側面があり、後者についてはモノが成立した時点のみならず、その後伝えられた過程と今日の存在意義について考察することが必要であると指摘している[2]。これは本稿の問題関心とも通底するものであり、筆者も別稿において、婚礼帳が記録を残そうとする家の人との関係性のもと、いかに家に伝わってきたのかという「伝世」の側面について論じている[3]。この点生活用具の保管状況を検討する際には、一家の生活用具をその総体として把握することも欠かせない。この点は宮本常一氏が再三にわたって主張しており、「民具」を通して生活の総体を明らかにするには、一戸ごとの「民具」について取捨選択することなく悉皆調査を行うことが必須であると強調している[4]。宮本氏自身もこうした観点から優れた調査報告を残しており[5]、その後も一家の生活用具全体を対象にした研究が示されてはいるが[6]、その数は概して少なく、悉皆調査の難しさを物語っているともいえる。同様に、生活用具の伝承の過程に着目することの重要性は認識されつつも、実際にまとまった研究成果として提示されたものも多くは見受けられず、今後に残された課題であるといわざるを得ない。

また近年の民具研究では、生活用具の物質的な側面とともに、人びとの精神性が累積したものとしての側面を捉え、両者の性格を併せ持つものとして論じる必要性が指摘されている[7]。こうした研究状況を鑑み、本稿では、新潟県の一山村の家に継承されてきた生活用具について、資料の全体性のもとで、伝えてきた人の心情とともに考察する。その際、具体的には近年の離村という家をめぐる大きな変化に直面するなかで、当家の人が生活用具をいかに整理し、それぞれの道具について残すこと、あるいは残さないことをいかに選択したのかという対応を考察の端緒とする。否が応にも生活用具についての取捨選択が迫られる離村時には、当家の人との関係性が顕著に表れ、その際の状況から生活用具と当家の人との関係性を掬い取ることが可能であると考えられるからである。

二　資料の全体像と保管状況

1　歴史的環境

本稿で対象とするのは、新潟県東蒲原郡阿賀町（旧鹿瀬町）の五十嵐家に継承されてきた生活用具という一つの資料群である。五十嵐家は、阿賀野川の支流である実川《さねがわ》沿いに山手へ入った実川《さねがわ》集落に位置している。昭和四七年に全戸が離村するまで最奥にあり、『新編会津風土記』にも、山林に囲まれた厳しい自然環境下に暮らしている様子が記述されている。[8] 当地域の戦国時代から江戸時代を藤木久志氏は、越後・会津の境界地（両属関係）として考察しているが、[9] 実川もそうした村々の一つであった。実川において旧家とされる五十嵐家は、山村農家として複合的な生業を営む傍ら、近世には金融や分家による酒造にも携り、村内での有力な地位を築いてきた。

そうした暮らしぶりは屋敷にも表れており、当地方を代表する民家として保存状態が良好であることが高く評価され、昭和五六年には中門造の主屋（宝暦九年〈一七五九〉築）と上手蔵（弘化四年〈一八四七〉築）、下手蔵（大正一三年〈一九二四〉築）が新潟県の文化財に、平成三年には国の重要文化財に指定された。また、二つの蔵と主屋に保管されている生活用具についても、平成一四年から新潟県立歴史博物館が着手した調査により、当地における暮らしを考えるうえで貴重な資料群であることが明らかになった。[10] 本稿は、筆者が平成一九年度に同館の調査に参加し、以降も継続して実施している調査に基づくものである。[11]

まず資料について具体的に検討する前提として、五十嵐家の生活用具は離村によって大きな変化を経てきていることを考慮に入れる必要がある。実川では、大正一四年から始められた水力発電と、昭和一〇年から着手された鉱山事業により生活が急変し、のちには、集落のほとんどの人が関わっていた発電所の無人化への動きが、離村を促す直接的な要因となった。加えて、昭和四二年の羽越水害や、生活を支えていた杉材や桐材の価格の下落などが引き金となり、昭和四二〜四三年頃から徐々に離村が始まり、昭和四七年までにはほとんどの家が離村を終えた。なお、五十嵐家では、後述するように、集落全体での離村以降も当主夫妻が夏場を中心に実川での生活を続けていた。

離村にあたっては、集落の家々のみならず、集落共有の寺社なども解体された。実川では年始に際して、大晦日の晩から雪道を歩いて鎮守である山神神社に参拝するなど、山神神社は人びとの精神的な支柱となっていたが、離村を迎える頃には冬場の風雪に耐えられなくなってきており、壊れる前にと解体された。同様に菩提寺である曹洞宗山渓寺も本堂は取り壊され、本尊とともに檀家は隣接する馬取集落の宝来寺に移され、境内の石碑などは寺の跡地にまとめられた。また、安産の神として女性たちから篤い信仰を集めた子安地蔵の堂も壊され、石灯籠も雪で割れて今は残っていない。それでも、かつて地蔵盆には近在の集落からも大勢が訪れ、盆踊りを踊って饗食するのが楽しみであったことなどは記憶にとどめられ、現在も実川を訪れた際には、出産のときに世話になったからと子安地蔵の跡地の草を刈るという女性もいる。共同体のつながりを象徴する寺社は解体されたものの、形を変えながら、実川に暮らしていた頃の信仰と地縁的なつながりは心のなかに残されているといえる。

2　実川の蔵内の保管状況

五十嵐家の上手蔵と下手蔵は主屋よりも一段低い場所にあり、主屋から見て左に上手蔵、右に下手蔵がある（写真）。上手蔵は土蔵造、下手蔵は真壁造であり、ともに二階建てで各階が前後二室に分かれている。(12)下手蔵の二階奥の部屋は、昭和二〇年に水害により蔵の付近にあった小屋が使用できない状態になったため、代わりに山仕事に訪れた人たちが寝泊りできるように畳敷きに変えたり、下手蔵の一階に小部屋を造ったりするなど、改築や修理を加えながら使われてきた。蔵内の用途についても、味噌蔵であった上手蔵の一階が離村時には農具の置き場になるなど、変化を経てきている。一方、主屋はいわゆる中門造で、寄棟造の本屋に切妻造の厩《うまや》中門《ちゅうもん》が突出しており、中門の天井裏は物置として使用されていた。(13)

生活用具の多くが保管されていたのが、この上手蔵と下手蔵、および主屋の天井裏であった。表1は、場所ごとに保管されている生活用具を用途に応じて便宜的に分け、その内訳を示したものである。全体的な傾向として、農具など日常的に使用するものは蔵の一階に、人生儀礼や年中行事など、特定の機会にのみ使用が限られて

写真　上手蔵（左）と下手蔵の外観（筆者撮影）

いるものは蔵の二階に保管されていることがうかがえる。また、蔵の二階は一階に比べて保存環境が良いことも関係し、家にとって代替がきかない大切なものは二階に保管される傾向にある。離村後は生活用具を使う機会も限られ、農具などは雑然と置かれていたそうだが、筆者が初めて訪れた平成一九年時点では、すでに蔵内のものは整理され、ある程度まとまって配置されていた。また、膳椀類の木箱は上手蔵と下手蔵の二階に置かれていたが、以前は下手蔵には置かれておらず、整理をする段になって上手蔵から移したようである。

当資料群の全体像を把握するために、それぞれの用途から資料群の特徴をみていきたい。まず、生業関係の道具から読みとれるのは、五十嵐家が複合的な生業形態をとっていたことである。春になるとバコウ（馬鍬）で山間の田をならし、ジョウバンを使って田植えをする傍ら、田よりも広い面積を持つ畑では季節の野菜を自家用として育てていた。また、林業が盛んであり、ノコギリやテンノウジ、マサカリ、チョウナ、枝切り、マキツキゾリなどはすべて山仕事の道具である。近世には会津藩の主要な産物である漆と会津桐の産地として知られ、ロウシメブクロとハゼ蠟の道具はその様子を伝えるものとして貴重である。蚕籠や蚕の筵など養蚕関係のものは、昭和以降は使用されていないが、再び養蚕を行うことがあるかもしれないと保管されてきた。夏になればタモ網やイワナヒッカケを用いて川魚を獲り、収穫の秋を迎えた。冬は藁打ち槌やムシロオリハタなどを用いてわら仕事を行うとともに、春先にかけては狩猟の季節として、ヒナワジュウなどを用いて共同狩猟と個人狩猟とが行われていた。このように、年間を通して稲作と畑作、林業、養蚕、川漁、狩猟と季節に応じた暮らしが営まれていたことが、当家の生活用具から確認される。

衣食住の道具では、カンジキやアシナカ、オソフキ、フカグツなどの雪中歩行具や、民家の雪下ろしの道具であるコーシキなどに着目される。これらの道具は、山間部の標高が高い当地において冬季の積雪量が多く、積雪がある時期は常に雪崩の危険性と隣り合わせであったことを物語っている。その反面で、上手蔵の天井に括られているスキー板は雪中歩行用のものばかりでなく、裏山でスキーをして遊ぶ際に使われたものもあり、雪国ならではの楽しみもあったのだろう。

そして、人生儀礼・年中行事・信仰に関係した道具については、上手蔵・下手蔵の二階に保管されていた婚礼や葬儀の道具が、相当数に上ることが特筆される。婚礼で用いられる一連のものが揃っているのは、五十嵐家が近世には、実川村において村方三役の一つである老百姓《おとなびゃくしょう》・鍬首《くわがしら》(14)を世襲し、本分家関係や親戚関係を主とし、冠婚葬祭などの互助組織として機能するマキのマキガシラを担うなど、オヤカタカブと呼ばれる集落の中で有力な地位を示していたからに他ならない。また、婚礼や葬儀の作法は会津の影響を色濃く受け、膳椀は会津方面から入手されたことはいうに及ばず、五月節句に玄関先に立てる絵のぼりも会津地方の風習であり、現在も福島県須賀川市を中心に製作されている。同様に、田植えの際に植える場所の目印に使うジョウバンや、雪下ろしのコーシキの形なども会津の道具の特徴を示し、新潟県内の他の地域では一般に見られないものである。こうした背景には、五十嵐家が位置する東蒲原郡は小川庄と呼ばれた時期もあり、江戸末期までの約三〇〇年間にわたって会津領であった歴史があり、同家において継承されてきた生活用具にも反映されていると考えるのが妥当であろう。

表１　五十嵐家の保管場所別資料の内訳

場所	内容		
	生業	衣食住	人生儀礼・年中行事・信仰
上手蔵 1階	ジョウバン３・ジョソウキ３・ノコギリ２・テンノウジ15・マサカリ２・チョウナ２・スイヘイキ・クサカリガマ９・タマノイガタ３・ヤスリイレ・マキツキゾリ２・バコウ・マンガ・バンビキ用のクラ・ウシノハラオビ・ウシノクビキ・マンゴク３・蚕籠４・蚕の筵２・イモアライ２・タバサミ２・ムナガエ・シリガエ・ウス２・キネ４・一斗枡と斗掻・藁打ち槌・カマス織の機・ウルシイレ・ワラミノ２・ヤネフキバサミ・毛皮のクツ・馬のクツ・砥石袋・馬の手綱・縄２・ハケゴ・馬の手入れ道具２・フルイ２・トウミ・木材の断片・機織関係の道具	コーシキの山どり・コーシキ６・椀２・柄杓・ツカリ３・テゴ・アシナカ・オソフキやワラジの下穿き・オヒツ４・ワタシ２・スキー板４・ストック２・オソフキ２・フカグツ・ワラジ・ハンバキ・ヒロワミノ・センツキ・トコロテンツキ・石臼の取手・洗濯板・アンカ・石臼・タル４・甕・自在鉤の一部・クリバチ・茶碗２・枡・オケ２・鳥かご・コタツの覆い・オケとナベ・火鉢・ハカリの一部・ナベ２・カルメ糖焼き・センベイガタ・ハシ・ヤカン・カマ・金属製品・ナベとフタ・網袋・カゴ・テドリ・消し壺・クリバチ２・青い容器・化粧台・水筒	高杯・徳利・マルボン  上手蔵１階写真
上手蔵 2階	ヒナワジュウ・カンナ  上手蔵２階写真	シカク・ソロバン・水筒・木鉢・茶碗３・ヤカン３・刀台・木の台・麻袋・提灯・木の看板・鯛の皿・火鉢・花瓶・煙草盆２・ユタンポ・火鉢２・銭箱	ユトウ３・オチャガシイレ・オオヒラ２・オヒツ２・ミツガサネ２・チョウシ２・ヒロフタ３・デンブ３・デンブノアシ３・カイシキ・盃台・重箱入りの箱・重箱・中鉢・中皿入・供物台・椀・木の膳３・黒塗り膳２・三方・ロクゴウ・角樽・マルボン４・嶋台・煙草盆３・朱塗りと黒塗り椀類・黒塗り椀類４・朱塗り椀類２・刺身皿・朱塗りと黒塗り小皿・陶製の皿３・ツボ椀・朱塗り盃・紋付マルボン２・急須・朱塗り皿類・黒塗り皿・徳利・漆器の台・朱塗り膳
下手蔵 1階		カンジキ・コネバチ	

下手蔵 2階	ジョウバヨウノクラ2・ハクシャ・ウマノハミ2・タネモミイレ・マトリ・アワウチボウ・ケムシリ2・ウマノテイテツ・クギ・ヤスリ・タガネ・クギキリ・蹄鉄打ちの道具・ロウシメブクロ・ダイコンオロシ・センチギ・箱枕3・スナブルイ・フルイ・たも網・イワナヒッカケ・ハカリ・一升枡・コマブチ・ヤスリツッポウ・コンパス・尺八・マガリカネの代用・枝切り・コモヅツ  上手蔵1階写真	紋付6・綿入れ4・普段着・ヒョウシギ・ハンバキ・ヒアイロン・ヒノシ・センベイガタ・ゲンベイガタ・ホウチョウ・コテ・ラッパ・カンテラ2・奉公袋・蠟燭、土産物の盃が入った箱・薬用のやかん・ハゼ蠟の道具・瓶・マッコウ・煙草盆入れ他・テショク・ダッチオーブン・ジザイカギ・模様の型・足袋の紙型・半纏・着物4・帯2・自在鉤・ハンゴウ・水筒・ヤカン5・ナベ・箱膳・シャモジ・小物・掛け軸・刀の鍔・紙切り・ハカリ・茶托2・ヒョウタン・金属製のシャモジ・ヘラ・賞の盃・囲碁の台	絵のぼり2・和島塗椀類・膳2・マルボン5・サシミザラ2・大皿・皿・砂鉢・大砂鉢2・大鉢・盃の台他・茶碗他・水物鉢・常香・タチケンダイ・酒間錫入・湯殿山行衣箱・片口・指樽・朱塗り盃・おひなさま・徳利・急須・陶器の鉢4・陶器の大皿・高杯・膳・こいのぼり・黒塗り膳・朱塗り膳2・朱塗り椀類・木の膳2・椀・皿・黒塗り盆・六地蔵・塩水をまく道具
主屋 天井裏	タレバカマ・コイショイカゴ2・ワラミノ・ウマノクツ・ムシロオリハタ・ヤネフキノガンギ2・コモヅツ・ワラシナゴキ2・マトリ2・木槌・バンギ・糸車	ヒルワミノ・オソフキ・フカグツ	
直接 受け取り (場所 不明)	ヤスリ	風呂敷包み・マッコウを吊るす道具	上下入・盃・中蓮盃・片口

註1：新潟県立歴史博物館の調査により作成。資料名・資料の順番は、基本的に同調査に準ずる。
　2：資料のなかには複数の用途を持つものもあるが、分類するにあたっては、主たる用途の欄に記載した。
　3：同一の資料が2点以上あるものについては、資料名の右に点数を記入した。点数は、1件として数える。
　4：写真は筆者撮影。

3　長男宅へ移動させた道具

実川の蔵内に保管されてきたものがある一方、一三代目当主（一九二〇～二〇〇八年、以下I氏とする）が子孫へ残そうと選択した道具もある。すなわち、昭和四六年に長男（一四代目当主、一九四八年～）が家を新築して以降、長男宅に移動させた道具である。そのうち実見する機会を得たものは、掛け軸一六点[15]・太刀二点・脇差（奥州住兼定製作）・同（吉井清則製作）・長刀（慶応三年、北越新発田臣道尚製作）・槍・弓・木刀・十手二点・捕り物道具・火縄銃二点・秤二点・からすずみ・三三九度用盃（嘉永五年）・同（天保一一年）であり、近世に五十嵐家が名字帯刀を許されて村の中核を担ってきたことや、五十嵐家代々の当主が実川を訪れる人を手厚くもてなしてきたことを表すものが多い。たとえば、現在の主屋を新築した五代当主は、多くの財産を残した人物として伝えられ、実川へ流された会津藩大目付・横田先次郎とも交流が深く、横田が愛用した瓶子や、書き残した習字手本なども伝えられている[16]。

近代以降も五十嵐家を訪れた人は多く、詠まれた和歌にもその足跡が残されている。日本画家・俳人の小川芋銭（一八六八～一九三八年）は、大正四年（一九一五）に実川を訪れており、そのときに詠まれた「時鳥武陵の民の早苗取り」は掛け軸に表装されている。同様に、教育者・哲学者の安倍能成（一八八三～一九六六年）は、五十嵐家と親戚関係にある皆川正禧の紹介で大正一一年（一九二二）に訪れ、土蔵の二階に逗留している。安倍が詠んだ和歌「実川の水上遠くたずね来て人のまことにあふぞ嬉しき」からは、五十嵐家で丁寧なもてなしを受けたことが想像される。五十嵐家では、実川を訪れる要人や文化人を、いわば実川の顔として応接してきたのであり、それは離村に伴う鹿瀬町教育委員会の調査をはじめ、その後も東蒲原郡史編さんや新潟県立歴史博物館などの調査にも積極的に協力し、礼儀を重んじて丁寧な応対をするI氏の人柄にも受け継がれているように思われる。

長男宅へは、重要な掛け軸や婚礼用具などとともに、文書もまとめて移動させている。五十嵐家の文書は、近世文書八五九点・近代文書九四点の計九五三点が東蒲原郡史編さん室により整理されている[17]。内容は当家に関係した文書が大半を占めるが、会津藩の藩政の一側面がわかるものも少数ながらある。これらの文書は、郡史編さん室がつけた整理番号順に並べて箱に入れて保管されており、一部、たとえば蛤御門の変の様子を伝える手紙は、別の箱に白手袋や解説とともに丁寧に入れられている。この他、当家の私的な文書として婚礼や葬儀に際する人生儀礼の記録もあり、実川ではまとめて一つの桐箱に入れて保管していた。その桐箱も長男宅へ移動させたものの、引っ越してきてから整理をしていないので、所在が分からなくなっているという。婚礼も葬儀も外部の施設を用いるようになっている現在、過去の帳面が参照される機会が失われたことの表れでもある。

三　生活用具をめぐる主体的選択

1　整理に着手するまでの経緯

次に、一三代目当主のI氏が生活用具の整理を行うことになった背景について、表2に沿ってみていきたい。五十嵐家では、集落全体での離村が決まった昭和四七年以降も、I氏と妻のK氏（一九二五～二〇〇六年）は、夏場を中心に実川での生活を続けていた。雪が降り始める一一月から翌年五月にかけては長男夫婦が生活する新潟市近郊に暮らしながらも、I氏は植えた杉の手入れや雪下ろしのために冬場も定期的に実川へ通っていた。手前の集落から先は除雪されていないので、車を停めて、スキーを履いて道なき道を進んだ。実川へ着くと、一週間ほど雪下ろしなどの仕事をして、再び長男宅へ戻るような生活であった。平成一五年前後にK氏が体調を崩されてからは、年間を通して基本的に長男宅に同居し、I氏のみが必要に応じて実川へ通うようになった。さらに、平成一四年に家屋敷を町へ寄贈して以降、家屋の雪下ろしも森林組合が請け負ったため、I氏の仕事の負担

表2　13代目当主の年譜

年代	年齢	できごと
大正９	0	他家の次男として出生
昭和10	15	五十嵐家の養子になる
昭和22	27	分家の長女と結婚、二男三女をもうける
昭和32～47	37～52	区長を務める
昭和41	46	過去帳をつくり直す
昭和42～43頃	47～48	離村が始まる
昭和43～46	48～51	集落で一斉に杉を植える
昭和46	51	長男宅を新築
昭和47	52	緊急調査の対応
昭和47	52	全戸離村により実川の歴史が閉じられる 山渓寺・山神神社の解体 『五十嵐家の系譜』を書き始める
昭和54	59	『五十嵐家の系譜』の完成
昭和56	61	主屋・上手蔵・下手蔵が新潟県の文化財に指定
昭和62	67	刀剣類を登録
平成２～３	70～71	掛け軸の表装を直す
平成３	71	主屋・上手蔵・下手蔵が国の重要文化財に指定
平成７	75	『東蒲原郡史資料目録』第１集に「五十嵐家文書」944点所収
平成11～12	79～80	初代から三代目等の墓石を作りかえる
平成12	80	掛け軸の表装を直す
平成14	82	家屋敷(母屋・上手蔵・下手蔵・宅地・付属用地・仏壇・扁額４面・掛け軸６幅)を鹿瀬町に寄贈
平成14頃～	82	身辺整理を始める
平成14～	82～88	新潟県立歴史博物館による調査
平成14～15	82～83	養蚕関係の道具、木地屋関係の道具、コシキ、カンジキなどを庭で燃やす
平成15～16	83～84	トウミなどの農具を廃棄
平成18	86	妻他界
平成20	88	他界

註１：聞き取り調査により作成。
２：過去帳をつくり直した年代・『五十嵐家の系譜』を書き始めた年代・初代から三代目の墓石を作りかえた年代は、藤原洋氏の調査による。

は軽減された。晩年のI氏は、自分一人ではとても家を維持することはできないので、町が引き受けてくれて良かったと肯定的に捉えながらも、実川の家の方が慣れているからと、九〇歳近くの高齢となってからも、みずから運転して実川へ通う生活を変えることはなかった。

そうした背景には、昭和三二年から四七年まで一五年間にわたって区長を務め、神社総代や山渓寺の護寺会の役員などを歴任して集落の要職を担ってきたことも関係していようが、それ以上に、みずからがそれまで暮らしてきた土地への深い思いと、五十嵐家の一三代目継承者としての自覚があったように思われる。それは、離村が決まる前後からI氏が執筆をはじめた『五十嵐家の系譜』に端的に表れており、その冒頭は「……系譜を整える意味は系図と他の資料とを合せ調べて祖先の歩んできた歴史を知ることにある（中略）。今ここに吾家の系譜を整え、祖先の事蹟を明らかにして、その霊をなぐさめると共に一族および子孫の便に供するものである」という文言から始まる。

『系譜』は昭和五四年正月に完成をみるが、編纂にあたっては、五十嵐家に残されている多くの文書や三冊の過去帳を参照する他、会津若松市立会津図書館や福島県立博物館に幾度も通って関係資料を集めたり、集落の事情に詳しい年配者に話を聞いたりするなど、多くの年月が費やされた。その後も、追記したり修正したりした跡も見られ、いずれはきれいに清書しようと新しい帳面も用意されていた。『系譜』と併せて、集落内にまとまっている五十嵐家の墓二九基もすべて調べ、墓地の詳細な配置図も作成された。離村に際して墓地を移転させた人もいたが、I氏は「移転したって、孫どこ住むか訳わらんねぇもん。孫は東京行ってそれでおしまいだから」と移転せず、実川に残している。平成一一～一二年にかけて初代から三代の墓石を作りかえているのも、移転しないことを決めた意思の表れであろう。

そして、I氏が生活用具の整理に着手したのは、平成一四年のことである。八〇歳を越えて体力の衰えを感じ、ゆくゆくは生活の拠点を長男宅に移そうと思ってのことである。また直接的な要因として、この年の春に家屋敷を鹿瀬町に寄贈したことがあげられ、これを機に「山を降りる」ことを決めたという。まずは、主屋の天井裏から整理を行い、養蚕の道具や、洋服・着物などの布類、ふとんなど不必要なものを庭で焼いた。それから上手蔵と下手蔵の整理に取りかかり、木地屋関係の道具をはじめ、コーシキやカンジキ、トウミなど数多くの木製の農具も焼いた。早く踏ん切りをつけたく、整理を急いでいるような印象だったという。(18) 博物館による調査が本格的に始まってからは、生活の道具を捨てないように依頼していたため、捨てられることはなかったが、最晩年の平成二〇年春には、「今年は（主屋の中に）入んねぇで間に合うように。もっとも年だから、そんないつまでもやってらんねぇから。今年は一〇月頃までにきぱっときれいにして、後は町に」（括弧内は筆者による補足、以下同）と、春になったら主屋の生活用具をすべて出し、管理を町に任せようと考えるまでにいたった。最低限必要となる山仕事の道具などは、新しく建てる予定の掘立小屋に入れ、「これ全部終わったら、いらねぇものは燃やさねばなんねぇから」と、不要なものは燃やしたり、受け取ってもらえる場所へ持参したりする意向であった。

この時点において整理することへの躊躇は感じられなかったが、それまでの長い年月整理をせず、手元に保管していた意味も考えずにはいられない。「ここ置いたって後継ぐ人いなやんだから、置いたってしょうがねぇもん。しまいには売ってしまうとか、なげて（捨てて）しまうとかいうことになるから（中略）。ここさ置いたってはや、捨てるか売ってしまうか、売るったって安くしか誰も買わねぇからね」という言葉からは、本来は実川へ保管し、子孫へ大切に継承したい気持ちは最後まで捨て切れなかったが、最晩年になってそうした願いが叶わぬことを受け入れざるを得なくなり、整理するにいたったとも理解できる。

2　選択基準の重層性

こうして整理された生活用具は、I氏の対応から以下の三つに分類することができる。

(一)長男宅へ移動……刀・長刀・十手・槍・掛け軸・文書など

(二)庭で焼却……養蚕の道具・木製の農具・木地屋関係の道具・コーシキやカンジキなど

(三)結果として蔵に残されたもの……多様な生活用具

では、生活用具を継承するために保存するか、不要だと判断して焼却するか、積極的な関与がないままに蔵に残されるかといった、道具に対する取捨選択はどのような基準をもってなされたのだろうか。その糸口として、蔵内の整理に立ち会っていた博物館職員との会話から考えると、「使うもの」と「使わないもの」というその時点での実用性の有無が、一つの大きな判断の柱になっているようである。

コネバチは「使う」、囲炉裏にかけるカギノハナは「使うかもしんねぇ」と留保する一方、機織りの道具やこいのぼりは「使わないな」という。婚礼や葬儀で用いる多数の膳椀なども、外部の施設で式を行うことが一般的となった現在、実用的な役割を失った。使わなくなったもののなかには、現在は同じ機能を持つ代用品がある場合もある。たとえば、キノコのタネゴマを植えるときに使うコマブチはドリルに、山仕事で使うテンノウジはチェーンソーに代替されるようになった。また、なかにはナタのように、整理を始めた段階では使うと思っていたものの、最終的には「こんなの置いたって始末に困る。ナタなんてあんまり使わねぇから」と意向が変わったものも見受けられる。

だが、この判断基準だけでは、なぜ継承されることになったのか、説明がつかないものもある。必ずしも実用性の面からのみ判断がなされた訳ではないことが重要である。長男宅へ移動させた道具には、掛け軸や刀剣をはじめとして家の歴史を象徴するものが目立ち、それに対してI氏も「ここさ（長男宅）は案外、見場のいい、小ぎれいなのばっか持ってきた」と自覚的である。そしてその多くは、五代当主が遺品として遺した十手、八代当主の写経・写本、十代当主が生まれた際に母方の実家（津川で酒造業を営む、五十嵐家の分家）から贈られたエノボリなどと具体的なエピソードを伴い、来歴も伝わる。これらについてはI氏が表装を直したり、毎年怠ることなく刀剣の整備をしたりするなど、入念な管理をしている様子がうかがえる。

選択にかんしては、同じ膳椀であっても、その来歴が異なることにより扱いが違うことも示唆に富む。近世期に金融業を営んでいた五十嵐家では、借金の抵当として膳椀を預かっており、返済ができないままに残されたものが数多くあることは、資料群の一つの大きな特徴である。それをI氏は、「うちあたりは、そこらの寄せ集めみたいなのばっかりだから、揃ってないの。そっくり揃えて買えばいいども、そうでねぇのは、金貸すでしょ、そうすっと金返せねぇから、このお椀で勘弁してくれって、そんなしてね、よそのお椀から何からごちゃ混ぜだから、ばらばら。そんなのばっかりだから、自分でまとめて買ったなんてのは、あんまりねぇみたいなんだ」といい、「いいのはみんなこっち（長男宅）に持って来てあるんでねぇかな」と五十嵐家で購入した道具は少ないながらも大切に扱われている。大抵が不揃いな他家からの抵当になった膳椀に対し、五十嵐家で購入した婚礼用具は揃っており、木箱に所有者の名前や、屋号の「和泉屋」「上」「大上」、代々の継承者が世襲してきた「庄治衛門」などの墨書があったり、個々の膳椀にもハンコと呼ばれる家印や家紋が施されたりしているため、容易に判別することが可能である。

離村に際して、生活の道具をめぐる取捨選択にあたっては、主として継承者であるI氏の判断によっていたと思われるが、一部のものは妻のK氏も関わったようである。袢や和紙で作られた着物に話題が及ぶと、「うちのほれ、亡くなったばぁちゃん、あれいれば分かるんども、任せっきりだったから」と言い、使われずに蔵に置かれているカゴについても「ばぁちゃんが買ったから、あんまりよく分からんけど」と、衣類など身のまわりのものは女性が管理し、長男宅への移動に際してもK氏が主体となったと推察される。一家の生活用具は、夫婦で分担して管理にあたっていたことが示唆されると同時に、そこに夫婦の信頼関係が見てとれるように思われる。

3　時の経過と意識の変化

離村から晩年までには長い時間の経過があり、その間にI氏の道具に対する意味づけも少しずつ変化してきた。昭和四〇年代に離村の動きが見られるようになると、話を聞きつけた骨董品屋などが実川へ来るようになったが、「なげるようなガラクタもほれ、なげねぇで、うちでよそに売りもしねかったしね。なんか買いに来たもんだね、こんな時計だとかさ。なんだかんだってほれ、買いに来たども、全然売んねかったから」と、骨董品屋には一切売らず、この時点では生活用具を手放すことはまったくしていない。

だが、離村時から三〇年の時が経ち、自宅の生活用具の整理に着手することとなった。そうした思いに変化が表れた背景には、生活のあり方が大きな変容を遂げてきたことがあろう。離村時にはすべて使うもの（＝自分の生活とのつながりがあるもの）であった実川の生活用具が、次第に使わないもの（＝かつての生活で使用したもの）へと変化してきたのである。それに伴って、かつて使用してきた生活用具に対する見方も変わり、「今にしてみたら、みんなガラクタ」という言葉まで口にされるようになった。だが、そうした言葉とは裏腹に、一つ一つの道具の使い方について丁寧に説明してくださり、先祖が使用してきた道具についても来歴を語られる様子からは、道具への思い入れを感じずにはいられない。I氏との会話に同席していた、山仕事を長年手伝っているという年配の男性がいう、「その道具ってのは、何一つねぇば生活できなかった訳だからね。全部必要だったたから職人かけて作ったり、買ったり、道具として使った訳だからね。いらない道具作った訳でねぇから、昔はやっぱりみんなそれ相当にね」という言葉の通りである。

また、かつての生活で使用してきた道具について語られるとき、現代の使い捨ての時代に対する批判的なまなざしが向けられることも看過できない。「今ならほれ、ちょっとひび割れたり、割れたりするとはや、そっくりなげて、また新しいの買うってことすっども、昔はそういうこと全然しないから、割れてもはや、漆でくっつけたり。昔はやっぱり倹約してたんね」と幾度も語られる。手作りのものを使い、膳椀も着物も布団も、直しながら大切に使ってきたのであり、「われわれは昔のあれがあるけど、若い人はちょっとでも捨てる」という言葉からは、ものを大切に扱ってきた時代にみずからが生きてきたという自負が感じられる。そして、「もう昔のやつ、ほれ、壊れたり悪くなったり使わねぇでしょ、なげればいいども、昔だから、ほれ、なげるってことしねぇ訳だ。捨てるってことね、だからこんなん残ってたんども」と、火事でもなければ捨てるということをしなかったからこそ、現在のように多くの道具が残される結果となったことが示される。さらにいうなれば、五十嵐家が集落内での社会的な地位を保ち、先祖の代からの堅い生活を守ってきたことも、生活用具が良い状態で残された一因であると推察される。

以上のように、離村時には、生活用具をめぐる選択に迫られたが、それまでの時代においても道具をめぐる取捨選択がなされてきたであろうことも、聞き書きの端々からうかがえる。当主の語りからたどることができる、その最たるものが文書である。江戸時代には反古紙(19)から着物が作られたり、婚礼や葬儀で用いられた膳椀を包むために帳面をほどいた反古紙が使われたといい、家庭内において文書が再利用されていたことを伝える。こうした主体的な利用以外にも、昭和二〇年の水害によって失われた文書や、壊れて捨てられた角樽、親戚に譲ったウスや器、孫をかわいがっていた一二代目当主の時代に、小さい孫の遊び道具となって壊れてしまったガラス乾板写真など、継承の過程において失われたもののいくつかは、特定することが可能である。

結論

五十嵐家における生活用具の保管状況と、離村によって先祖代々暮らしてきた土地を離れることを余儀なくされた一三代目当主のI氏が、家に継承されてきた生活用具をどのように処遇してきたのか、検討してきた。I氏が、離村前後から晩年までの約四〇年間にわたって生活用具の整理を行う過程で、一部の道具は庭で燃やしたり親戚へ渡したりするなど、残さないことが選択された一方、大切なものとして残すために長男宅へ移した道具もあった。I氏による選択の基準は、時の経過に伴って変化してきていることは前述の通りであるが、その時々の時代状況と生活環境のなかで、生活用具の取捨選択と継承がなされてきたといえる。また、選択の主体はI氏でありながら、会津の風土に育まれ、近世以来、実川の中核を担ってきた五十嵐家の歴史を背負った個人である点において、五十嵐家の生活用具には、子孫へ残すこと、あるいは残さないことを選択してきた当家の人びとの意識が反映されていると考えられる。こうした選択の結果として現在の生活用具の保有状況があり、I氏の対応からうかがい知ることができる、継承の過程において何らかの理由で失われた道具も含めて、五十嵐家の生活用具という資料群が形成されていることが認められた。

さらに、I氏の語りは本稿で提示し得たものよりも広く深いものであるが、紹介した限りでも、今後の生活展望に心が揺らぎながら、会津の山村に生きてきた人びとの喜びや悲しみ、誇り、そしてときには諦めといった感情の一端が表現されている。I氏の語りは、生活用具についての理解を深めるための補完的な位置づけではなく、それ自体がまとまりのある一つの資料であると考えられる。同様に、五十嵐家に残されている近世以降の文書資料群も、生活用具との関係性のなかに存在するものである。先行研究において、悉皆調査を通して一家の生活用具をすべて把握することの必要性が主張されてきたが、生活用具にとどまらず、当家の人の語りや文書資料も含めて当家の資料の全体性がある、といえよう。

（1）大藤修・安藤正人『史料保存と文書館学』（吉川弘文館、一九八六年）。史料整理を行うにあたっての一般原則として、出所における史料の保管形態を尊重するという「現秩序（現配列）尊重の原則」があり、保管場所や保管形態は所有者の史料保存への意識を反映する点で重視するべきだとされる。

（2）朝岡康二「民俗学的な資料としての「モノ」とその記憶」（国立歴史民俗博物館編『民俗学の資料論』、吉川弘文館、一九九九年）。

（3）拙稿「婚礼記録の継承――家における記録の保有状況を通して――」（『史境』六〇、二〇一〇年）、七一～八八頁。

（4）宮本常一『民具学の提唱』（未来社、一九七九年）。悉皆調査の必要性については、とりわけ九六～九八頁において言及されている。

（5）宮本氏が携わった調査報告書に学ぶ点は非常に多いが、『土師民俗資料緊急調査報告書』（広島県教育委員会編、一九六八年）や『青梅市の民俗　第二分冊』（青梅市教育委員会編、一九七九年）に掲載されている各家の調査「民具」数から判断すると、かならずしも各家において悉皆調査が行われている訳ではなく、一家の「民具」の総体が示されているのは一部の家にとどまっている。

（6）一家が所持する生活用具全体を対象とした調査のうち、早い段階のものにアチック・ミューゼアムによる喜界島の「拵家の家族家具一覧」（拵嘉一郎『喜界島農家食事日誌』喜界島調査報告一、一九三八年）がある。依頼を受けた拵氏が自宅の家財道具をすべて記した表は、当時の生活を知るうえでも貴重な資料である。また、近年は佐々木長生氏による会津地方の民家の調査（「民具の保有状況から見た生活誌――福島県高郷村小ヶ峯、佐藤家の調査から――」、『歴史と民俗（神奈川大学日本常民文化研究所論集六）』、一九九〇年、一〇三～一三三頁）や、近世の家財道具についての小泉和子氏の研究（『道具と暮らしの江戸時代（歴史文化ライブラリー六四）』、吉川弘文館、一九九九年など）を始め、文献資料を用いた研究がある。

（7）佐野賢治氏は、印南敏秀・神野義治・佐野賢治・中村ひろ子編『もの・モノ・物の世界――新たな日本文化論――』

(雄山閣、二〇〇二年)の序において、「「もの」の全体像をとらえるためには、有形の〝物〟、無形の〝もの〟を併せ見る視点が重要となり、これにより両全の形〝モノ〟となってその存在の全体像が初めて摑めることになる。民具という言葉は「もの」を〝モノ〟として見る視点といってもよいだろう」と論じている。

(8)『新編会津風土記』は、寛文年間(一六六一〜一六七二年)に会津藩主保科正之が命じて編纂した『会津風土記』を、藩主容衆の時代に増訂したものである。実川村に言及した箇所では、「実川村ハ高山ノ麓ニテ八月ノ末ヨリ山々ニ雪降寒気甚ク、雪積ルコト九尺計、四月ノ初マデ残雪アリ。因テ多ク蕎麦・粟ノ類ヲ植ルノミニテ水田ナカリシニ、近頃少シク田地ヲ墾発シ、ヤヤ秋実ヲ得ル年アリと云(中略)。家数二十八軒、東西五町十一間、南北一町十三間、深山ノ間ニ住シ、東南ハ前川ニ臨ム。飯豊高森等ノ高山東北ニ峙チ、寒早ク暑遅ク、双ヒナキ幽僻ノ地ニテ本郡東北ノ村落此ニ窮ル」(旧漢字を常用漢字に改め、適宜句読点を補った)とある(新潟県立図書館所蔵写本)。

(9)藤木久志「境界の世界・両属の世界——戦国の越後国小川庄をめぐって——」(『戦国史をみる目』、校倉書房、一九九五年)、二〇九〜二二二頁。

(10)この調査成果に基づく研究に、藤原洋「挙家離村と家継承の問題——系図に刻まれる先祖代々の土地の暮らし——」(『日本民俗学』二五三、二〇〇八年、二七〜五五頁)がある。また、五十嵐家の婚礼用具については拙稿「阿賀町五十嵐家の婚姻儀礼にかんする資料について」(『新潟県立歴史博物館研究紀要』九、二〇〇八年、三五〜四八頁)を参照されたい。

(11)本稿にかかる研究成果の一部は、平成二一年度科学研究費補助金(特別研究員奨励費/課題番号二一・二七〇一)による研究助成を受けて行ったものである。

(12)文化庁文化財保護部監修『月刊文化財』三三二(一九九一年)、一六〜一九頁。

(13)前掲註(12)書。

(14)会津藩下の村においては、地方三役として、肝煎《きもいり》—地頭《じがしら》—老百姓《おとなびゃくしょう》/鍬首《くわがしら》が置かれた。実川村では、肝煎一名・地頭一名・老百姓および鍬首三〜四名が置かれ、世襲された。

(15)掛け軸の内訳は、安倍能成三点・小川芋銭・研堂三点・宮城三平三点・高陽山人・遠藤新月・山内香雪・内藤介右衛門信順・大庭恭平(会津藩士)・南摩綱紀(会津藩士)・家康(偽文書と想定される)である。この他、表装されていない掛け軸が約一〇点あるという。

（16）横田先次郎から贈られた瓶子についての記述は、『鹿瀬町歴史散歩』（鹿瀬町教育委員会編、一九九四年）、七五～七六頁を参照した。

（17）東蒲原郡史編さん委員会編『東蒲原郡史資料目録』第一集（一九九五年）に実川村の肝煎宅の文書とともに所収されている。目録の刊行後、平成一四年四月に四点、同六月に五点の資料が追加されたため、現在の総数は九五三点となっている。

（18）石垣悟氏のご教示による。

（19）当地域では、和紙のことを生紙《きがみ》と呼び、近くの紙漉きをしている村から購入していた。生紙の巻物は障子紙に、折紙は帳面などに使用しており、膳椀を包む際には帳面をほどいた「生紙の悪いの」（反古紙）が用いられた。

〔謝辞〕本稿の作成にあたり、五十嵐家の皆様には温かいご協力とご支援を賜り、大変お世話になりました。また、新潟県立歴史博物館の職員の方々と、調査の前任者である石垣悟氏（現・文化庁伝統文化課）、藤原洋氏（現・郡上市教育委員会）、田村真実氏（現・杉並区立郷土博物館）には、研究成果について丁寧にご教示いただき、貴重なご助言を賜りました。ここに記して厚く御礼申し上げます。

あとがき

本論文集は、山本隆志先生の編集による論文集であると共に、先生の筑波大学ご退職を記念して、筑波大学教員及び卒業生・在学生により、先生への献呈論文集として編まれたものである。

「はしがき」で、ご自身が述べられているように、先生は、一九八八年四月に筑波大学歴史人類学系に赴任され、以来二十四年間にわたり、日本中世史を中心とする、歴史研究と歴史教育に情熱を傾けてこられた。先生の温かいお人柄もあって、指導を仰いだ学群生・大学院生は、多くの数にのぼる。

筑波大学は、研究室制度をとっていないこともあり、興味・関心によって広い分野のゼミを受講することができ、学生の興味に応じた研究が行えるシステムとなっている。しかし、その情熱に比して、私たちの史料読解などの実力は未熟であり、もどかしい思いをすることも多くあったが、そのような時にも、先生の温かいねばり強い指導は、私たちに自信を与え、よりよい方向に導いてくださった。

大学院を中心に、共同して荘園調査や高野山の院家の所蔵史料の調査を行ったり、ゼミの受講者の関心に応じて先生がテーマを選択して授業を展開してくださったお蔭で、私たちは、社会史・東国史等に関する理解を共に深めることができた。本論文集に、政治史や社会史、さらには民俗学にわたる広い範囲の論文が収められていることは、先生の幅広く、かつ懐の深い学識・視点に基づくご指導が結実しているように思われてならない。

また、筑波大学の卒業生は、全国各地で教員になっている者も数多い。在学中に先生の教育に対する情熱に接することができたことは、教員として児童や生徒、学生に接していく上での大きな財産となっている。さらに、先生の研究に対する真摯な姿は、大学院に進学し、また社会に出て研究を続けていこうとする時に、常に私たちを励ましてくれたように思う。

ご退職を前にした先生のお姿で本当に頭が下がることは、飽くことのない歴史に対する向学心である。「はしがき」でも述べられているが、日本史研究、とくに中世史研究の現況は、社会経済史的研究視角に基づく研究の停滞の中で、個別具体的な実証的・提案的な研究が進められているものの、その後者の多くが、全体史との関係に悩む状況にある。そうした中、先生は、今後も研究を続けられ、個別的研究を十分に全体史の中に位置づけ、全体史自体を見直す作業に挑まれるお気持ちであるように思う。先生の今後のご活躍を祈念すると共に、薫陶を受けた私たちが、その姿勢を受け継ぎ、それぞれの立場や関心の中で自らの研究を深めて行かなければならないように思う。本書が、その研究の一つの出発点となれば、幸いである。

本書の刊行にあたり、思文閣出版の原宏一氏には、大変お世話になった。刊行の計画段階から編集に至るまでいろいろとご面倒をおかけしたが、氏の支えがなければ本書の刊行は実現しなかったように思う。心から御礼申し上げたい。

二〇一二年三月二十日

佐々木倫朗

須賀忠芳

■執筆者一覧（収録順／2012年４月現在）

山本　隆志（やまもと・たかし）	奥付に別掲．
関　　周一（せき・しゅういち）	つくば国際大学・武蔵大学・中央大学・慶應義塾大学他非常勤講師．
山田　雄司（やまだ・ゆうじ）	三重大学人文学部教授．
浜口　誠至（はまぐち・せいじ）	東京大学史料編纂所学術支援専門職員等．
阿部　能久（あべ・よしひさ）	鎌倉市世界遺産登録推進担当学芸員．
井上　智勝（いのうえ・ともかつ）	埼玉大学教養学部准教授．
新井　敦史（あらい・あつし）	大田原市黒羽芭蕉の館学芸員．
山澤　　学（やまさわ・まなぶ）	筑波大学人文社会系准教授．
苅米　一志（かりこめ・ひとし）	就実大学人文科学部教授．
山野龍太郎（やまの・りゅうたろう）	専修大学附属高等学校非常勤講師．
佐々木倫朗（ささき・みちろう）	大正大学文学部歴史学科准教授．
須賀　忠芳（すが・ただよし）	東洋大学国際地域学部准教授．
平野　哲也（ひらの・てつや）	栃木県立文書館指導主事．
薗部　寿樹（そのべ・としき）	山形県立米沢女子短期大学教授．
小山　聡子（こやま・さとこ）	二松学舎大学文学部准教授．
佐藤喜久一郎（さとう・きくいちろう）	東京未来大学非常勤講師．
門口　実代（かどぐち・みよ）	三重県環境生活部　新博物館整備推進プロジェクトチーム・三重県立博物館学芸員．

◎**編者略歴**◎

山本隆志（やまもと・たかし）

1947年　群馬県生まれ
1971年　東京教育大学文学部卒業
　　　　博士（文学）
　　　　群馬県高校教諭の後，上越教育大学講師・筑波大学
　　　　助教授を経て，筑波大学人文社会系教授
2012年　筑波大学人文社会系教授定年退職（3月31日）

〔主な著書〕

『荘園制の展開と地域社会』（刀水書房，1994年）『群馬県の歴史』（共著，山川出版，1997年）『新田義貞』（ミネルヴァ書房，2005年）『東国における武士勢力の成立と展開』（思文閣出版，2012年）共著『那須与一伝承の誕生』（ミネルヴァ書房，2012年）

日本《にほん》中世《ちゅうせい》政治《せいじ》文化論《ぶんかろん》の射程《しゃてい》

2012（平成24）年3月31日発行

定価：本体7,800円（税別）

編　者　山本隆志

発行者　田中　大

発行所　株式会社　思文閣出版
〒605-0089 京都市東山区元町355
電話 075-751-1781（代表）

印　刷
製　本　亜細亜印刷株式会社

ISBN978-4-7842-1620-8　C3021